I.
In Cepaluna

Erstes Kapitel

Wie die meisten Kinder, so hatte sich auch Polissena Gentileschi in den elf Jahren ihres Lebens immer wieder einmal ausgemalt, in Wirklichkeit gar nicht das Kind ihrer Eltern zu sein.

Das kam zum Beispiel vor, wenn sie etwas angestellt hatte und ihre Mutter sie zur Strafe ohne Abendessen ins Bett schickte. Da lag sie dann unter der Decke, wälzte sich hin und her, eher wütend als hungrig (die alte Agnese fand immer eine Gelegenheit, ihr ein Stück süßes Brot unter das Kissen zu schieben), und grollte: »Ich werde vor Hunger sterben. Eine so grausame Frau kann nicht meine wahre Mutter sein. Sie behandelt mich so, weil ich in Wirklichkeit nicht ihre Tochter bin, sondern ein Findelkind, die Tochter unbekannter Eltern, die hier aus Mitleid aufgezogen wird.«

Und während sie darauf wartete einzuschlafen, dachte sie sich jedesmal eine andere Geschichte aus, in der ihre wahren Eltern unglaublich reiche und berühmte Leute waren, denen sie aus irgendeinem Grund abhanden gekommen war und die sie jetzt in allen Ländern und auf allen Meeren dieser Erde suchten. Bald würden sie sie hier aufspüren und wieder zu sich nehmen, doch nicht ohne vorher all die Ungerechtigkeiten zu rächen, die die Adoptiveltern ihr angetan hatten.

Am nächsten Morgen, wenn sie mit ihren beiden kleinen Schwestern beim Frühstück saß, hatte sie das alles längst vergessen. Oder fand ihre nächtlichen Phantasien nur noch lächerlich und kindisch. Auch erschien ihr das, was man ihr angetan hatte, nicht mehr so schlimm: zum Beispiel der Verzicht auf ein Stück Kuchen oder auf eine Spazierfahrt mit der Kutsche, wenn sie sich besonders frech aufgeführt hatte; oder Schelte wegen irgend etwas; oder die Drohung, daß es zu Ostern kein neues hübsches Kleid gäbe, wenn sie auf das alte nicht besser achtgeben würde, das sie bei ihren wilden Spielen schmutzig machte und kaputtriß, obwohl sie wußte, daß ihre Schwester Ippolita es zwei Jahre später auftragen sollte ...

Wenn die erste Wut verraucht war, wurde es Polissena wieder bewußt, daß ihr Vater und ihre Mutter sie besser und liebevoller behandelten als die meisten anderen Eltern in Cepaluna ihre Kinder. Sie konnte sich an kein einziges Mal erinnern, daß man sie geschlagen hätte, außer vielleicht hin und wieder ein Klaps, als sie noch klein war. Ihr Vater brachte von jeder seiner Handelsreisen immer eine einfache, doch liebevoll ausgewählte Kleinigkeit mit, natürlich auch für die beiden jüngeren Schwestern. Ihre Mutter ersparte ihr die langweilige Hausarbeit, auch wenn sie längst groß genug war, mitzuhelfen und vor allem zu lernen, wie man einen Haushalt führt. Größten Wert allerdings legte die Mutter auf den Unterricht der beiden älteren Töchter, um den sich ein halbes Dutzend Lehrer kümmerte, während sie selbst Petronilla Lesen und Schreiben beibrachte. Polissena und Ippolita erhielten Unterricht in Musik, Gesang, Tanz, Malerei, Sticken und Benimm, wie jedes Mädchen aus guter Familie. Polissena hatte auch schon mit ein bißchen Arithmetik, Geschichte, Grammatik, Latein und Griechisch begonnen. Die Griechischlehrerin hatte ihr erklärt, daß eine der vielen Töchter des König Priamus »Polisséna« geheißen hätte und daß es falsch sei, den Namen »Polìssena« auszusprechen, mit dem Akzent auf dem i, wie es die Hausmädchen oder die Stallburschen manchmal taten. Unten im Warenlager brachten die Diener des Kaufmanns den drei Schwestern heimlich bei, die von Maultieren gezogenen Karren zu lenken, auf denen die Waren von einem Ort des Landes an den anderen transportiert wurden.

Meistens war Polissena also voller Zuneigung für ihre Eltern. Sie liebte ihre Mutter und war stolz auf deren Schönheit, die in der ganzen Gegend gerühmt wurde. Sie liebte ihren Vater, zu dem sie ein viel herzlicheres Verhältnis hatte, als es in Cepaluna und Umgebung in den meisten Familien, die sie kannte, üblich war.

Aber das hinderte Polissena nicht daran, bei der nächsten Gelegenheit - etwa wenn ihr Vater sie ausschimpfte, weil sie gemein zu Petronilla gewesen war oder weil sie das Maultier aus dem Stall hatte entwischen lassen - wieder davon zu träumen, daß ihr wirklicher Vater ein Prinz sei und ihre Mutter eine wunderschöne Prinzessin, die von einem grausamen Tyrannen in einem Turm gefangengehalten wurde. Diese Geschichten kannte Polissena aus Büchern und den Erzählungen der alten Agnese. In Wirklichkeit hatte sie nämlich noch nie ein echtes Findelkind oder eine Prinzessin kennengelernt.

Zweites Kapitel

An einem Sonntagnachmittag spielte Polissena mit den Schwestern und anderen Mädchen aus Cepaluna auf dem Rathausplatz Ball gegen die Wand. Der Kaufmann und seine Frau waren mit der Kutsche ausgefahren, um Tante Rosalìce auf ihrem Landgut zu besuchen. Die drei Schwestern hatten nicht mitkommen wollen, denn die alte Tante roch eklig nach Tabak, und zur Begrüßung und zum Abschied wollte sie die Mädchen küssen, trotz ihrer stacheligen Barthaare.

In den folgenden Monaten sollte es Polissena bitter bereuen, nicht mitgefahren zu sein! Tausendmal besser wäre es gewesen, sich von den grauen, drahtigen Barthaaren pieksen und mit der braunen Spucke der Tante abschmatzen zu lassen, tausendmal besser, den ganzen Nachmittag stocksteif wie eine Mumie auf dem Sofa zu sitzen, als die entsetzliche Wahrheit erfahren zu müssen!

Beim Spielen auf dem Rathausplatz geschah es, daß Petronilla den Ball zu hoch warf, so daß er jenseits der Mauer im Garten des Grafen landete. Die Mädchen schauten sich enttäuscht an. Nun würde bestimmt der Gärtner des Grafen, ein grimmiger alter Mann, den Ball einbehalten und sich bei ihren Eltern, beim Pfarrer, beim Gendarm, beim Richter, kurz, bei allen offiziellen Stellen beschweren.

Ohne viel Worte zu verlieren, steckte Polissena den Rock ihres Sonntagskleides fest, zog sich die Schuhe mit den Seidenschleifen aus und begann, den Stamm der Glyzinie hinaufzuklettern, der, krummgewachsen wie er war, gute Haltepunkte bot. Überhaupt war Klettern Polissenas Leidenschaft. Schon als sie sehr klein war, hatte es im Ort keinen Felsen oder Turm, keine Mauer oder Heugarbe, kein Dach und keinen Baumstamm gegeben, die sie nicht hinaufgeklettert war. Ihre Mutter rief jedesmal voller Sorge: »Du wirst dir noch den Hals brechen!« Und Agnese hob die Hände zum Himmel und beschwor alle Schutzheiligen. Doch die beiden kleinen Schwestern schauten ihr voller Bewunderung zu. Und Polissena barst vor Stolz über ihre Geschicklichkeit, die eher an eine Katze oder einen Affen erinnerte als an eine wohlerzogene Tochter aus gutem Hause. So kam es, daß sie an jenem Nachmittag nicht gleich mit dem Ball zurückkletterte, sondern es sich nicht verkneifen konnte, ein bißchen anzugeben und auf dem Mauerkamm entlangzubalancieren.

Die vor Bewunderung weit aufgerissenen Augen ihrer Freundinnen und deren erschreckte Aufschreie schmeichelten ihrer Eitelkeit. Doch die neidische Serafina, Tochter des Apothekers, die sie nie hatte ausstehen können, schaute voller Verachtung zu ihr hinauf und sagte laut und deutlich:

»Tu bloß nicht so, du Angeberin! Keinem Mädchen aus gutem Hause würde es einfallen, seine nackten Beine zur Schau zu stellen, als wäre sie die Tochter eines hergelaufenen Gauklers. Kein Wunder! Wer weiß, wo dich Nonnen aufgegabelt haben, bevor dich der Kaufmann und seine Frau ins Haus geholt haben!«

»Nimm das sofort zurück!« schrie es oben von der Mauer.

»Ich denke nicht im Traum daran. Es wissen doch alle im Ort, daß deine Eltern dich bei den Nonnen von Bethlehem geholt haben.«

»Lügnerin!« tobte Polissena und ließ sich wütend den Stamm der Glyzinie hinabgleiten.

»Lügnerin!« schrie Ippolita und stürzte sich mit den Fäusten auf die Tochter des Apothekers, und Petronilla biß in Serafinas seidenbestrumpfte Wade.

Serafina kreischte vor Schmerz auf, riß sich los und rannte auf ihr Haus zu. »Frag doch die Oberin«, rief sie noch gehässig, bevor sie sich hinter die Eingangstür flüchtete.

Drittes Kapitel

Was nun? Alle Mädchen schauten Polissena, die sich die Schuhe zuband, fragend an. War sie wirklich ein Waisenkind, das Unbekannte bei den Nonnen abgegeben hatten?

»Laß uns nach Hause gehen«, sagte Ippolita und nahm die große Schwester, der die Schamesröte im Gesicht stand, bei der Hand.

Auf dem Heimweg rasten tausend widersprüchliche Gedanken durch Polissenas Kopf. Wie war es möglich, daß in ihren Adern nicht dasselbe Blut floß wie bei Petronilla und Ippolita, wo doch alle sagten, daß sich die drei Töchter des Kaufmanns wie ein Wassertropfen dem anderen ähnelten. Doch schaute man genauer hin, entdeckte man wohl Unterschiede in den Zügen. Zwar hatten alle drei schwarze Haare und dunkle Augen, aber war das Beweis genug? Petronilla hatte die leicht platte Nase des Vaters. Ippolita die gerade und strenge der Mutter. Und sie?

»Polissena hat die Nase der Großmutter Assarotti, haargenau«, versicherte Agnese. Nur schade, daß diese Ähnlichkeit schwer zu überprüfen war, so faltig war das Gesicht der Großmutter, daß man kaum noch erkennen konnte, wann sie die Augen geöffnet oder geschlossen hatte. Und der Haaransatz, der nur über Polissenas Stirn wie ein V verlief?

Andererseits hatten Polissena und Ippolita so ähnliche Stimmen, daß nicht einmal die Eltern sie auseinanderhalten konnten. Und wenn Polissena wütend wurde, kam zwischen ihren Augenbrauen ein roter Fleck zum Vorschein, genau wie bei Papa.

»Du wirst doch wohl nicht dieser neidischen Serafina glauben?« versuchte Ippolita, sie zu trösten. »Wenn das wahr sein soll, daß alle im Dorf es wissen, warum hat man es dir nicht früher gesagt?«

»Aus Mitleid. Um mir nicht weh zu tun«, dachte Polissena. Aus diesem Grund würde sie von ihren Eltern auch nie die Wahrheit erfahren. Besser gesagt, vom Kaufmann und seiner Frau. Sie würde sich nun daran gewöhnen müssen, sie so zu nennen. Und auch nicht von Agnese. Keiner würde den Mut haben, ihr etwas so Schreckliches beizubringen.

»Hör zu, willst du mir einen Gefallen tun?« bat sie Ippolita, als sie schon nahe am Haus waren. »Ich bleibe hier zurück. Du gehst mit Petronilla vor und sagst zu Agnese: ›Serafina erzählt herum, daß Polissena ein Findelkind ist, das bei den Nonnen abgegeben wurde.‹ Dann werden wir hören, was sie antwortet.«

»Gut«, sagte Ippolita. Sie war sicher, daß die Kinderfrau die bösen Behauptungen Serafinas abtun und damit die ältere Schwester ein für allemal beruhigen würde.

Agnese hatte alle drei auf die Welt kommen sehen. Sie war schon die Kinderfrau der Mama gewesen und bei ihr geblieben, als diese geheiratet hatte. Wenn es jemanden gab, der genau über die Geburt Polissenas Bescheid wußte, dann sie.

Agnese war in der Küche, allein, denn am Sonntag gingen die anderen Frauen, die im Haushalt arbeiteten, zur Messe, auf Verwandtenbesuch, zum Tanz. Die Kinderfrau saß im Halbdunkel beim großen Kamin, betete den Rosenkranz und bewachte das Haus. Sie bemerkte sofort, daß mit Ippolita etwas nicht stimmte. »Was gibt es, mein Täubchen? Komm und sag es deiner Agnese.«

Ippolita stieß in einem Atemzug hervor: »Diese boshafte Serafina hat gerade eben vor allen behauptet, Polissena sei Papa und Mama von den Nonnen gegeben worden, und die hätten sie im Drehbrett für Findelkinder gefunden.«

Polissena hatte nicht, wie versprochen, draußen vor dem Tor gewartet, vielmehr war sie den Schwestern leise und unbemerkt gefolgt und stand nun im Flur gleich hinter der Küchentür. Ihr Herz klopfte rasend wie das eines gefangenen Vögelchens. Sie hoffte inständig, daß Agnese lachend ausrufen würde: »Was für eine Albernheit! Serafina ist immer schon eine Lügnerin gewesen. Ich selbst habe Polissena in den Händen gehalten, als sie aus dem Schoß eurer Mutter kam.«

Auch Ippolita erwartete eine solche Antwort. Statt dessen schien ihre Frage die alte Agnese regelrecht aus der Fassung zu bringen. Sie wurde ganz rot im Gesicht, begann zu zittern und stotterte schließlich mit erstickter Stimme: »Serafina ... die ist doch erst zwölf! Wer mag es ihr gesagt haben? Wie hat sie es erfahren?«

Ippolita erstarrte vor Schreck. Es war also alles wahr? Wer sollte das nun Polissena beibringen? Wenn doch wenigstens die Mama dagewesen wäre, um sich mit ihr zu beraten ...

»Da, hast du gehört?« rief Petronilla, zog Agnese am Rockzipfel und deutete auf die Tür. Vom Flur kamen unterdrückte Schluchzer.

»Polissena!« schrie Ippolita.

Man vernahm einen harten, scheppernden Laut, ein umstürzender Eimer, dann das schnelle Trappeln von Schritten, die davoneilten.

»Sie hat alles gehört!«

»Mein Kind, laß es mich dir erklären!« krächzte Agnese besorgt und erhob sich mühsam von der Kaminbank. Ippolita stürzte hinaus. »Polissena! Polissena, warte!«

Doch der Flur war leer.

Agnese ließ das ganze Haus von oben bis unten durchsuchen, auch jeden Winkel des Warenlagers. Sie schickte die Diener und Stallburschen, die Umgebung zu durchkämmen. Schickte Leute zu Pferde in alle umliegenden Dörfer und Städtchen. Von Polissena keine Spur.

Viertes Kapitel

Es war Nacht geworden, doch der Mond erhellte die Straße, die sich wie ein weißes Band am Fuße des Berges entlangzog. Polissena war müde. Sie lief nun seit drei Stunden, ohne zu wissen, wann sie ans Ziel gelangen würde. Sie wußte nur, daß die Straße zum Kloster der Nonnen von Bethlehem führte. Da sie aber noch nie dort gewesen war, konnte sie die Länge der Wegstrecke nicht einschätzen.

Sie war müde, sie hatte Durst, und die Füße taten ihr weh. Die Sonntagsschuhe mit den Seidenbändern waren nicht geeignet für diese nächtliche Wanderung. Und sie hatte Angst. In jedem Schatten sah sie einen Mörder auf der Lauer, in jedem Rascheln der Gräser vernahm sie den Flug eines Gespenstes, jeder Vogellaut klang wie das Klagen eines Sünders im Fegefeuer.

Trotz allem mußte sie weiter. »Frag doch die Oberin«, hatte Serafina gerufen. Sie hatte es voller Bosheit gesagt, doch im Grunde war es ein guter Rat.

Polissena vertraute ihren Eltern nicht mehr, besser gesagt, dem Kaufmann und seiner Frau. Sie mußte nun lernen, sie so zu nennen. Sie hatten sie mehr als zehn Jahre angelogen, und sie hätten sicherlich auch diesmal gelogen, hätten irgendeine Geschichte erfunden, um die Behauptung Serafinas zu entkräften. Und wenn sie nun nicht gelogen hatten ...? Polissena konnte diesen letzten Hoffnungsschimmer nicht ganz fallenlassen. Vielleicht war es die Tochter des Apothekers, die log. Vielleicht hatte sie die Reaktion Agneses falsch gedeutet. Warum hatte sie ihre Erklärungen nicht abgewartet? Vielleicht waren ihr Vater und ihre Mutter doch ihr Vater und ihre Mutter, und nichts hatte sich geändert. Aber wie sollte sie sich Gewißheit verschaffen?

»Frag die Oberin!«

Polissena war noch nie in einem Kloster gewesen, doch die Nonnen, Anbeterinnen der Krippe zu Bethlehem, wie der Orden hieß, genossen einen guten Ruf im ganzen Land. Bescheiden, arbeitsam und immer bereit zu helfen, wo Not herrschte. Auch nähten und stickten sie sehr gut und wußten wunderbares Gebäck zuzubereiten. Was die Oberin betraf, so hieß es, sie sei eine Heilige und in ihrem ganzen Leben hätte sie niemals gesündigt, nicht einen schlechten Gedanken habe sie gehabt, und sei er auch nur so kurz wie ein Augenaufschlag. Obwohl fast hundert Jahre alt, war sie immer noch klar bei Verstand, und nach wie vor kamen die Leute, wenn sie Schwierigkeiten hatten und Rat brauchten. Niemand hatte ihr jemals ins Gesicht geschaut. Sie empfing alle hinter einem Gitter verborgen, hörte kommentarlos zu, um dann mit der zarten Stimme einer sehr alten Frau wenige, aber stets die richtigen Worte zu sagen. Wie gelang es ihr nur, die Herzensangelegenheiten der Menschen so gut zu verstehen, war sie doch nie aus ihrem Kloster am Berg herausgekommen?

Es hieß, sie erhielte ihre Ratschläge und Eingebungen direkt von den Engeln, die ja bekanntermaßen unsichtbar überall herumfliegen und deshalb über alles Bescheid wissen.

Polissena war sich sicher, daß die Oberin sie nicht anlügen

würde. Sollte sie ihr bestätigen – wie sie im Grunde ihres Herzens hoffte –, daß sie wirklich die Tochter des Kaufmanns und seiner Frau war, hätte sie das ein für allemal beruhigt. Sie wäre nach Hause zurückgegangen, hätte um Entschuldigung gebeten und Serafina am Ende ihres Tanzunterrichts aufgelauert, um sie derart zu ohrfeigen, daß sich ihr Kopf auf dem Hals wie ein Kreisel gedreht hätte.

Wenn nun aber die Oberin ihr sagen würde, daß sie sie tatsächlich in der Drehscheibe für Findelkinder gefunden und anschließend der Familie des Kaufmanns anvertraut habe, stand für Polissena fest, daß sie nie mehr zu den Gentileschis zurückkehren, sich vielmehr auf die Suche nach ihren wahren Eltern machen würde.

In diesem Fall hoffte sie, daß die Oberin ihr dabei helfen könnte, das Geheimnis ihrer Herkunft zu lüften. Vielleicht hatte sie golddurchwirkte Windeln aufbewahrt, ein Medaillon mit adligem Wappen, eine Krone ... Polissena hatte keine Sekunde daran gedacht, daß sie die Tochter armer Leute sein könnte. Ihre wirklichen Eltern waren zweifellos nobler Herkunft, womöglich Fürsten. Nur diese Gewißheit konnte sie bei dem Gedanken trösten, daß sie die Mama, nein, die Frau des Kaufmanns, nicht wiedersehen würde, auch nicht den Kaufmann und ebensowenig Ippolita, Petronilla und Agnese sowie all die anderen, die im Haus wohnten und arbeiteten.

Das Gesicht von Tränen überströmt, ging Polissena die Straße entlang, doch bald begann sie wieder zu träumen. Sie malte sich ihre Rückkehr nach Cepaluna aus, in einer silbernen, von sechs Schimmeln gezogenen Kutsche, deren Kutscher und Geleitschutz in prächtige Uniformen mit goldenen Schulterstücken sein würden, auf dem Helm einen Federbusch, dazu Trompetenmusik und Trommelwirbel. Und auf den Gepäckträgern der Kutsche wären Berge von Geschenkpaketen für die ganze Familie festgeschnallt. Ippolita brächte sie ein Araberpferdchen mit, schwarz wie die Nacht, das über Hecken springen und im Fluß schwimmen könnte. Für Petronilla eine große mechanische Puppe, einen Roboter, eine Puppe, die sich bewegen und sprechen könnte, als wäre sie lebendig... Vor der Tochter des Apothekers würde sie die Großherzige spielen, ihr brächte sie eine silberne, mit Edelsteinen geschmückte Schachtel (alles unecht) mit, aus der, wenn Serafina sie aufmachen würde, eine Schlange herausgefedert wäre, die sie mit einem Biß vergiftet hätte...

Die Gedanken halfen ihr, das letzte Stück Weg durchzuhalten. Endlich erspähte sie das Kloster in der Ferne: hohe, rauhe Mauern ohne Fenster, wie eine Festung, und das Tor verriegelt.

Fünftes Kapitel

»Ob sie mir zu dieser Stunde noch öffnen?« dachte Polissena. Da sah sie einen Schatten aus einer Baumgruppe hervorhuschen und auf das Kloster zueilen. Das Mondlicht war stark genug, daß das Mädchen die Gestalt eines jungen Mannes erkennen konnte: ein Bauer von ungefähr 19 Jahren, der vor der Brust ein großes, dunkles Stoffbündel trug.

Ohne zu merken, daß er beobachtet wurde, näherte sich der junge Mann der Drehscheibe für Findelkinder, die sich in einer Maueröffnung seitlich vom Eingang befand. Er drehte das zylinderförmige Rad, bis dessen Öffnung zu ihm hin zeigte.

»Muß ich mitanschauen, wie ein Baby ausgesetzt wird?« fragte sich Polissena, und das Herz hämmerte ihr in der Brust. Ein Zeichen des Schicksals?

Der junge Mann legte sein Bündel behutsam in den Zylinder und gab ihm einen Schwung, daß sich die Öffnung wieder zurückdrehte. Man vernahm einen schrillen Schrei. Polissena hatte noch nie ein Baby so schreien hören.

Sie schaute voller Verachtung auf den jungen Mann, der nun in ihre Richtung kam, gutgelaunt und wie von einer Last befreit. Sie spürte, wie sie ihn haßte. Warum hatte er sich auf diese Weise seines Kindes entledigt? Und die Mutter, war sie damit einverstanden? Was sollte nun aus dem Baby werden? Würde es eine liebevolle Familie, die es aufnahm, finden? Hörte dieser gemeine Vater nicht, wie verzweifelt sein Kind schrie?

»Du solltest dich schämen!« sagte sie streng, als der junge Bauer an ihr vorbeikam. Der schrak zusammen. Er hatte sie nicht bemerkt.

»Oh ja! Ich müßte mich schämen«, lachte er. »Ich weiß, daß ich etwas Schlimmes getan habe. Und wenn mein Vater es morgen früh merkt, wird er mich verdreschen.«

»Das ist ein Idiot«, dachte Polissena. »Wie kann er über diese ernste, dramatische Angelegenheit so fröhlich daherreden?«

»Ich bin des Nachts gekommen, damit mich keiner sieht«, fuhr der Junge fort. »Die Oberin hat einen Dank verdient.«

»Einen Dank?«

»Du mußt wissen, kleines Mädchen, daß Lidia, meine Liebste, nichts mehr von mir wissen wollte. Ich war verzweifelt. So habe ich Hilfe im Kloster gesucht. Und tatsächlich hat mir die Oberin die richtigen Worte mit auf den Weg gegeben. Damit habe ich sie zurückerobern können, meine Liebste, mein Herzblatt, meine Mairose. Wir haben uns ausgesöhnt, und morgen wird Verlobung gefeiert. Juhu!« Er warf den Hut in die Luft, und mit einem Sprung fing er ihn wieder auf.

Polissena starrte ihn immer verdutzter an.

»Sie wollte dich nicht mehr, weil du ein Kind von einer anderen hattest. Und um Frieden mit ihr zu schließen, hast du es einfach ausgesetzt, das arme Kleine. Aber ich habe dich gesehen, und ich werde es allen sagen«, drohte sie.

»Bist du verrückt? Von welchem Kind redest du?«

»Von dem, das du gerade aufs Findelbrett gelegt hast.«

Der Verlobte brach in schallendes Gelächter aus.

»Ein Kind! Hahahaha! Aber das war doch ein Schweinchen!

Ein mit Milch aufgezogenes Schweinchen von unserer Sau. Ich habe es aus dem Stall stibitzt, um es der Oberin zu schenken. Persönlich konnte ich es ihr nicht überreichen! Sie hätte mich gezwungen, es meinem Vater zurückzubringen. Jetzt wird sie es behalten müssen. Wenn sie will, kann sie es gleich braten lassen. Es ist ganz zart. Oder aber sie mästet es noch eine Weile, dann kann man Würste und Salami aus ihm machen. Aber du, woher kommst denn du? Kannst ja nicht einmal das Weinen eines Säuglings vom Quieken eines Ferkels unterscheiden!«

Polissena wußte nichts zu antworten. Sie verabschiedete sich hastig und lief zum Tor des Klosters.

Sie klopfte, und sofort wurde das Tor von einer wütenden Nonne, der Schwester Pförtnerin, aufgerissen, die im Arm das quiekende Ferkel hielt. Es war rosa und fett wie ein Säugling, und es wandt sich wie besessen.

»Was sind das für Scherze?« herrschte die Nonne sie an. »Konntest du nicht bis morgen früh warten und es einfach der Schwester Köchin übergeben? Jetzt wird es alle aufwecken ...«

»Das bin nicht ich gewesen«, verteidigte sich Polissena. Doch sie mochte den glücklich Verliebten nicht verraten. »Als ich hierherkam, sah ich einen Schatten im Busch verschwinden. Es wird jemand gewesen sein, der Gutes tun und unerkannt bleiben wollte.«

»Und was willst dann du zu dieser Nachtzeit? Weißt du denn nicht, daß es für ein Mädchen in deinem Alter gefährlich ist, so spät noch herumzulaufen?«

»Ich muß mit der Oberin sprechen.«

»Ist es so dringend, daß du nicht bis morgen früh damit warten kannst?«

»Es ist sehr, sehr wichtig!«

»Nun gut. Ich gehe sie holen. Zum Glück ist sie wach. Sie betet in ihrer Zelle für die Seelen der Toten. Warte im Sprechzimmer auf sie.«

Sie drückte Polissena das Ferkel in den Arm, schubste sie in einen großen, kahlen Raum und verschwand.

Sechstes Kapitel

In der Wand des Sprechzimmers befand sich ein kleines Fenster, das mit einem feinmaschigen Gitter bespannt war. Daneben war ein kleiner Drehzylinder eingemauert, ähnlich dem Findelbrett am Eingangsportal, in den die Besucher ihre Geschenke legten: Obst, Eier, Hühner, Mehl, Öl; Dankesgaben für empfangene Ratschläge.

»Vielleicht hätte ich ein Geschenk für die Oberin mitbringen sollen«, dachte Polissena beunruhigt. Sie hätte sich gerne ein bißchen zurechtgemacht, den zerknautschten Rock glattgestrichen, die zerzausten Haare gekämmt ... Doch wagte sie nicht, das Ferkel auf dem Boden abzusetzen, das sich mittlerweile beruhigt hatte und heftig an einem ihrer Finger saugte.

Der Raum war nur von einer kleinen Öllampe erleuchtet, die an einem Haken an der Wand hing.

Hinter dem Gitter hörte man es rascheln, und eine leicht gackernde Stimme fragte: »Was kann ich für dich tun, mein Kind?«

»Mir die Wahrheit sagen«, antwortete Polissena.

»Ich sage immer die Wahrheit. Alle sollten stets die Wahrheit sagen. Was möchtest du wissen?«

»Ich heiße Polissena. Ich bin elf Jahre alt, und bis heute habe ich geglaubt, die erstgeborene Tochter des Kaufmanns Vieri Gentileschi zu sein. Doch heute nachmittag hat mir Serafina, die Tochter des Apothekers, gesagt, daß der Kaufmann und seine Frau mich hier aus dem Kloster geholt hätten, in das Unbekannte mich ausgesetzt haben sollen. Stimmt das?«

Hinter dem Gitter hörte man einen langen Seufzer.

»Stimmt das?« wiederholte Polissena und drückte dabei das Schweinchen fest an sich.

»Es stimmt«, sagte schließlich die Mutter Oberin.

Polissena spürte, wie sich alle Haare ihres Körpers sträubten und ihr der kalte Schweiß ausbrach.

»Wer hat mich hierher gebracht?« hauchte sie mit schwacher Stimme. »Wer waren meine wirklichen Eltern?«

»Das weiß ich nicht«, antwortete die Mutter Oberin. »Doch warst du in eine eigentümliche Decke gehüllt, und neben dir auf dem Drehbrett lag ein kleiner Kasten, der einige Gegenstände enthielt. Ich habe alles aufbewahrt, auch wenn ich gehofft habe, daß du es niemals brauchen würdest.«

»Warum haben mir der Kaufmann und seine Frau nichts davon erzählt?« fragte Polissena vorwurfsvoll.

»Weil sie nichts davon wußten und nach wie vor nichts wissen. Ich habe ihnen die Dinge nie gezeigt. Warum auch? Sie haben dich sofort als ihre Tochter angenommen und geliebt. Sie verspürten nicht den Wunsch oder das Bedürfnis, nach deinen wirklichen Eltern zu suchen.«

»Ich könnte die Tochter eines Königs sein!«

» ... oder die eines Bettlers. Du hast Glück gehabt, in dieser Familie aufzuwachsen. Sie lieben dich sehr. Und es hat dir an nichts gemangelt ...«

»Ich will meine wirklichen Eltern finden.«

»Das ist dein gutes Recht. Aber es wird nicht einfach sein.«

»Ich bin sicher, daß ich es schaffen werde.«

»Nun gut. Warte einen Moment, ich hole die Decke und den Kasten.«

Polissena hörte, wie sich die Schritte der alten Frau entfernten. Ihr Herz klopfte wild. In wenigen Augenblicken würde sie die golddurchwirkten Windeln, die Hälfte eines Medaillons, das königliche Siegel in den Händen halten ... Doch zugleich mischte sich ein dumpfes, bohrendes Gefühl in ihre Aufregung, wie nach einem Schlag, der erst Stunden später seinen ganzen Schmerz entwickelt.

Da war sie, die Gewißheit, daß Vieri und Ginevra Gentileschi nicht ihre Eltern, daß Ippolita und Petronilla nicht ihre

Schwestern waren ... Nicht mehr Verdacht, sondern Gewißheit, dafür bürgte die heilige Unantastbarkeit der Oberin. Auf einmal fühlte sie sich völlig verlassen und allein auf dieser Welt, ja geradezu unsichtbar, trotz ihrer erwartungsvollen Neugier auf eine andere, großartige Zukunft.

»Hier nun!« sagte die Oberin und drehte den Zylinder der Durchreiche. Polissena sah in seinem Innern eine mehrfach gefaltete, dunkle Wolldecke und einen kleinen schäbigen Kasten aus Leder. Sie wollte gleich alles herausnehmen, doch hatte sie noch das Ferkel im Arm.

Hinter dem Gitter erhob sich ein gackerndes Kichern: »Ist das dein Geschenk für mich, dieses Tier, das dich so in Anspruch nimmt?«

»Es ist ein Geschenk für Euch, aber nicht ich habe es mitgebracht. Wo kann ich es hintun?« fragte Polissena ungeduldig. Sie brannte darauf, ihre Schätze zu begutachten.

»Setz es ruhig auf dem Boden ab. Es hat Vertrauen zu dir gefaßt und wird nicht weglaufen.« Polissena gehorchte und griff gierig nach dem Kasten.

»Warte! Öffne ihn nicht«, sagte die Oberin. »Ich habe Schwester Zelinda Anweisung gegeben, dich diese Nacht in einer unserer Zellen zu beherbergen. Dort kannst du alles in Ruhe anschauen, wenn du allein bist. Ich muß zurück in die Kapelle zum Gebet. Gute Nacht.«

»Und das Ferkel? Wie soll ich es Euch überreichen? Es gehört Euch. Soll ich es auf die Drehscheibe setzen?«

»Nein, behalt es. Ich schenke es dir. Du hast eine lange Reise vor dir, du wirst Geld brauchen. Auf dem ersten Bauernhof an der Straße kannst du es verkaufen. Gute Nacht. Und viel Glück.«

»Vielen Dank.« Polissena kam ihr Benimmunterricht in den Sinn. Doch ihr Gruß ging ins Leere, die alte Oberin war längst fort.

Siebtes Kapitel

Sobald sie in der kleinen Klosterzelle allein war, beeilte sich Polissena, den Kasten zu öffnen. Schwester Zelinda hatte ihr eine Tasse Milch und ein Stück Brot hingestellt sowie einen Kerzenstummel, der ein schwaches und zittriges Licht verbreitete. All diese Dinge hatte sie in eine Mauernische getan, denn das einzige Möbelstück in der Zelle war ein schmales, hartes Bett, das eine verschlissene Decke knapp bedeckte. Auf dieses Bett legte Polissena ihre Schätze, derweil das Ferkel in alle Ecken der Zelle schnüffelte, zwischendurch aber immer wieder zu ihr zurücklief, um sich an sie zu drücken.

Schon als sie den Kasten in die Zelle getragen hatte, war ihr aufgefallen, wie leicht er war, und als sie ihn schließlich in dem schwachen Licht öffnete, dachte sie im ersten Moment, er sei leer. Doch dann entdeckte sie auf dem Boden einige Gegenstände, die sie vorsichtig herausholte und einen neben den anderen auf der Decke ausbreitete.

Nichts von dem, was sie sich in ihren Träumen vorgestellt hatte: keine Spitzenwindeln, kein Medaillon, keine Juwelen, keine Pergamentrollen mit verschlüsselten Botschaften. Das einzige, was entfernt an das erinnerte, was Polissena in ihren Romanen gelesen hatte, war ein Korallenanhänger, der in einer schlichten Silberfassung lag. Auf den ersten Blick schien er ein Glücksbringer zu sein, das übliche rote Hörnchen, doch beim näheren Hinschauen erkannte sie, daß es ein

Fischlein war. Der Kopf, die Flossen, der Schwanz waren sehr fein und genau in die schöne, leuchtendrote Koralle geschnitzt. So sehr Polissena den Anhänger auch im Licht der Kerze hin und her drehte, sie konnte nichts entdecken, kein Datum, keinen Namen, nicht einmal einen Buchstaben, keinerlei Zeichen, das auf einen Ort, eine Jahreszahl, eine Person hingewiesen hätte.

Des weiteren hatte im Kasten ein Stück schwarzer Stoff gelegen, vor Dreck ganz steif, mit ausgefranstem Rand und einem weiß-grauen Fleck. Schließlich ein roter Seidenstrumpf. Ein Männerstrumpf, lang bis zum Knie, wie ihn die eleganten Herren trugen. Aber rot? Polissena hatte noch nie jemanden mit Strümpfen in dieser Farbe gesehen, auch gab es nichts dergleichen im Warenstock ihres Vaters, besser gesagt ihres ehemaligen Vaters, des Kaufmanns Gentileschi.

Zögernd faltete sie nun die Decke aus grauer Wolle auseinander und sah, daß es sich weniger um eine Decke als um einen schmalen, sehr langen Schal handelte, der in dunkel- und hellgrauen Streifen gestrickt war. Warum hatte man einen Säugling in solch grobe, unhygienische und für seine zarte Haut kratzige Stoffetzen gehüllt?

Sie konnte sich auf all das keinen Reim machen. Wer diese Gegenstände aufs Findelbrett des Klosters gelegt hatte, mußte seine guten Gründe gehabt haben. Aber welche?

Über eine Stunde kniete sie vor dem Bett, die Ellbogen auf die Decke gestützt, und betrachtete die Dinge aus dem Kasten, als könnte ihr starrer, intensiver Blick sie zwingen, ihr Geheimnis preiszugeben.

Vor Müdigkeit fielen ihr die Augen zu, und sie war hungrig, denn seit dem frühen Morgen hatte sie keinen Bissen mehr gegessen. Doch als sie die Tasse mit der Milch in die Hände nahm, fühlte sie, wie ihr übel wurde. »Ich bin viel zu aufgeregt«, dachte sie. So lockte sie das Ferkel herbei, stellte die Tasse auf den Boden und bröckelte das Brot in die Milch. Das Tier fraß mit großem Appetit und stieß dabei kleine zufriedene Grunztöne aus. Es hatte die Tasse noch nicht ganz ausgeschleckt, da fiel der Kerzenrest in sich zusammen, und mit einem letzten Aufflackern erlosch die Flamme.

Seufzend tastete Polissena nach dem Anhänger, dem Stoff, dem Strumpf und dem Wollschal und legte alles in den Kasten. Dann streckte sie sich, ohne sich auszuziehen (wenn Agnese das gesehen hätte!), auf dem Bett aus, und müde wie sie war, hätte sie eigentlich sofort einschlafen müssen.

Doch sie konnte keinen Schlaf finden. Tausend wirre Gedanken, tausend Fragen schwirrten ihr durch den Kopf, wie Wolken, die über einen stürmischen Himmel jagen. Zu allererst: Wie lautete ihr wirklicher Name? Polissena hieß die Großmutter Assarotti, und es war eindeutig, daß bei ihrer Adoption die Frau des Kaufmanns sie zu Ehren ihrer Mutter auf deren Namen hatte taufen lassen. Aber vorher, wie mochten die »anderen«, ihre wahren Eltern, sie genannt haben? Und auf welche Weise hatten sie sie verloren?

Polissena weigerte sich zu glauben, daß man sie bewußt ausgesetzt haben sollte. Sicherlich war sie aus der Wiege geraubt und heimlich verschleppt worden. Aber von wem? Und warum? Und wie alt mochte sie gewesen sein, wie viele Tage, wie viele Monate, als man sie ihrer wahren Familie entrissen hatte?

Im Haus Gentileschi hatte sie laufen gelernt, das wußte sie, denn nicht nur Agnese und ihre Mutt ... Frau Gentileschi, sondern auch die Nachbarinnen hatten oft Begebenheiten aus dieser Zeit erzählt. Wie die von dem Truthahn, der ihr nachsetzte, weil sie ihn an den Schwanzfedern gezogen hatte. Und dann fragte sie sich, aus welchem Grund das junge Paar, das doch selbst Kinder bekommen konnte, wie die späteren Geburten Ippolitas und Petronillas zeigten, ein Findelkind aus dem Kloster adoptiert hatte.

Sie lag mit offenen Augen im Dunkeln, und zahllose Bilder aus ihrem Leben im Haus in Cepaluna zogen an ihr vorüber. Zankereien und Spiele mit den Schwestern, Musikunterricht,

Ausflüge zu Fuß und in der Kutsche, die Weinernte, die Osterprozession, bei der Petronilla als Engel verkleidet an einer dicken Kordel von der Fahnenstange hing ... Banale Begebenheiten, die jedoch wie von einem märchenhaften Nebel umhüllt schienen.

Dann tauchten Bilder auf, die sie nur aus Büchern und Erzählungen kannte: eine Burg mit Türmen, ein verwaister Thron, eine Königin in schwarzen Trauerkleidern, eine leere, tränendurchnäßte Wiege ...

Irgendwann war ihr so kalt, obwohl es schon Juli war, daß sie aus dem Bett stieg, das Ferkel fest in den Arm nahm und sich damit wieder unter die dünne Decke legte.

Zwei- oder dreimal kam ihr der verführerische Gedanke: Morgen früh kehre ich nach Hause zurück, nach Cepaluna. Ich werfe den Kasten in den Fluß und tue so, als sei nichts geschehen.

Sie war sicher, daß man sie mit offenen Armen aufnehmen würde. Sie war sicher, daß man sie suchte und daß Petronilla weinend nach ihr rief. Ihre Rückkehr hätte alle glücklich gemacht.

Doch sie konnte nicht zurück. Sie mußte herausfinden, wessen Tochter sie war, wer ihre wirklichen Eltern waren.

II.
Die Truppe Giraldi und ihre akrobatischen Tiere

Erstes Kapitel

Um sechs Uhr morgens kam Schwester Zelinda und weckte Polissena. Sie brachte ihr wieder eine Schale mit dampfender Milch, zwei große Scheiben Brot und ein aus einem festen Tuch geknotetes Bündel. »Ein wenig Proviant für die Reise. Von der Oberin.«

Polissena bedankte sich, und wie schon am Abend zuvor bröckelte sie eine Brotscheibe in die Milch und setzte diese Suppe dem Schweinchen vor, das sofort gierig seinen Rüssel hineintauchte.

Die andere Scheibe wollte sie selbst essen, doch merkte sie, daß ihr Magen immer noch wie zugeschnürt war. So legte sie sie zum Proviant ins Bündel. Sie wußte, daß es nicht sehr vernünftig war, sich mit leerem Magen auf den Weg zu machen, doch außer ihrer Spucke wollte nichts die Kehle hinunter. Ihr war sogar regelrecht übel.

»Das wird schon vorbeigehen«, hoffte sie in Gedanken an die frische Morgenluft.

Tatsache aber war, daß sie nicht die geringste Ahnung hatte, wie und wo sie mit ihrer Suche beginnen sollte. Dabei hatte sie die ganze Nacht wachgelegen und angestrengt nachgedacht, hatte alle Engel und Heiligen angefleht, ihr eine Eingebung vom Himmel herunterzuschicken. Vergeblich. Weder die eigenartige Decke noch die wenigen Gegenstände, die in dem Kasten lagen, lieferten ihr auch nur den kleinsten Anhaltspunkt.

»Mir wird unterwegs schon eine Idee kommen«, sagte sie sich schließlich. Sie konnte ja nicht im Kloster bleiben und auf ein Wunder warten! Und noch dazu auf die Gefahr hin, daß Ippolita sich an den letzten Satz Serafinas erinnerte und die gesamte Familie Gentileschi sie hier suchen und wieder nach Hause holen würde.

Das Proviantbündel auf den Rücken gebunden, unter einem Arm das Schweinchen und unter dem anderen den Kasten, verließ sie die Zelle. Sie verabschiedete sich von der Schwester Türsteherin, die ihr das Tor mit lautem Schlüsselgerassel öffnete, und machte sich in Richtung Wald auf den Weg.

Warum nun gerade zum Wald hin? Ganz einfach: weil der genau in entgegengesetzter Richtung vom Dorf und vom Haus des Kaufmanns Gentileschi lag.

Sie war erst wenige Minuten ins Dickicht des Waldes eingetaucht, als sie den Klang eines Tamburins hörte. Ein Rhythmus, der zum Tanzen aufforderte. Das Schweinchen begann zu strampeln und versuchte, sich aus ihrem Arm zu winden, es wollte auf die Erde. Doch Polissena umklammerte es fest, sie hatte Angst, das Tierchen könnte weglaufen. Zugleich näherte sie sich neugierig der Lichtung, von der die Musik kam. Sie war fest entschlossen, sehr vorsichtig zu sein und sich nicht als erste zu erkennen zu geben. Hinter einem Haselnußstrauch verborgen, mußte sie sich den Hals ziemlich verrenken, um etwas zu sehen, denn sie hatte ja alle Hände voll, so daß sie die Zweige nicht auseinanderbiegen konnte.

Doch was sie erblickte, ließ sie jede Vorsicht vergessen. »Lucrezia!« schrie sie, »die Lucrezia von Giraldi!« und stürzte hinter dem Busch hervor.

Sie mußte einen ziemlich merkwürdigen Eindruck machen, denn das blonde Mädchen, das, umringt von einer Gruppe Tiere, das Tamburin schlug, um einen jungen Bären zum Tanzen zu bringen, hielt abrupt im Schlagen inne und starrte sie mit weit aufgerissenem Mund an, als wäre nicht sie es, die mit ihren Tieren ein eigentümliches Schauspiel abgab, sondern Polissena.

»Seid Ihr das etwa?« stammelte sie nach einer Weile und schickte sich zu einem ehrerbietigen Knicks an. »Ihr, Fräulein Ippolitas älteste Schwester? Die Tochter des Kaufmanns Gentileschi, Gott möge ihn beschützen ...«

»Du brauchst mich nicht mehr mit Fräulein anzureden«, sagte Polissena. »Der Kaufmann Gentileschi ist nämlich nicht mein Vater. Vielleicht werde ich eines Tages herausfinden, daß ich in Wirklichkeit eine Prinzessin bin, und dann wirst du mich mit ›Königliche Hoheit‹ anreden müssen. Doch zur Zeit bin ich nur ein armes Findelkind.«

Als sie das hörte, riß das blonde Mädchen den Mund noch weiter auf.

»Ein Findelkind!?«

Polissena erklärte ihr kurz und bündig, was geschehen war. »Jetzt weiß ich nicht mehr, wessen Tochter ich bin«, schloß sie. »Ich bin unterwegs, um das herauszufinden.«

»Wohin reist Ihr ... wohin reist du?« verbesserte sich das Mädchen sofort. »Vielleicht können wir ja ein Stück zusammen wandern.«

In diesem Augenblick begann der Bernhardinerhund laut zu bellen, um die Aufmerksamkeit auf sich zu lenken.

»Ja, ja, du hast recht, armer Ramiro. Es ist Mittagessenszeit«, rief Lucrezia. »Aber ich habe nichts zu fressen für dich. Wenn ihr Hunde Vegetarier wärt, könntest du dich wie der Bär und die Affen mit ein paar Blättern und Beeren versorgen. Und wenn der Alte dir das Jagen beigebracht hätte, könntest du dir eine Feldmaus fangen. Doch du bist an Brotsuppe und Braten gewöhnt, und das werden wir bis zum nächsten Auftritt nicht haben.«

Der Hund ließ traurig die Ohren hängen. Polissena hatte sich derweil umgeschaut und festgestellt, daß einer aus der kleinen Schauspielertruppe fehlte.

»Wo ist der alte Giraldi?« fragte sie.

»Er ist letzte Woche gestorben«, antwortete Lucrezia ungerührt. »Von einer Kirchturmspitze ist er herabgestürzt. Da hinauf war er wegen einer dummen Wette unter Trunkenbolden geklettert. Er ist mit dem Kopf aufgeschlagen. Der Pfarrer von Pontelucar war so freundlich, ihn auf seinem Friedhof zu bestatten. Der gute Priester hatte sogar eine Witwe gefunden, die bereit gewesen wäre, mich als Magd bei sich aufzunehmen. Doch was wäre dann aus meinen Tieren geworden?«

»Willst du jetzt etwa ganz allein mit eurem Schauspiel herumziehen?« rief Polissena ungläubig aus.

»Ich bin doch nicht allein, wir sind zu sechst: der Hund, der Bär, die Gans, das Äffchen, der Schimpanse und ich. Die komplette Gauklertruppe Giraldi und ihre akrobatischen Tiere.«

»Aber wie willst du jetzt ohne den Alten weitermachen?«

»Pah! Schon die ganze letzte Zeit ist der alte Saufkopf nicht mehr aufgetreten. Er hat das Geld eingesteckt und in die Kneipe getragen. Ohne ihn wird es uns viel besser gehen.«

Polissena war von Lucrezias Kälte, von ihrem Mangel an Gefühl geschockt, sie sprach ja fast mit einer Art Befriedigung vom Tod des Großvaters. Ein so kleines Mädchen und schon so abgebrüht! Es stimmte natürlich, daß der alte Giraldi sie oft geschlagen hatte, immer hatte er mit ihr geschimpft und ihr oft nichts zu essen gegeben, wie er es auch mit den Tieren tat. Alle in der Grafschaft von Cepaluna wußten das, doch keiner wagte einzugreifen, die einen, weil sie glaubten, das Mädchen hätte die Bestrafungen sicherlich verdient, die anderen, weil der Alte auch Außenstehenden gegenüber gewalttätig und cholerisch war. Er drohte, den Hund oder den Bären auf jeden zu hetzen, der sich in das, was er »Familienangelegenheiten« nannte, einmischen wollte.

Nur vor dem Kaufmann Gentileschi hatte er einen gewissen Respekt, und nur von ihm ließ er sich Vorhaltungen machen über die Art, wie er Lucrezia behandelte. Alle glaubten, das Mädchen sei seine Enkelin, was aber nicht stimmte.

»Jetzt, wo er tot ist und mir nicht mehr androhen kann, mich ins Heim zu schicken, kann ich die Wahrheit sagen«, erklärte sie.

Sie war kein Findelkind, sondern nur die Waise von zwei armen Landarbeitern aus Paludis, die während einer Pestepidemie, die das Heimatdorf Lucrezias ausgerottet hatte, gestorben waren. Nur Lucrezia hatte überlebt, und der alte Giraldi, der einmal im Jahr mit seiner Truppe durch diese Gegend zog, war gerade rechtzeitig vorbeigekommen, bevor auch sie Hungers gestorben wäre. Er hatte sie mit sich genommen.

Das war viele Jahre her. Lucrezia mußte nun ungefähr neun Jahre alt sein, »wie das Fräulein Ippolita«. Um sich ihr Brot zu verdienen, war sie Akrobatin geworden, hatte mit den Tieren witzige Nummern einstudiert, hatte gelernt, aus der Hand zu lesen und vieles mehr. Das trug ihr die Bewunderung der drei Schwestern Gentileschi und der anderen Kinder ein, wenn die Truppe Giraldi mit ihrem Schauspiel in Cepaluna Station machte.

Zweites Kapitel

Solange Polissena sich erinnern konnte, waren der Alte und das Mädchen mit ihren Tieren jedes Jahr zu Ostern nach Cepaluna gekommen, für ungefähr zehn Tage, und jeden Abend gaben sie auf dem Rathausplatz ihr Schauspiel.

Normalerweise schliefen sie unter dem Bogengang der Kirche, doch wenn es sehr kalt war, lud Vieri Gentileschi sie ein, ihr Nachtquartier in seinem Warenlager im Erdgeschoß seines Hauses aufzuschlagen. Jeden Abend ließ er ihnen heiße Suppe und Brot bringen, und jedes Mal, wenn die alte Agnese das Tablett für die Truppe vorbereiten mußte, schimpfte sie vor sich hin: »Der Herr vertraut denen viel zu sehr! Sie einfach des Nachts mit all den Waren allein zu lassen! Nicht einmal die Türen schließt er ab! Und wenn sie nun Mehlsäcke oder ein paar Ballen Seidenstoff mitgehen lassen?«

Sie ließ sich auch nicht von den anderen Dienstboten beruhigen, die wie der Hausherr der Truppe vertrauten. Auch weil sich die Schauspieler davor hüten mußten, in den Ruf zu kommen, Diebe zu sein, die Behörden hätten ihnen umgehend jeden weiteren Auftritt auf den Plätzen der Dörfer und Städte verboten.

Doch Agnese beharrte düster: »Eines Morgens wird uns die Polizei alle mit durchgeschnittener Kehle im Bett finden!«

Die Gaukler gefielen ihr einfach nicht. Leute, die allzu locker daherreden konnten, gefielen ihr nicht. Vor allem aber gefiel ihr nicht, daß die beiden kleineren Mädchen immer wieder ihrer Aufsicht zu entwischen versuchten, um ins Lager zu gehen und diese seltsamen Tiere zu streicheln, auch wenn sie friedlich zu sein schienen und dem Alten und seiner kleinen Assistentin aufs Wort gehorchten.

»Sie sind voller Flöhe und Läuse!« murrte Agnese, und am Abend kämmte sie die Haare von Ippolita und Petronilla besonders gründlich mit einem feinen, in Essig getauchten Kamm; und neben ihren Kleidern verbrannte sie besondere Kräuter, deren Rauch die verhaßten kleinen Tierchen vertreiben sollte.

Nur Polissena war wegen ihres Unterrichts, der sie, im Gegensatz zu den Schwestern, den ganzen Tag in Anspruch nahm, nie ins Lager gegangen und hatte deshalb weder mit Lucrezia noch mit den Tieren Freundschaft geschlossen.

Doch auf dem Rathausplatz hatte sie ihnen voller Bewunderung zugeschaut. Immer wieder war sie zu den Aufführungen gekommen und hatte Lucrezia um ihre Gelenkigkeit und Sicherheit auch bei den kompliziertesten und gefährlichsten Kunststücken beneidet.

Serafina hatte bestimmt Lucrezia im Sinn gehabt, als sie gesagt hatte: »Kein Mädchen aus guter Familie stellt seine Beine vor allen zur Schau wie die Tochter eines Gauklers.«

Wann hatte sie das gesagt? War das erst gestern gewesen? Polissena schien es, als sei eine Ewigkeit vergangen.

Lucrezia zeigte derweil großes Interesse an dem Schweinchen. »Was für Kunststücke kann das?«

»Was soll es schon können? Es frißt, schläft, quiekt und wiegt schwer wie ein Mühlstein!« stöhnte Polissena, der das Schweinchen mittlerweile wie Blei im Arm lastete.

»Kann es nicht laufen?«

»Doch, ich habe aber Angst, daß es entwischt.«

»Unsinn! Ein gezähmtes Tier läuft niemals davon.«

»Das ist aber kein gezähmtes Tier.«

»Und warum trägst du es dann mit dir herum wie ein Baby?«

»Die Oberin vom Orden von Bethlehem hat es mir gestern geschenkt. Sie hat mir gesagt, ich solle es auf dem erstbesten Bauernhof verkaufen.«

»Verkauf es mir. Ein Schweinchen ist genau das, was ich brauche, damit die Salon-Nummer noch lustiger wird. Es wird ganz einfach sein, ihm etwas beizubringen. Schweine sind sehr intelligente Tiere, weißt du?«

Polissena stimmte ihr geschmeichelt zu, als wäre das ihr Verdienst. »Gib es mir«, bettelte Lucrezia und streckte die Hände aus. Die andere überließ es ihr erleichtert.

»Freunde!« schrie das Mädchen und zeigte ihren Tieren das Schweinchen. »Ich stelle euch ein neues Mitglied in unserer Truppe vor. Behandelt es bitte nett. Und seid ihm ein gutes Vorbild.«

Die Tiere schauten sie aufmerksam an, sahen ihr direkt in die Augen und warteten darauf, was sie als nächstes sagen oder tun würde.

»Lancillotto, dir vertraue ich das Schweinchen an!« rief Lucrezia und warf es dem Schimpansen zu, der es mit einem Satz nach vorn im Flug auffing. Da bedeckte sich das Äffchen mit einer Hand die Augen und begann, enttäuscht zu jammern.

»Aber Casilda, mein Schatz, sei doch vernünftig«, sagte Lucrezia mit sanfter Stimme. »Du kannst nicht die Kinderfrau eines Schweinchens sein, das zweimal so groß ist wie du. Komm, gib mir einen Kuß!«

Das Äffchen sprang ihr auf die Schulter, umschlang ihren Hals und liebkoste sie, während Lancillotto mit wichtiger Miene das Schweinchen dem Hund, dem Bären und der Gans vorführte, damit sie es ausgiebig beschnuppern konnten.

»Hast du gesehen?« sagte Lucrezia zu Polissena. »Es gehört schon zu uns!«

»Wieviel gibst du mir dafür?« fragte Polissena, die als gute Kaufmannstochter (Ex-Kaufmannstochter) das Geschäftliche nicht vergessen hatte. Lucrezia brach in Lachen aus.

»Ich habe keinen Pfennig. Alles, was ich hatte, habe ich für den Sarg des Alten ausgegeben. Ich werde dir ... sagen wir, dreißig Taler geben, aber erst nach zehn Auftritten.«

»Ich kann nicht so lange warten! Ich muß sofort weiter«, protestierte Polissena.

»Und? Was ändert das? Ich hab' dir doch gesagt, daß wir ein Stück Weg zusammen zurücklegen werden.«

»In welche Richtung gehst du denn?« fragte Polissena argwöhnisch.

»Und du?«

Polissena ärgerte es sehr, daß sie zugeben mußte, daß sie keine Ahnung hatte, wohin sie gehen sollte. Deshalb deutete sie vage in Richtung Berge.

»Da wird es jetzt bitterkalt sein«, hielt ihr Lucrezia entgegen. »Dein hübsches Seidenkleid scheint mir dafür nicht sehr geeignet zu sein. Hast du nichts Wärmeres zum Überziehen? Du wirst dich sonst schlimm erkälten.«

»Jetzt muß ich mir eine Predigt von einer Göre anhören, die mir gerade mal bis ans Ohr reicht«, dachte Polissena verdrießlich. Doch sie öffnete den Kasten, um die gestreifte Dekke herauszuholen und sich um die Schultern zu legen.

»Was hast du da drin?« fragte Lucrezia und näherte sich neugierig wie eine Elster. Als müßte Polissena ihren Schatz beschützen, wich sie zurück, wobei ihr der Kasten aus den Händen rutschte und sein Inhalt ins Gras fiel.

»Oh, schau nur!« rief Lucrezia überrascht auf. »Ein Korallenfischlein, genau wie meins!«

Aufgeregt zog sie aus dem Ausschnitt ihres Kleides einen Lederriemen hervor, an dem Verschiedenes baumelte, darunter ein kleiner roter Fisch, der genauso aussah wie der aus Polissenas Kasten.

Polissena wurde blaß, und ihr Herz hämmerte. »Wer hat dir das gegeben?« hauchte sie, während es in ihrem Kopf angestrengt arbeitete. Sollte Lucrezia diesen Anhänger etwa von ihren Eltern bekommen haben? War sie womöglich ihre Schwester? Dann wäre sie, Polissena, also nicht Tochter eines Prinzen, sondern die Tochter beziehungsweise die Waise zweier armer Bauersleute aus Paludis, die vor vielen Jahren an der Pest gestorben waren?

»Wer hat dir das gegeben?« wiederholte sie und fürchtete sich vor der Antwort.

»Ich hab' es von einem Fischer aus Tempestàl bekommen, im letzten Jahr«, antwortete das Mädchen. »Er ist mit seinen Kindern zu einem meiner Auftritte gekommen, und als Casilda den Hut herumreichte, legte er dieses Fischlein hinein. Offenbar hatte er kein Geld bei sich.« Mit der Fingerspitze strich sie über den Anhänger. »Der Alte hat nicht einmal protestiert. Im Gegenteil, er sagte, daß es ein sehr wertvoller Gegenstand sei, ein Kunstwerk, und daß man es teuer verkaufen könnte. Ich wollte es aber behalten, denn es gefiel mir sehr. So habe ich es in einem Loch in der Mauer versteckt, und zum Alten habe ich gesagt, daß das Äffchen es mir weggerissen und ins Meer geworfen hätte. Der Alte tobte. Er hat mich verprügelt und ausgepeitscht und mir drei Tage lang nichts zu essen gegeben. Ich hab' natürlich gebrüllt wie am Spieß, doch insgeheim war ich froh. Ich hatte nicht einmal das Gefühl, einen zu hohen Preis zu bezahlen, so glücklich war ich, etwas derart Schönes nun ganz für mich zu besitzen und dem Alten eins ausgewischt zu haben. Es hat mir nur leid getan für die arme Casilda, die auch jede Menge Hiebe einstecken mußte. Ich habe sie um Entschuldigung gebeten und ihr zum Trost viele Küsse gegeben. Ich hab' ihr erklärt, wie sehr mir das Fischlein gefallen hat. Sie hat mich bestimmt verstanden. Schau nur, wie hübsch es ist!«

»Ein kostbarer Gegenstand ... ein Kunstwerk ...«, dachte Polissena. »Der Fischer hat dir nicht erzählt, woher er es hatte? Von wem er es bekommen hatte?«

»Nein«, antwortete Lucrezia. »Ich bin aber sicher, daß wer auch immer es gemacht hat, auch dein Fischlein geschnitzt hat.«

»Wie kannst du so sicher sein?«

Die andere nahm die beiden Anhänger und legte sie auf ihrer Hand nebeneinander. »Schau nur! Vor allem die Farbe und die Korallenqualität. Sie sind identisch. Sie stammen bestimmt von demselben Korallenast. Und dann die Bearbeitung, die Feinheit, mit der die Flossen geschnitzt sind, die Rundung der Schwanzflosse. Die Augen sind mit demselben Skalpell eingeritzt, und die beiden kleinen Schuppen auf der Stirn scheinen das Zeichen des Künstlers zu sein.«

Zu den Waren, die Vieri Gentileschi aus vielen Teilen der Welt importierte, gehörten auch kostbare Steine, Schmuck, geschnitztes Elfenbein, Gemmen, Siegel aus Halbedelsteinen, und Polissena hatte gelernt, die Qualität ihrer Bearbeitung zu erkennen und zu unterscheiden.

»Es stimmt wirklich, sie scheinen von derselben Hand gemacht zu sein«, gab sie zu und wunderte sich über den fachmännischen Blick Lucrezias.

Warum nur hatte der Fischer einen derart seltenen und wertvollen Gegenstand einer Truppe hergelaufener Gaukler als Hutspende überlassen? Immerhin wußte sie jetzt, wohin die erste Etappe ihrer Reise führen würde.

»Du hast gesagt, der Fischer lebt in Tempestàl. Kannst du mir den Weg dorthin beschreiben?«

»Das ist nicht nötig. Ich werde dich begleiten. Wie oft soll ich dir noch sagen, daß wir eine Weile zusammen reisen werden.«

Nun stellte sich heraus, daß auch Lucrezia kein rechtes Ziel hatte. Nach der Beerdigung des Alten hatte sie auf der friedlichen Lichtung Zuflucht gesucht, um in aller Ruhe zu überlegen, wie es weitergehen sollte. Auch mit Giraldi hatten sie hier öfter gerastet.

Nicht daß sie Angst gehabt hätte, allein mit den Tieren umherzuziehen. Welcher Straßenräuber würde schon den Mut haben, eine Reisegruppe anzugreifen, zu der ein enormer Hund wie Ramiro und sogar ein Bär gehörten? Das Land kannte sie wie ihre Westentasche: seine Straßen und Wege, seine Äcker, Flüsse und Brücken, die Küste mit ihren Sandstränden und Felsklippen, das flache Land und die Hügel, einsame Bauernhöfe, Dörfer und Städte. In all den Jahren mit dem Alten war sie kreuz und quer umhergezogen. Sie kannte alle Bewohner des Landes, jeden einzelnen, und alle kannten sie.

Doch gerade deshalb war sie unschlüssig, welche Richtung sie einschlagen und wo sie ihr Schauspiel vorführen sollte. Denn jetzt, wo man nicht mehr die Zornesausbrüche des Alten zu fürchten hatte, bestand die Gefahr, daß sich irgendein ungebetener Wohltäter in einem Anfall von Mitleid – »Arme kleine Waise, mutterseelenallein auf der Welt …« – in ihre Angelegenheiten einmischte, ihr womöglich die Tiere wegnahm und sie in ein Heim oder ein Armenhaus einsperren ließ. Die Begegnung mit Polissena und deren Nachforschungen konnten für beide von Nutzen sein.

Lucrezia wußte, daß sie klein für ihr Alter war. Sie sah zart und kränklich aus, obwohl sie durch ihr akrobatisches Training Kraft und Muskeln besaß. Jeder, der sie außerhalb ihrer Auftritte sah, mußte sie für zerbrechlich und schutzlos halten, der Obhut Erwachsener bedürftig. Ganz egal, ob es sich dabei um einen gewalttätigen und grausamen Erwachsenen wie Giraldi handelte.

Aus diesem Grund mußte sie mit jemandem zusammen reisen. Polissena war sehr groß für ihr Alter, sie konnte ohne weiteres auf vierzehn geschätzt werden. Lucrezia war sicher, daß sich die Leute mit ihrem Gewissen im reinen fühlten, wenn sie sie nicht allein sahen, und daß sie sie in Ruhe lassen würden wie zuvor, als der Alte noch lebte.

»Mir ist es egal, ob ich zuerst hierhin oder dorthin gehe«, sagte sie. »Unsere Auftritte kommen überall gut an. Wir werden zusammen reisen, und unser Ziel wird sein, wohin uns die Suche nach deinen Eltern führt. Ich werde dir bei den Nachforschungen helfen. Ich kenne jeden, und alle wissen, daß ich viel schwatze. Für mich wird es einfacher sein herumzufragen, ohne mich verdächtig zu machen.«

»Das scheint mir eine gute Idee«, stimmte Polissena zu.

Viertes Kapitel

Lucrezia betrachtete sie nun sehr aufmerksam. »Du mußt so tun, als wärst du eine Gauklerin. Ich werde dir eine einfache Nummer beibringen.« Sie begann zu lachen. »Jetzt habe ich zwei Schüler: dich und das Schweinchen. Mal sehen, wer von euch beiden schneller lernt!«

»Du brauchst mir gar nichts beizubringen«, protestierte Polissena beleidigt. »Ich kann tanzen und singen und Geige spielen. Ich kann auf einem Balken balancieren. Und ich klettere überall hinauf ...«

»Wirklich? Na, dann zeig mal ...«, begann Lucrezia. »Nein, warte. Zuerst solltest du dich anders anziehen. Du wirst doch deine Kunststücke nicht in diesem Seidenkleidchen voller Rüschen vorführen wollen!«

»Ich habe aber nichts anderes!«

»Keine Sorge. Die Truppe Giraldi verfügt über eine riesige Kostümsammlung.«

Lucrezia führte Polissena zu einem Karren, der auf der Reise von Ramiro gezogen wurde. Es war ein ausrangierter Milchwagen auf zwei Rädern und mit einer Deichsel. Giraldi hatte ihn bunt angemalt und an den Ecken und Kanten silbrig bimmelnde Glöckchen befestigt.

Personen konnte man nicht auf ihm transportieren, nur das kleine Äffchen und die Gans, wenn sie müde wurden. Die eigentliche Fracht war eine große Korbtruhe, die die gesamte Austattung der Truppe enthielt: Kleider, Perücken, Musikinstrumente, den Feuerreif, Trampolins, die Balancierseile und vieles andere, dazu noch zwei Blechteller und Blechbecher, aus denen der Theaterdirektor und seine Assistentin getrunken und gegessen hatten.

Beim Anblick dieser wenigen Habseligkeiten fühlte Polissena die Schamesröte in sich aufsteigen. »Ich habe keinen Hunger«, gab sie zerknirscht zu. »Seit gestern bekomme ich nichts runter. Aber du vielleicht ...«, und auf dem Boden breitete sie vor Lucrezia all das aus, was sich in ihrem Proviantbündel befand. Da waren gekochte Eier und Käse, eine Salami, Zwiebeln, Äpfel, Nüsse, ein großer Laib Brot und in einem Säckchen aus Butterbrotpapier zwölf süße Reistörtchen, die mit Ingwer und kandierten Früchten gewürzt waren, eine Spezialität der Nonnen von Bethlehem.

Schwester Zelinda hatte ausgerechnet, daß der Proviant für mindestens eine Woche ausreichen müßte.

Angesichts dieser Leckerbissen wurde Lucrezias braungebranntes Gesicht ganz blaß. Das Wasser lief ihr im Munde zusammen, und ihr Magen knurrte. Doch sie vergaß nicht, daß sie sich vorgenommen hatte, ein besserer Truppenleiter zu sein als der alte Giraldi.

Sie rief deshalb den Hund herbei, schnitt ihm einen halben Laib Brot ab und dazu ein bißchen von der Salami und vom Käse.

»Ihr habt schon gefressen!« sagte sie streng zu den anderen Tieren, die sich um sie drängten. Doch beim Anblick ihrer flehenden, bettelnden Augen ließ sie sich erweichen und gab dem Bären und den beiden Affen je einen Apfel. Der Gans knackte sie zwei Nüsse auf.

Polissena schaute beunruhigt auf das rasche Schwinden des Proviants. Zum Glück war das Schweinchen satt, sonst hätte diese Wahnsinnige ihm womöglich ein kostbares Reisküchlein gegeben.

Endlich setzte sich Lucrezia auf einen Felsblock, und auch sie begann zu essen. Sie aß alles auf, was noch auf dem Tuch gelegen hatte. Ohne einen Krümel übrigzulassen. Danach klopfte sie sich zufrieden den Bauch.

Und Polissena dachte: »Da sieht man eben, daß sie nur eine gewöhnliche Bauernwaise ist und kein aristokratisches Findelkind auf der Suche nach seinen fürstlichen Eltern!« Doch um die arme Lucrezia nicht zu kränken, biß sie sich auf die Zunge und sagte kein Wort.

Fünftes Kapitel

Endlich satt, erhob sich Lucrezia und schlug in die Hände, um die Aufmerksamkeit der Tiere auf sich zu lenken.

»Verzeih, doch wir müssen jetzt arbeiten«, erklärte sie Polissena. »Egal, ob wir auftreten oder nicht, wir müssen jeden Tag ein paar Stunden unsere Nummern üben, um im Training zu bleiben.«

Polissena hatte die Truppe Giraldi schon oft bei ihren Auftritten gesehen, und sie kannte die besonderen Fähigkeiten eines jeden »Künstlers«. Doch hatte sie sich nicht vorstellen können, daß die akrobatischen Kunststücke, die Purzelbäume, Saltos, Sprünge, die dem Publikum spielerisch leicht und spontan erschienen, leichtfüßig und scheinbar ohne Anstrengung, in Wirklichkeit das Ergebnis härtester Arbeit waren.

Mit Hilfe der beiden Affen hatte Lucrezia ein Seil über die Lichtung gespannt, auf eine Höhe von ungefähr drei Metern über dem Boden, und die Seilenden hatte sie sorgfältig an den Ästen zweier starker Bäume festgebunden.

Außer dem Hund konnten alle Tiere über das Seil balancieren. Der Bär und der Schimpanse schienen sich sehr abzumühen, und dauernd taten sie, als stolperten sie, wobei sie mit einem winzigen, nutzlosen Schirm aus weißer Spitze herumfuchtelten.

An einem Ende des Seils blieb Lancillotto schließlich stehen und begann, das Tamburin zu schlagen. Dazu legte Dimitri mit einem wilden Kosakentanz los, und das, ohne einmal zu schwanken oder den Halt auf den beiden Hinterpfoten zu verlieren. Damit noch nicht zufrieden, wies er den Schimpansen mit unmißverständlicher Geste an, ihm ein einrädriges Fahrrad hochzureichen. Er setzte sich darauf, begann, heftig zu trampeln, und radelte auf dem Seil vor und zurück, als sei es eine breite, flache Fahrbahn ohne Hindernisse.

Dann kam die Gans an die Reihe, die von Lucrezia in die Höhe geworfen wurde und wie ein Vogel im Flug auf dem Seil landete. Auf ihren Schwimmhäuten machte sie kleine Hüpfer, schlug dabei die Flügel und lärmte gehörig dazu. Dann beugte sie sich herunter, nahm das Seil zwischen ihren Schnabel und ließ sich ins Leere rutschen, bis sie wie ein Hemd an der Leine im Wind hin- und herflatterte.

Das Äffchen Casilda und Lucrezia traten gemeinsam auf. Auch sie balancierten von einem Seilende zum anderen, doch auf den Händen. Lucrezia spreizte dazu die Beine und ließ sie wie eine Schere wieder zuschnappen. Und Casilda winkte immer abwechselnd mit einer Hinterpfote dem Publikum zu.

Lucrezia schwang sich nun nur mit einer Hand um das Seil, und das Äffchen machte es ihr nach. Dann hielt sie abrupt inne, setzte sich mit Schwung aufs Seil und schaukelte vor und zurück. Bis sie sich nach hinten fallen ließ und erst im letzten Moment die Füße um das Seil schloß, so daß sie mit dem Kopf nach unten pendelte. Wieder oben, sprang sie in die Höhe, schlug einen Purzelbaum in der Luft und landete mit den Füßen in perfektem Gleichgewicht erneut auf dem Seil.

Polissena starrte sie mit offenem Mund bewundernd an. Auch ohne das hübsche Kostüm, das sie bei den Auftritten trug, hatte Lucrezia die Anmut eines Schmetterlings, eines Paradiesvögelchens. Sie schien leicht wie eine Feder und wirkte fast schön, trotz der zerissenen Strumpfhose, des schmutzigen Gesichts und der struppigen Haare.

Ippolita hatte in ihren Auseinandersetzungen mit Agnese, die Lucrezia als »Affenkind« bezeichnete, immer darauf bestanden, daß ihre Freundin schön sei. »Von seltener Schönheit«, fand sie sogar, »blonde Haare und schwarze Augen.« Doch der Rest der Familie war nicht ihrer Meinung, auch wenn niemand leugnen konnte, daß die Kleine mit ihrem Kostüm in glänzender Seide, das auf den Schultern zwei winzige Flügel aus Gaze schmückten, eine starke Faszination auf die Zuschauer ausübte.

Der einzige unter den Tieren, der keine akrobatischen Kunststücke beherrschte, war der Hund Ramiro. Wie sollte er auch, bei seiner Statur und seinen bedächtigen und schweren Bewegungen. Dafür konnte er lesen, schreiben und rechnen.

Natürlich vermochte er nicht zu sprechen, doch seine Lesefähigkeit bewies er dadurch, daß er jede Aufgabe ausführte, die ein zufällig ausgewählter Zuschauer mit Kreide in Druckbuchstaben auf eine Schiefertafel schrieb. Und man konnte ihm Worte diktieren, die er aus bunten Holztäfelchen, auf denen die Buchstaben aufgemalt waren, zusammensetzte. Um zu zeigen, daß er rechnen konnte, fragte Lucrezia ihn mit lauter Stimme: »Ramiro, wieviel macht sieben mal acht?« Oder: »Hundertacht durch zwölf?«

Auch das Publikum durfte ihm Rechenaufgaben dieser Art stellen. Der Hund neigte für einen Moment nachdenklich den Kopf und begann dann zu bellen: Wau! Wau! Wau!, solange, bis er die richtige Zahl erreicht hatte. Und er irrte sich nie.

Der Schimpanse Lancillotto spielte Geige, Tamburin, Ziehharmonika und Flöte. Er konnte sogar Strümpfe stricken, sowohl mit den Füßen wie mit den Händen. Einen doppelten Salto sprang er, und mit dem Bären wechselte er sich beim Halten des Feuerreifs ab, den sie je nach Bedarf mal niedrig, mal höher hielten und durch den sich alle Tiere, selbst die Gans Apollonia, hüpfend oder Purzelbäume schlagend, mutig hindurchstürzten.

Vom ersten Tag an wollte Lucrezia diese Nummer auch

dem Schweinchen beibringen. »Man muß ihm einen Namen geben«, sagte sie zu Polissena. »Was für ein Name würde dir gefallen?«

Die andere dachte einen Moment nach. Irgendwie fand sie sich schon zu groß für solche Spielchen. Bei den Gentileschis war es Petronilla gewesen, die Welpen und Kätzchen, Tiere überhaupt wie Spielzeug behandelte.

»Wenn es auftreten soll, braucht es einen Künstlernamen«, beharrte Lucrezia.

Daraufhin dachte Polissena angestrengt nach, bis ihr die Figur aus einem Roman einfiel, die ihre Mutter, das heißt Frau Ginevra Gentileschi, sehr geliebt hatte. »Biancofiore!« sagte sie.

»Perfekt«, stimmte Lucrezia zu und fuhr fort: »Da wir ja jetzt eine Gemeinschaft sind, ist es sinnlos, daß du es mir verkaufst. Du würdest zwar ein bißchen Geld herausholen. Aber einen Freund gibt man nicht für Geld weg.«

»Und womit soll ich mir etwas zu essen verdienen?« fragte Polissena. Schließlich hatte die Oberin ihr das Schweinchen zu einem bestimmten Zweck gegeben.

»Mit Arbeit, deiner und der deines Freundes. Wenn ein Künstler Mitglied einer Truppe wird, kümmert sich der Theaterleiter um alles, was er braucht. Glaubst du, daß ich zu jung bin, um eine gute Theaterdirektorin zu sein?«

»Nein. Ich glaube aber, daß ich niemals so gut wie ihr werde. Ich werde diese schwierigen Übungen nie und nimmer erlernen.«

»Vorhin hast du gesagt, du könntest klettern, Musik machen, tanzen, singen ... Wir könnten im Duett singen.«

»Lucrezia ... Ich habe Angst, daß du keinen Nutzen an mir hast«, sagte Polissena besorgt. »Es stimmt, daß ich das alles kann, ich bin keine Lügnerin. Doch ich habe Angst, daß ich nie den Mut haben werde, mich vor ein Publikum zu stellen. Ich schäme mich zu sehr ...«

»Nur keine Eile«, beruhigte sie Lucrezia. »Es genügt erst

einmal, daß das Schweinchen auftritt. Es wird deinen Anteil mitverdienen. Und du kannst mir als Assistentin helfen, mir die Dinge, die ich auf der Bühne brauche, heranreichen und die Kostüme in Ordnung halten.«

»Ich kann sehr gut zeichnen«, hellte sich Polissenas Miene auf. »Ich könnte ein schönes, buntes Plakat malen, das wir auf den Plätzen aufhängen, um bekanntzugeben, daß die Truppe Giraldi angekommen ist und ihr Schauspiel aufführen wird.«

»Phantastisch! Siehst du, daß ich Nutzen an dir habe?« lachte Lucrezia.

Es war schon spät. Bevor es endgültig dunkel wurde, hatten sie gerade noch Zeit, die Salon-Nummer zu üben, es handelte sich dabei um eine sehr witzige Pantomime, eine Aufführung ohne Worte. Das Komische kam vor allem durch die Verkleidung der Tiere zustande. Dimitri beispielsweise verkörperte in der Nummer einen reichen General, der ungeduldig in seinem Salon die Ankunft seiner Nichten erwartet. Er muß entscheiden, welcher der beiden Damen er sein Vermögen vermachen soll. Der Notar, den Apollonia darstellte, sitzt schon mit einer Pergamentrolle am Schreibtisch, um das Testament aufzusetzen.

Da erscheinen die beiden Nichten: Ramiro hat einen Schal umgelegt und eine strenge Witwenhaube auf dem Kopf, der hochelegante Lancillotto trägt ein ausgeschnittenes Kleid mit Schärpe, Perlenkette und einer schwarzgelockten Perücke.

Jede der beiden Anwärterinnen auf die Erbschaft hat ihr Söhnchen dabei, das sie anhält, den Onkel General besonders lieb zu umschmeicheln. Doch Casilda, die in einem Säuglingskleidchen aus rosa Brokat mit Puffärmeln steckt, gießt die Teekanne über dem Kopf des Onkels aus, schlägt mit dem Löffel nach ihm, antwortet auf seine Liebenswürdigkeiten mit Rülpsern und zieht zu allem Überfluß das Tischtuch mit dem kostbaren Teeservice herunter.

Nachdem Mutter Lancillotto zunächst versucht, die Unverschämtheiten ihres Kindes zu bremsen, sinkt sie schließlich nach einem letzten verzweifelten Blick gen Himmel ohnmächtig auf den Sessel.

Das freut natürlich die Witwe Ramiro, die sich der Erbschaft schon sicher fühlt. Doch als sich der Onkel General anschickt, das Kleinkind Biancofiore, das in duftenden, weißen Taft gehüllt ist, auf den Arm zu nehmen, pinkelt ihm das Kleine auf die Uniform, windet sich aus seinem Arm und läuft ihm vor die Füße, so daß er stolpert und sich ein Bein bricht. Die arme Mutter schlägt sich die Pfote vor das Gesicht, um dieses Desaster nicht mitansehen zu müssen.

Am Ende jagt der wütende General Nichten und Neffen aus dem Haus und ernennt die Servierin Lucrezia zu seiner Erbin, die - mit Häubchen und Schürze - während der ganzen Szene still und diskret für alles sorgt, die Gäste hereinläßt, den Tee serviert, die Scherben auffegt, die Uniform des Generals reinigt und ihm das gebrochene Bein verbindet.

»Du siehst selbst, es ist keine großartige Geschichte«, sagte Lucrezia, als sie mit der Probe zu Ende waren. »Aber die Leute finden es wahnsinnig komisch, wenn Tiere wie Menschen gekleidet sind. Sie amüsieren sich über die Habgier der beiden Nichten, über den stolzen General, der lächerlich gemacht wird, über die arme, bescheidene Servierein, die am Ende belohnt wird und ein neues Leben als große Dame beginnen kann. Wir führen es nicht jeden Abend auf, um die Kostüme nicht zu stark abzunutzen. Und auch nicht, wenn wir im Publikum einen General oder eine elegante Dame entdecken, die sich beleidigt fühlen könnten.

Diese Nummer ist unsere Notlösung, wenn wir sehen, daß die Leute wegen etwas besonders niedergeschlagen sind, wegen einer Dürre oder anderer Unglücke. Giraldi sagte immer, daß die Leute gerade in solchen Momenten ein besonders großes Bedürfnis haben, über etwas lachen zu können. Und er hatte recht.«

Der Alte hatte Lucrezia noch viele andere Dinge über die Menschen gelehrt, alle seine Tricks und Berufsgeheimnisse.

Und er hatte ihr lesen, schreiben und rechnen beigebracht. Lucrezia hatte das so gut gelernt, daß sie in manchem Dorf, durch das sie zogen, von den Bauern gebeten wurde, deren Buchführung und Konten zu kontrollieren. Oder man bat sie, einen Brief an den Sohn zu schreiben, der Soldat war, oder an ein Mädchen, dem man seine Liebe erklären wollte.

»Der Alte sagte immer, wenn ich eines Tages ohne alles dastehen sollte, könnte ich mir meinen Lebensunterhalt als öffentliche Schreiberin verdienen.«

Polissena kam aus dem Staunen nicht heraus. Sie hatte gedacht, daß man nur in einem Bürgerhaus etwas lernen konnte, mit richtigen Lehrern und vielen Büchern und einer Mutter, die ständig kontrollierte, ob man auch seine Hausaufgaben machte. Es kam ihr nun so vor, als wäre der alte Giraldi am Ende doch nicht nur grausam gegen Lucrezia gewesen, da er ihr all diese Dinge beigebracht hatte.

»Er hat es nur getan, weil es für ihn selbst nützlich war«, wandte Lucrezia ein. »Weil er sich in den langen Winterpausen langweilte. Auf jeden Fall hat er mich zu oft und zu heftig verprügelt, als daß ich ihm für irgend etwas dankbar sein könnte.«

III.
In Tempestàl

Erstes Kapitel

Sie brauchten sechs Tage, um nach Tempestàl zu gelangen. Und es stellte sich heraus, daß Lucrezia recht gehabt hatte: Überall, wo die Truppe Giraldi Station machte, wurde sie von den Einheimischen begeistert aufgenommen, und ihre Aufführungen hatten großen Erfolg.

Schon am ersten Abend hatte Casilda bei ihrem Rundgang mit dem Hut durchs Publikum eine schöne Summe zusammengesammelt, und Polissena, die ihren Appetit wiedergefunden hatte, machte sich nun keine Sorgen mehr darüber, woher sie zu essen bekommen sollten.

Ihr schönes Seidenkleid war in der Korbtruhe verstaut worden. »Es würde Lancillotto gut passen«, hatte Lucrezia bemerkt. »Ich werde mir eine Nummer ausdenken, in der er es trägt. Das könnte sehr komisch wirken.«

Für Polissena hatte sie aus den Kleidern im Korb eines herausgesucht, wie es die Bauernmädchen trugen, mit Hut und dazu passendem Umhang. Und von den ersten Einnahmen hatte sie ihr ein Paar Holzpantinen gekauft. Niemand würde in diesem braungebrannten Bauernmädchen die elegante älteste Tochter des Kaufmanns Vieri Gentileschi erkennen.

Biancofiore trat jeden Abend mit den anderen Tieren auf, und von Mal zu Mal wurde er besser. Wenn sie weiterzogen, trabte das Schweinchen eifrig durch den Staub der Straße, und nur wenn es sehr müde war, quiekte es und wollte auf den Arm genommen werden.

Tagsüber ließ Polissena ihren Kasten in der Korbtruhe auf dem Karren. Doch jede Nacht, bevor sie einschlief, holte sie ihn hervor, öffnete ihn und grübelte über die Dinge nach, die er enthielt. Sollte es ihr je gelingen, mit ihrer Hilfe ihre wahren Eltern zu finden?

An die »falschen«, an die Familie Gentileschi, mußte sie immer wieder denken, obwohl sie fest entschlossen war, sie zu vergessen. Doch wenn die Abenddämmerung kam, ergriff sie ein schreckliches Heimweh nach der schönen Ginevra, die sie über zehn Jahre lang Mama genannt hatte, nach Ippolita und Petronilla, mit denen sie gespielt und gelernt hatte, mit denen sie alles geteilt hatte, Lachen und Weinen, Kinderkrankheiten und Streiche, Küsse und Bisse, und mit denen sie Seite an Seite im großen gemeinsamen Bett geschlafen hatte. Heimweh nach dem Kaufmann, nach Agnese, nach dem Haus, seinen Zimmern, dem Baldachinbett der Eltern, nach der Küche, dem großen Kamin, den vollen Warenlagern. Sie hatte auch Heimweh nach Cepaluna, nach seinen Straßen und dem Hauptplatz mit dem Brunnen, den Gärten, den Leuten.

Um nicht zu weinen, zwang sie sich zu Gedanken wie: »Es ist nicht meine wirkliche Familie. Es ist nicht meine Heimatstadt. Daß ich dort gelebt habe, ist ein Irrtum gewesen. Ich gehörte nicht wirklich dazu, ich war ein Kuckuck im Meisennest.« Dennoch konnte sie nicht umhin, sich zu fragen, wie man wohl auf ihr Verschwinden reagiert hatte. Hatten Agnese und die beiden Mädchen erzählt, warum sie davongelaufen war? Hatte sich jemand aufgemacht, sie zu suchen? Hatte man Serafina ausgeschimpft?

Morgens am Frühstückstisch, wenn sich Petronilla neben ihren leeren Platz setzte, ob sie dann wohl Tränen vergoß? Die Mam ... die Frau des Kaufmanns, ob sie es nun bereute, Polissena manchmal zu Unrecht ausgeschimpft und bestraft zu haben?

Einerseits hoffte Polissena, daß man sich nicht allzu schnell mit ihrem Verschwinden abfinden würde. Wenn man sie auch nur ein wenig gern gehabt hatte, so dachte sie, müßte die Familie Meere überqueren und Berge versetzen, um sie wiederzufinden.

Andererseits fürchtete sie, daß man sie verfolgte oder daß jemand sie erkannte und anzeigte. Sie wollte, daß man um sie trauerte und nach ihr suchte. Aber nie wollte sie die Familie wiedersehen oder zu ihr zurückkehren. Nie wieder.

Als sie sich Tempestàl näherten, zeigte ihr Lucrezia das Haus des Fischers. Es war eine abseits gelegene Hütte, alt und heruntergekommen, das Dach aus getrocknetem Tang. Ein kleiner Garten umgab sie, und nur eine Mauer aus Lehmbrokken trennte sie vom Strand.

»Was willst du tun?« fragte Lucrezia. »Willst du zum Fischer gehen, während ich hier auf dich warte?«

»Ich fände es besser, wenn du mit mir kämst.«

»Wir können nicht einfach mit all den Tieren in ein fremdes Haus eindringen. Sie allein lassen können wir aber auch nicht. Laß uns zuerst ins Gasthaus des Ortes gehen. Ich kenne da einen netten Jungen, der im Stall auf die Tiere aufpassen wird, solange wir weg sind.«

Um die Freundin zu begleiten, zog sich auch Lucrezia, die normalerweise auf der Reise ein altes Männerhemd trug, wie ein Bauernmädchen an. So sahen sie aus wie zwei völlig normale Mädchen. Polissena hatte ihren Kasten in ein Tuch geschlagen, damit er wie ein Bündel wirkte.

Sie kamen zum Haus des Fischers, und noch bevor sie die Gartenpforte aufgemacht hatten, waren sie von einer Schar lärmender, dreckiger, barfüßiger und ungekämmter Kinder umgeben.

»Wo ist euer Vater?« fragte Lucrezia, die in ihnen ihre Zuschauer vom letzten Jahr wiedererkannte.

»Er ist auf dem Meeresgrund«, sagte der Kleinste. Und Polissena fühlte für einen Moment ihr Herz stillstehen.

Zweites Kapitel

Ertrunken? Wer sollte ihr nun weiterhelfen, um dem Rätsel ihrer Geburt auf die Spur zu kommen?

»Noch vor Einbruch der Dunkelheit müßte er wieder zu Hause sein«, beruhigte sie sofort ein anderes Kind. »Er ist heute sehr weit hinausgefahren, auf der Suche nach einem Korallenast.«

»Er taucht dazu ins Wasser und schwimmt bis hinunter auf den Grund«, erklärte ein dritter kleiner Junge. »So tief wie möglich, denn dort unten wachsen die schönsten Korallenkolonien.«

»Ich dachte, er sei Fischer«, sagte Polissena.

»Er fischt Fische, Austern, Perlen, Wracks, alles, was man im Meer finden kann«, antwortete ein viertes Kind, offenbar das älteste der Kinderschar.

»Wir warten auf seine Rückkehr«, sagte Lucrezia gelassen und setzte sich auf das Mäuerchen.

Die Kinder hatten in ihr die wagemutige Akrobatin wiedererkannt, die sie letztes Jahr so begeistert hatte, und nun überschütteten sie sie mit Fragen nach ihren Tieren.

»Der große Hund heißt Ramiro«, antwortete sie geduldig. »Das Äffchen heißt Casilda und der Schimpanse Lancillotto. Die Gans, die den Salto Mortale springt, nennt sich Apollonia. Sie legt auch jeden Tag ein Ei. Und wenn ihr morgen zur Aufführung kommt, macht euch auf eine Überraschung gefaßt. Ich habe ein neues Tier: einen Bären, der tanzt, Fahrrad fährt und mit einem kleinen Schirm auf dem Seil entlang balanciert. Er heißt Dimitri, und ich bin sicher, daß er euch sehr gefallen wird.«

Polissena sagte nichts, mit zusammengepreßten Lippen blickte sie besorgt auf das Meer hinaus.

Während sich Lucrezia und die Kinder unterhielten, war Wind aufgekommen. Zunächst noch wehte er sanft, als wollte er mit den blonden Locken Lucrezias und den strubbeligen Haaren der Kinder des Fischers spielen. Doch bald blies er immer heftiger.

Gleichzeitig schwoll das Meer an und warf dicke, schaumgekrönte Wellen auf. Und der Himmel verfärbte sich lila.

»Warum ist denn Papa noch nicht zurück?« fragte einer der größeren Jungen beunruhigt.

Die Türen und Fenster der Hütte schlugen gegen die Hauswand. Die Äste der Bäume peitschten ächzend durch die Luft. Und die Wellen klatschten krachend auf die Felsen. Jetzt schauten alle Kinder, auch die kleinsten, mit großer Sorge aufs Meer hinaus.

Da sahen sie in der Ferne ein kleines, weißes Segel auf dem Kamm einer Welle auftauchen.

»Das ist Papa!« schrie das kleinste der Kinder. Alle anderen waren stumm vor Angst.

Das Segel wurde den Schaumkamm hinaufgehoben und stürzte gleich darauf an der steilen Wellenwand wieder hinunter... Tauchte erneut auf, verschwand, schien kurz vor dem Kentern zu sein. Eines der Kinder begann zu weinen.

»Was macht ihr hier draußen? Warum hat keiner die Fenster zugemacht? Hört ihr nicht, wie sie klappern?« schrie plötzlich eine scharfe Frauenstimme. »Sofort alle ins Haus! Und ihr beiden affigen Mädels, was macht ihr da auf unserer Mauer? Schert euch weg!«

Es war die Frau des Fischers, die Mutter der Kinder, die mit einem Korb voll Grünzeug und Gemüse unterm Arm vom Acker heimgekehrt war.

»Wir möchten gerne mit Ihrem Mann sprechen«, sagte Lucrezia freundlich.

»Ach der! Wer weiß schon, wann der zurückkommt. Der und seine Korallen!«

»Mama, schau doch!« schrie das größte der Kinder, zog sie beim Schal und deutete aufs Meer. Jetzt konnte man das Segelboot deutlich erkennen, und auf dem Boot eine kleine menschliche Gestalt, die verzweifelt versuchte, das Segel unter Kontrolle zu halten.

»Jedes Mal denkt er sich was Neues aus, dieser Nichtsnutz von eurem Vater«, sagte die Frau zu den Kindern. »Als hätte ich mit euch nicht schon genug Sorgen.« Und mit lauter, schriller Stimme keifte sie: »Rein ins Haus, hab' ich gesagt, oder wollt ihr die Rute spüren.«

Die Kinder gehorchten sofort. Die Mutter verriegelte die Tür und wandte sich an Lucrezia. »Darf man erfahren, was ihr von meinem Mann wollt?« fragte sie mürrisch. »Geld? Hat er Schulden bei deinem Herrn? Dann sag dem alten Geizhals, daß wir zu viele Mäuler stopfen müssen, um uns den Luxus zu erlauben, unsere Schulden zu bezahlen.«

Lucrezia hütete sich, ihr zu sagen, daß der alte Giraldi gestorben war und daß sie jetzt auf eigene Faust arbeitete. »Wir möchten nur eine Auskunft«, sagte sie bedachtsam.

»Na, man kann nicht sagen, daß ihr in einem günstigen Moment gekommen seid«, erwiderte die Frau höhnisch und deutete hinaus aufs Meer.

Das Boot war nun nah an die Küste herangekommen, aber obwohl es auf den Strand zuhielt, drückte es der Wind immer weiter auf die Felsen zu.

»Er wird an den Klippen zerschellen«, dachte Polissena erschrocken. Unter ungeheurer Anstrengung schaffte es der Fischer im letzten Moment, das Segel so zu drehen, daß der Wind es in Richtung Strand blies.

»Da kehrt euer Held zurück«, kommentierte die Frau.

Das Boot wurde von einer großen Welle hochgehoben und auf den Sandstrand geworfen, mit gebrochenem Mast, den Kiel nach oben. Der Fischer lag zwischen den Algen, die Kleider klebten ihm klatschnaß am Körper, die Arme hatte er ausgebreitet, und es schien, als hätte er die Besinnung verloren. Lucrezia und Polissena stürzten hinzu, um ihm zu helfen, während die Frau ihnen ohne große Eile folgte.

Mit ihrem Taschentuch trocknete Polissena dem Fischer das Gesicht ab. Lucrezia fuhr ihm vorsichtig tastend über Beine und Arme, um zu kontrollieren, ob irgend etwas gebrochen war.

»Der Kopf, ich habe Kopfschmerzen ... ein schrecklicher Schlag ... der Mast ist zerbrochen und ...«, stammelte der Mann mit schwacher Stimme. Dann durchfuhr ihn ein Schauer, und sein Blick wurde klarer. Er schaute Polissena an, die ihm einen Arm um die Schulter gelegt hatte. »Wer bist du?« fragte er.

Anstelle einer Antwort hielt Polissena ihm das Korallenfischlein vor die Augen.

»Vor zehn Jahren hat mir das jemand zwischen meine Säuglingswäsche gelegt. Seltsame Wäsche aus grober Wolle ...«

»Ich bin das gewesen ... ich habe dich im Kloster abgeliefert«, sagte der Fischer langsam und bedächtig, als suchte er, Wort für Wort seine Erinnerung wachzurufen.

»Wer hat dieses Fischlein gemacht? Wer hat es euch gegeben?« beharrte Polissena, die sah, daß sich sein Blick wieder zu trüben drohte. »Wer ist mein Vater?« rief sie ungeduldig und schüttelte ihn unsanft.

»Ich ...«, hauchte der Fischer.

»Ihr?!«

»Niemand hat mir das Fischlein gegeben«, flüsterte er mit ersterbender Stimme. »Ich habe es gemacht, für dich. Um dich wiedererkennen zu können, falls ...« Er schloß die Augen, der Kopf fiel zur Seite, und Polissena spürte, wie der durchnäßte, eiskalte Körper in ihren Armen bleischwer wurde.

Sie fühlte sich, als hätte ihr jemand einen Eimer eiskaltes Wasser übergegossen. Nun war ihre Suche zu Ende, noch bevor sie richtig angefangen hatte! Jetzt war auch sie eine Waise wie Lucrezia, die Waise eines armen Fischers, der seinen Kindern nicht einmal Schuhe hatte kaufen können.

Sie brach in verzweifeltes Schluchzen aus. Doch eine Hand packte sie grob an der Schulter: »Willst du wohl mit dieser Heulerei aufhören? Machst hier auf empfindlich, was? Was geht dich das hier an? Was hast du mit meinem Mann zu tun?«

Polissena fühlte, wie ihr das Blut in den Adern gefror. Nicht nur, daß dieser arme Tote ihr Vater gewesen war, diese gräßliche Hexe mußte ihre Mutter sein, diese verwahrlosten Kinder ihre Geschwister, diese dreckige Hütte ihr Zuhause.

»Willst du wohl aufhören? Und dich jetzt endlich davonscheren? Du und deine neugierige Freundin?« giftete die Frau. Offensichtlich hatte sie die Worte, die ihr Mann zuletzt geflüstert hatte, nicht gehört.

»Ich mache, daß ich fortkomme«, durchfuhr es Polissena. »Mutter oder nicht Mutter, bei der bleibe ich nicht.«

Sie hatte diesen Gedanken noch nicht zu Ende gedacht, als Lucrezia, die ihren Kopf auf die Brust des Fischers gelegt hatte, hochfuhr und rief: »Er ist nicht tot! Das Herz schlägt noch. Schnell, laß ihn uns ins Haus tragen. Ruft einen Arzt!«

Die Tage vergingen, und der Fischer war noch nicht zu sich gekommen. Er lag ausgestreckt auf seinem Lager, blaß, mit geschlossenen Augen, als schliefe er, und nichts konnte ihn aufwecken: weder die Medizin des Doktors noch der heiße Rum, den seine Frau ihm einzuflößen versuchte, noch der scharfe Geruch der Riechsalze oder des Essigs, den der älteste Sohn ihm unter die Nase hielt, und auch nicht der Lärm der spielenden Kinder oder die liebevollen Aufmerksamkeiten Polissenas.

Da der Fischer doch noch am Leben war, hatte sie nicht weggehen wollen. Sie brachte es nicht übers Herz, den schwachen, kranken Vater schutzlos dieser schrecklichen Frau auszuliefern, die leider ihre Mutter war. Die Frau zeigte keinerlei Erleichterung darüber, daß der Fischer noch lebte. Vielmehr schien sie es als Zumutung zu empfinden, nun einen Kranken pflegen zu müssen. »Ich habe weiß Gott anderes zu tun, als hier an seinem Bett zu sitzen und ihm den Sabber abzuwischen«, murrte sie gereizt.

So hatte sie Polissena, als die ihr sagte: »Ich werde mich um ihn kümmern«, nicht davongejagt, sondern ihr gestattet, sich in einer Ecke in dem dunklen, dreckigen Raum, in dem die ganze Familie lebte, ein Lager zurechtzumachen. »Ich verstehe zwar nicht, warum du das tust«, war ihr Kommentar gewesen, »aber wenn du es unbedingt willst, bitte schön.«

Polissena hatte auch ihr Schweinchen mitgebracht, denn Biancofiore hing sehr an ihr und hätte sich nicht von ihr trennen lassen. Die Frau des Fischers beachtete es nicht, die Kleinen hingegen waren von dem neuen Spielkameraden begeistert, und schreiend und streitend spielten sie den ganzen Tag mit ihm.

Beim Anblick dieser kleinen Wilden kam Polissena nicht umhin, ihre neuen Geschwister mit der zu vergleichen, die sie über all die Jahre für ihre kleine Schwester gehalten hatte.

Mit Petronilla, die auch sehr lebhaft war, aber derart wilde Spiele nicht spielen durfte. Weder durfte sie sich auf die Erde werfen noch allein aus dem Haus gehen. Immer war jemand bei ihr, um achtzugeben, daß sie sich nicht weh tat, daß sie warm angezogen war, daß sie keine schlimmen Wörter sagte ... Ein kleiner Löwe an der Leine. Andererseits aber behandelte man sie - abgesehen von einem Klaps bei ernsteren Ungezogenheiten - sehr liebevoll, sie wurde geküßt, geherzt, und voller Geduld antwortete man auf alle ihre Fragen.

Die Frau des Fischers war immer mürrisch und grob zu ihren Kindern, sie trat nach ihnen, wenn sie ihr vor die Füße liefen, sie beschimpfte und beleidigte sie und schlug sie wegen jeder geringsten Kleinigkeit. Polissena hatte deshalb nicht den Mut gefunden, ihr zu offenbaren, wer sie war, und sie zu fragen, warum man ausgerechnet sie weggegeben und alle anderen Kinder behalten hatte.

Die Vorstellung, diese Hexe »Mama« nennen zu müssen, behagte ihr gar nicht, und so verschob sie alles lieber auf die Zeit, wenn der Vater wieder bei Bewußtsein wäre. Bis dahin wollte sie so tun, als sei sie ein fürsorgliches Bauernmädchen, das sich zur Krankenpflege berufen fühlte.

Lucrezia war damit einverstanden. »Ich werde Tempestàl nicht eher verlassen, bis du mit deinem Vater geredet und alles geklärt hast«, hatte sie ihr versprochen, und das war für die Freundin ein großer Trost.

Lucrezia mit ihren Tieren wohnte im Dorfgasthof, und jeden Abend trat sie mit ihrer Truppe auf dem Dorfplatz auf. Die Leute kamen sogar vom Land und aus den Nachbardörfern herbei. Es war ein gutes Erntejahr gewesen, die Bauern hatten ein bißchen Geld übrig. Und auch die treuesten Zuschauer liefen keine Gefahr, sich zu langweilen, denn jeden Abend führten die Tiere neue Nummern auf, und auch Lucrezia wiederholte kein Lied und keine akrobatische Nummer, es sei denn, das Publikum verlangte ausdrücklich danach.

Jeden Morgen besuchte sie Polissena in der Hütte am Meer. Sie half, den Kranken zu waschen, ihm die Wäsche zu wechseln und ihm kühle Tücher um den Kopf zu legen.

Die Frau war morgens nie zu Hause. Sie hatte einen Stand auf dem Markt, wo sie früher den Fisch, den ihr der Mann mitbrachte, verkauft hatte, und nun Gemüse, Pilze und Schnekken, einfach alles, was die älteren Kinder an den Ackerwegen und auf den Wiesen fanden.

Schon am ersten Tag hatte Polissena bemerkt, daß sich ihre Geschwisterschar in zwei Altersgruppen aufteilen ließ. Da gab es drei Jungen im Alter zwischen neun und dreizehn Jahren: Pelagio, Bernardo und Teofilo. Dann die Kleinen, die Zwillinge Bertilla und Blandina, die fünf Jahre alt waren und für einen achtmonatigen Säugling zu sorgen hatten, sowie drei kleine Jungen von vier, drei und zwei Jahren, die sich den ganzen Tag wie Ferkelchen auf der Erde herumwälzten und viel Getöse machten.

Alle hatten sie große Angst vor der Mutter, die sie noch schlechter behandelte als seinerzeit der alte Giraldi Lucrezia. Vor allem die Zwillinge versteckten sich mit dem Baby, sobald sie die Stimme der Mutter hörten.

Oft fragte sich Polissena, ob die Frau die Krankheit des Mannes ausnutzte und sich nur jetzt so benahm oder ob es der Fischer duldete, daß sie die Kinder mißhandelte. Vielleicht würde er, wenn er wieder gesund war, noch strenger und grausamer zu den Kindern sein als die Frau?

Von ihren neuen Geschwistern gefiel ihr Bernardo, der Zweitälteste, besonders gut. Er war am lustigsten und schien sehr am Vater zu hängen. Auch war er der einzige, der diesem fremden Mädchen für ihre Pflege und Fürsorge dankbar war. Wenn er sah, daß Polissenas Kopf vor Müdigkeit wegsackte, sagte er: »Leg dich ein bißchen schlafen. Ich werde bei ihm sitzen.« Oder: »Du bist blaß. Du kannst nicht den ganzen Tag hier drinnen hocken. Geh hinaus an den Strand an die frische Luft!«

Eines Tages, als der Kranke ganz besonders ruhig dalag, überredete Bernardo Polissena zu einem Spaziergang. Er ging mit ihr zu einer kleinen Hütte aus Zweigen, nicht weit vom Haus. »Hier bearbeitet Papa die Korallen. Er macht wunderschöne Dinge aus ihnen. Seine Spezialität sind kleine Fischlein, die wie echt aussehen. Komm, ich zeig' sie dir.«

In der Hütte gab es einen hölzernen Arbeitstisch mit vielen Werkzeugen, einen kleinen Korb mit noch unbearbeiteten Korallenstückchen und zwei Schemel.

»Er hatte damit angefangen, mich seine Kunst zu lehren, vor seinem Unfall«, sagte der Junge. »Er wünschte sich, daß wir drei Großen so schnell wie möglich einen Beruf erlernen sollten, um unabhängig zu werden und von unserer Stiefmutter fortgehen zu können.«

Polissena schaute ihn erstaunt an: »Dann ist sie gar nicht eure Mutter?«

»Nein. Papa hat sie in zweiter Ehe geheiratet. Unsere Mutter ist vor sieben Jahren gestorben. Dann ist diese Hexe gekommen und hat uns mit falschen Freundlichkeiten überschüttet. Mit ihrem falschen Lächeln hat sie Papa umgarnt, bis er sie geheiratet hat.«

Im ersten Moment war Polissena von dieser Neuigkeit wie vor den Kopf geschlagen. In ihrem Hirn arbeitete es fieberhaft. Demnach war die Frau erst vor sechs Jahren ins Leben des Fischers getreten, als sie selbst schon lange bei den Gentileschis lebte. Dessen war sie sich sicher, denn sie erinnerte sich genau an die Geburt Petronillas und daran, wie der Bauch ihrer Mutter - nein, der Frau Gentileschi - Monat um Monat dicker geworden war. Und wie man sie und Ippolita des öfteren aufgefordert hatte, das Ohr an den Bauch zu legen, um das neue Kind zu spüren, das sich unsichtbar in seinem dunklen Nest unter der Haut bewegte und mit seinen Füßchen um sich trat.

Sie versuchte, diese friedlichen Bilder vom Leben im Haus in Cepaluna aus ihrer Erinnerung zu vertreiben. Ein dicker

Kloß drohte, ihr die Kehle zuzuschnüren. Schnell rechnete sie weiter und kam zu dem Schluß, daß auch sie, wie Bernardo, Teolfilo und Pelagio, Tochter der ersten Ehefrau sein mußte.

Bei diesem Gedanken fühlte sie sich sehr erleichtert. Denn die eigene Mutter hassen zu müssen wäre schrecklich gewesen, doch eine grausame Stiefmutter konnte man getrost verabscheuen. Ihr Gesicht hellte sich vor Freude derart auf, daß Bernardo sie erstaunt fragte: »Was ist?«

Polissena ließ jede Vorsicht fahren und umarmte ihn fest. »Ich bin deine Schwester.«

Und dann erzählte sie ihm alles: von den Gegenständen im Kasten, vom Korallenfischlein und wie Lucrezia sie bis hierher nach Tempestàl begleitet hatte, um den Ursprung dieses kostbaren Anhängers herauszufinden.

Viertes Kapitel

Bernardo hörte ihr ungläubig zu. Aufmerksam untersuchte er das Fischlein, das Polissena mittlerweile am Hals trug: »Ja, es gibt keinen Zweifel, das hat Papa gemacht. Ich begreife nur nicht, warum er dich einst weggegeben hat. Er hat uns Kinder immer sehr lieb gehabt. Was für einen Grund kann es gegeben haben?« Dann schlug er sich mit der Hand gegen die Stirn: »Vielleicht bist du zwar seine Tochter, aber nicht von unserer Mutter, seiner legitimen Ehefrau. Vielleicht hatte Papa ein Liebesabenteuer mit einer anderen Frau, die eine Tochter bekam, dich. Und um die Mama nicht traurig zu machen und um einen Skandal zu vermeiden, beschlossen sie, dich wegzugeben ...«

Ja, so konnte es gewesen sein. Eine andere Frau ... Wer war sie? Warum hatte sie das Kind nicht bei sich behalten? War ihr das nicht möglich gewesen?

Schon arbeitete es wieder in Polissenas Phantasie ... Eine

Meerjungfrau, die unten auf dem Grund des Meeres lebte, wo ein kleines menschliches Wesen ertrunken wäre? Aber nicht doch! Das gab es nur im Märchen. Dann mußte es eine feine Dame aus Tempestàl gewesen sein, mit einem alten, häßlichen, grausamen und furchtbar eifersüchtigen Ehemann.

Jetzt war es noch wichtiger geworden, daß der Fischer aus seinem Koma aufwachte und ihr die ganze Wahrheit erzählte.

»Vielleicht ist in deinem Kasten noch etwas anderes, das weiterhelfen kann?« fragte Bernardo.

Polissena ging den Kasten holen, der unter der Matratze des Kranken versteckt war. Sie hatte in dem überfüllten Zimmer kein besseres Versteck finden können.

Sie stellte ihn auf dem Arbeitstisch ab, neben die Korallenäste, und öffnete ihn. »Was ist das für ein schwarzer Stoff?« fragte Bernardo prompt. Er schien aufgeregt.

»Ich weiß es nicht. Ich weiß nicht einmal, ob das Stoff oder Leder ist. Faß mal an: Er ist glatt und hart wie Pergament.«

Bernardo nahm den Stoff in die Hand, hielt ihn dicht ans Gesicht, schnupperte an ihm. »Harz«, sagte er. »Tannenharz und Wachs, um ihn wasserdicht zu machen.«

»Hier sind weiße Flecken, wie die Reste einer Zeichnung«, zeigte ihm Polissena.

Bernardo nickte. Er nahm seine Stiefschwester bei der Hand, und leise kehrten sie ins Haus zurück. Zum Glück war bis auf den immer noch bewußtlosen Kranken und das in seiner Wiege schlummernde Baby niemand da, alle anderen waren irgendwo unterwegs.

Bernardo näherte sich dem Brüderchen und nahm es vorsichtig hoch, um es nicht zu wecken. Auf dem Grund der Wiege lag ein graues Stück Stoff, das als Laken diente.

»Zieh's weg!« flüsterte Bernardo. Polissena gehorchte, und unter dem Laken tauchte ein Stück schwarzer, harter Stoff auf, der dem im Kasten sehr ähnelte.

»Seit ich mich erinnern kann, hat die Stiefmutter es dazu benutzt, die Matratze vor dem Pipi der Kinder zu schützen.

Und davor hat meine Mutter es genauso gemacht. Es ist schon ewig hier im Haus. Komm schon, guck nicht wie verzaubert. Nimm es heraus und leg das Laken wieder richtig hin, bevor das Baby aufwacht.«

Polissena nahm das schwarze Stoffstück an sich. Es war viel größer als ihr Stück, und es hatte die gleichen weißen Flecken, die etwas darzustellen schienen.

Sie legten das friedlich schlafende Baby wieder in die Wiege und kehrten mit ihrer Beute zurück in den Arbeitsschuppen.

Bernardo räumte den Tisch frei, breitete das große Stück Stoff aus, strich es mit der Hand glatt und legte dann Polissenas Stoffstück daneben. Er versuchte es erst auf der einen, dann auf der anderen Seite, und dort paßte es haargenau.

»Das Gesicht des Todes!« rief Polissena erschreckt.

»Ein Totenkopf!« verbesserte sie der Stiefbruder. »Ein Totenkopf auf zwei gekreuzten Knochen, weiß auf schwarzem Grund. Die Fahne eines Piratenschiffs!«

Diese neue Entdeckung machte alles nur noch rätselhafter und undurchsichtiger. Was hatte diese finstere Fahne im Haus eines friedlichen Fischers zu suchen? Warum hatte man sie wasserdicht gemacht, anstatt irgendein anderes Stück Stoff in die Wiege zu legen? Und warum hatte der Vater ein Stück abgetrennt, um es in die Säuglingswäsche der neugeborenen Tochter zu legen, bevor er sie aussetzte? Sicherlich nicht aus demselben Grund, aus dem es für die Wiege benutzt wurde. Das Stoffstück aus dem Kasten war viel zu klein, um auch nur die Hälfte einer Matratze zu bedecken. Warum aber dann? Hätte der Fisch als Erkennungszeichen nicht ausgereicht?

Die beiden Geschwister waren derart in Überlegungen vertieft, daß sie die eiligen Schritte draußen auf dem Sand und dann auf der Türschwelle nicht hörten. Aus heiterem Himmel bekam Bernardo eine Ohrfeige, daß sein Ohr wie glühend brannte.

»Na, schau mal einer an!« tönte die harte Stimme der Stiefmutter. »Jetzt wird das Balg mit seinem verdammten Pipi die Matratze durchnässen. Mit eurer Zunge werdet ihr die trokkenlecken! Wird man wohl erfahren dürfen, warum ihr den Wachsstoff aus der Wiege genommen habt?«

Sie hob die Hand, um Bernardo erneut ins Gesicht zu schlagen, doch Polissena warf sich wie ein Schutzschild vor ihren Stiefbruder.

»Ich bin das gewesen!« rief sie. »Er hat keine Schuld. Und Sie haben nicht das Recht, ihn zu schlagen. Ich werde das unserem Vater sagen, sobald er aufwacht.«

»Unserem Vater, du blöde Göre!? Was heißt hier unser?«

Polissena war so wütend, daß sie jede Vorsicht aufgab. Trotzig erzählte sie von der Drehscheibe für Findelkinder im Kloster, vom Kasten, vom Korallenfischlein und daß der Vater sie, bevor er bewußtlos geworden war, wiedererkannt hatte. Sie glaubte, daß ihr das ein größeres Recht einräumte, Bernardo zu verteidigen, den Kranken zu pflegen und bis zu dessen Aufwachen im Haus bleiben zu können.

Doch die Antwort auf ihre Erzählung war eine gewaltige Ohrfeige, die ihr den Atem raubte – eher vor Überraschung als vor Schmerz, war sie doch in ihrem ganzen Leben noch nie von einem Erwachsenen geschlagen worden.

»So ist mir eine Stieftochter vom Himmel gefallen!« höhnte die Frau. »Deshalb hast du dich bei uns eingenistet, obwohl keiner dich eingeladen hat. Was suchst du hier, du blöde Göre, dein Erbteil? Den werd' ich dir geben, deinen Anteil, da du ja jetzt zur Familie gehörst.«

Sie packte Polissena an den Haaren und schüttelte sie. Sie ergriff ihren Arm, wobei sie ihr die Fingernägel ins Fleisch bohrte, stieß sie gegen die Wand und richtete schließlich drohend einen Hocker auf sie.

»Wer kommandiert hier?«

»Ihr«, antwortete Polissena angstvoll.

»Was heißt hier Ihr?«

Bernardo, der der Szene hilflos beigewohnt hatte und sich die schmerzende Backe rieb, formte ihr mit seinen Lippen eine Antwort.

»Ihr ... Mama.«

»So ist es gut. Ich rate dir, von nun an eine gehorsame Tochter zu sein, wenn du nicht die Rute spüren willst.«

Fünftes Kapitel

Die Stiefmutter zweifelte die Erzählung Polissenas keinen Augenblick an. Auch schien sie überhaupt nicht neugierig zu sein, was für ein Geheimnis dahinterstecken konnte, daß man Polissena weggegeben hatte und daß eine Piratenflagge in der Wiege lag.

»Was in dieser Hütte passiert ist, bevor ich hergekommen bin, geht mich nichts an«, sagte sie, und ein Anflug von Verachtung für die erste Frau des Fischers schwang in ihren Worten mit. Das einzige, was sie interessierte, war, daß sie aus dieser ganzen Geschichte keinen Nutzen für sich ziehen konnte, im Gegenteil, sie hatte ein weiteres Maul zu füttern, was sie Polissena unablässig vorwarf.

Sehr zu Unrecht, denn Lucrezia brachte ihrer Freundin täglich zwei oder drei Taler von den Einnahmen des Vorabends. Eine Summe, die nicht nur für Polissenas Essen reichte, sondern auch für die Arzneimittel des Kranken und um Brot und Milch für die Kleinen und für das Schweinchen zu kaufen.

Die Stiefmutter aber tat so, als wüßte sie das nicht, und beharrte darauf, daß Polissena eine Schmarotzerin sei und daß sie sich etwas einfallen lassen müßte, um sich ihren Lebensunterhalt zu verdienen.

Sobald sie entdeckt hatte, daß das Mädchen keine Fremde mehr war, sondern zur Familie gehörte, befand die Stiefmutter, daß das auch für das Schweinchen galt. Noch war sie sich unschlüssig darüber, ob sie es gleich schlachten und am Spieß braten sollte.

»Ich habe noch nie so zartes Fleisch gegessen«, überlegte sie, wobei ihr das Wasser im Munde zusammenlief. »Natürlich wird nicht genug für alle dasein. Ich werde viele Kartoffeln in den Topf geben müssen, die können die Größeren dann in die Soße tunken.«

Voller Sorge verfolgte Polissena jede Bewegung der Stiefmutter und hoffte inständig, Bernardo würde den Mut finden, ihr bei der Verteidigung von Biancofiore zu helfen.

Zum Glück hatte sich die Stiefmutter schließlich dazu entschlossen, das Schweinchen zu mästen, um später Schinken aus ihm zu machen. Sie hatte es draußen in einen derart engen Käfig gesperrt, daß das Tier nicht die kleinste Bewegung machen konnte. Eng, klein und dreckig – ganz nach dem Motto: »Ein sauberes Schwein wird nicht fett.«

Trotz ihres Gejammers war die Stiefmutter zufrieden, daß sie jetzt über eine Magd verfügte, die viel kräftiger und belastbarer war als die beiden kleinen Zwillingsmädchen. Polissena durfte nun nicht mehr den ganzen Tag am Bett des Vaters sitzen. Wie die anderen mußte sie hinaus auf die Äcker und Pilze, Zwiebeln und Kräuter sammeln. Mit einem Stock mußte sie den Sand am Strand nach Schalentieren durchsuchen, die die Stiefmutter in den Gaststuben von Tempestàl verkaufte. Sie mußte den Fußboden der Hütte fegen, kochen und sich um die drei Kleinsten kümmern. Und obwohl sie sich alle Mühe gab, hatte die Stiefmutter am Abend immer etwas auszusetzen, stets fand sie einen Vorwand, ihr eine Tracht Prügel zu verabreichen. Sie schlug sie mit der Bürste und mit dem Nudelholz, mit dem Besenstiel und mit dem Bootsruder, mit einer Rute oder mit dem Schürhaken des Kamins.

Polissena war verzweifelt. Am Morgen, wenn Lucrezia sie besuchen kam, schüttete sie ihr weinend ihr Herz aus. »Jetzt will sie, daß ich jeden Abend ins Dorf gehe, von Haus zu Haus, und Abfälle zusammenbettele, die das Schweinchen fressen soll. Aber es mag diesen Dreck überhaupt nicht, und ich schäme mich so.«

»Laß das meine Sorge sein«, beruhigte sie Lucrezia. »Ich übernehme das. Ich werde aber nur nach Obstschalen und Gemüseabfällen fragen und sagen, es sei für meine Tiere. Mir werden sie gerne geben. Ich habe mittlerweile einen erklecklichen Haufen Goldmünzen im Strumpf unter der Matratze. Aber alle denken, ich sei eine arme, ausgehungerte Waise.«

»Nie werde ich dir das Geld zurückzahlen können, das du mir immer bringst«, jammerte die Freundin. »Als wir losgezogen sind, war ich überzeugt davon, daß ich insgeheim eine Prinzessin sei, aber jetzt …« Und mit trostloser Geste deutete sie auf die armselige Hütte.

»Sagen wir, es handelt sich um einen Langzeitkredit«, beruhigte sie Lucrezia. Sie wollte Polissena nicht demütigen, indem sie sich als Wohltäterin aufspielte. »Wenn dein Vater wieder gesund geworden ist und dir alles erklärt hat, was du noch nicht weißt, wirst du dich von ihm verabschieden, und wir werden zusammen weiterziehen. Ich bin sicher, daß du eine sehr gute Künstlerin werden und jede Menge Geld verdienen wirst.«

»Aber eine Tochter muß doch bei den Eltern bleiben!« entrüstete sich Polissena.

Lucrezia lachte: »Sie haben bislang ungestört ohne dich gelebt. Das werden sie auch weiterhin tun!«

»Du bist wirklich herzlos!«

Was Polissena die Kraft zum Durchhalten gab, war die Tatsache, daß der Fischer leichte Anzeichen der Besserung zeigte. Hin und wieder drehte er sich im Bett um, seufzte, schluckte Essenshappen hinunter, bewegte Arme und Beine. Sicherlich würde er bald aufwachen.

Eines Tages aber tat die Stiefmutter etwas sehr Schlimmes. Schon seit einiger Teit hatte Polissena bemerkt, daß sie sie mit auffallendem Interesse beim Kämmen ihrer Haare beobachtete. Alle Kinder, einschließlich der Zwillinge, hatten kurze und struppige Haare, die nicht regelmäßig gewaschen und gebürstet wurden.

Polissena hingegen hatte zwei wunderschöne, schwarze Zöpfe, die ihr bis an die Taille reichten und so dick waren, daß sie sie noch bis vor einigen Monaten nur mit Agneses Hilfe hatte kämmen können.

Nun versuchte sie, ihre Zöpfen allein zu pflegen. Sie liebte es, wenn sie gleichmäßig und sauber geflochten waren, und sie war sehr stolz auf ihre Haarpracht.

Auch die Stiefmutter tat viel für ihr Äußeres. Ob die Kinder barfuß, verdreckt und in Lumpen herumliefen, war ihr gleichgültig. Sich selbst hingegen kleidete sie sehr sorgfältig, und nie ging sie ohne Hut und Handschuhe aus dem Haus. Stundenlang stand sie vor dem Spiegel, um sich aus ihren schütteren, stumpfen Haaren eine Frisur zu basteln. Ihre Ohrläppchen hatten Löcher, doch trug sie seltsamerweise nur einen Ohrring. Eine große goldene Windelspange, in die ein kleiner Smaragd eingearbeitet war.

Polissena hatte eine gewisse Erfahrung mit Schmuck und

Spangen. Hier gab es nun gleich zwei Dinge, die sie stutzig machten. Zum einen die Verwendung der Spange, zum anderen die Tatsache, daß ein normalerweise schlichter Gegenstand, der zum Zusammenhalten der Windeln eines Kleinkindes diente, derart kostbar gestaltet war, aus hochkarätigem Gold und mit einem sehr reinen, leuchtenden Stein.

»Die gehörte meine Mutter«, erklärte Bernardo, der ihren neugierigen Blick bemerkt hatte. »Diese Hexe hat alles an sich gerissen, als sie hierher gekommen ist: die Schuhe der Mama, ihre Seidenschals, ihr Brautkleid, ihre Elfenbeinbürste, ihre Goldbrosche! Mein Vater war ihr nicht genug! Alles wollte sie haben, was Mama gehört hatte. Alles, alles, alles!«

Und jetzt schien es, daß sie es auf Polissenas Haare abgesehen hatte, um sich selbst falsche Zöpfe machen zu lassen.

»Es ist nicht hygienisch, daß du mit so langen Zöpfen herumläufst«, sagte sie eines Morgens. »Du könntest dir Läuse holen.«

»Sollte ich mir welche einfangen, weiß ich, wie ich sie wieder loswerde«, antwortete Polissena, die sich an die Petrolium- und Essigbäder Agneses erinnerte.

Doch die Stiefmutter ertrug es nicht, daß man ihr widersprach, und versetzte Polissena eine heftige Ohrfeige. Dann packte sie das Mädchen bei den Zöpfen, wickelte sie sich fest um die Faust und befahl: »Bladina, hol mir die Schere!«

Das Zwillingstöchterchen gehorchte sofort, voller Angst, sich einen Hieb einzuhandeln.

Nun begann die Stiefmutter, laut zu lamentieren. »Soll ich sie gleich so abschneiden oder erst auflösen und dann Strähne um Strähne? Auf diese Weise könnte ich sie bis auf die Wurzeln abtrennen und hätte längere Haare. Doch es ist sicherlich schrecklich mühsam, sie dann wieder zusammenzufassen und zu Zöpfen zu flechten! Wegen ein paar Zentimetern lohnt sich das nicht. Die Zöpfe sind auch so lang genug.«

Polissena zitterte, doch war sie wie gelähmt und wagte nicht aufzumucken. Sie hoffte inständig auf Hilfe, darauf, daß plötzlich Lucrezia eintreten würde oder wenigstens Bernardo.

Doch niemand kam, und ihre armen beiden Zöpfe fielen, Schnitt für Schnitt, der Eitelkeit der Stiefmutter zum Opfer.

Sechstes Kapitel

In jener Nacht konnte Polissena vor Wut nicht einschlafen. Sie fuhr sich ununterbrochen mit der Hand über den Kopf, fühlte die wenigen unregelmäßigen Haarbüschel, die ihr geblieben waren, und schluckte bittere, zornige Tränen herunter.

Während sie leise vor sich hin schluchzte, um die schlafenden Kinder nicht zu wecken, hörte sie plötzlich einen langen Seufzer, der vom Lager des Kranken kam. Rasch stand sie auf und näherte sich dem Bett, die Hand schützend um die Kerze gelegt, und bewegt stellte sie fest, daß der Fischer die Augen geöffnet hatte. Der Blick war wach und klar. »Papa«, flüsterte sie. »Papa, bist du endlich wieder gesund!?«

Sie warf sich auf die Knie und bedeckte seine Hand mit Küssen. Er schaute sie verwirrt an. »Hier drinnen ist es zum Ersticken«, stieß er unter Mühen hervor. »Ich habe einen ganz wirren Kopf. Ich brauche frische Luft!«

»Wenn ich dir helfe, meinst du, du schaffst es aufzustehen? Und zu laufen?« fragte Polissena.

»Die Beine sind heil... Es ist der Kopf, der ganz durcheinander ist. Wer bist du, mein Junge? Teofilo? Pelagio? Bernardo? Ich kann dich bei diesem Licht nicht gut erkennen.«

»Nein, ich bin's«, antwortete Polissena. »Die Stiefmutter hat mir die Haare geschnitten, und so sehe ich wie ein Junge aus.«

Der Fischer hatte die Augen wieder geschlossen und atmete mühsam.

»Es ist eine schöne Nacht«, sagte Polissena. »Willst du ein paar Schritte draußen am Strand machen? Ich bin ja so froh, daß du endlich wieder zu dir gekommen bist. Ich gehe Bernardo wecken.«

Vorsichtig halfen die beiden dem Kranken, sich aufzusetzen. »Atme tief durch. Ist dir schwindlig? Warte einen Moment.« Sie zogen ihm auf die Beine. »Stütz dich auf uns. Genau so. Mit einem Arm um meine Schultern.«

Schritt für Schritt kamen sie langsam vorwärts und nach draußen, ohne daß jemand wach wurde. Die frische Meeresluft drang in die Lungen des Fischers. Der Vollmond warf sein silbernes Licht auf den Strand.

Der Fischer schaute Polissena an. »Du bist nicht Pelagio und auch nicht Teofilo. Wer ist dieser Junge?«

»Das ist doch Polissena, Papa!« sagte Bernardo. »Unsere Schwester. Die am Tag des Sturms aufgetaucht ist. Sie hat dich seitdem nicht einen Moment alleingelassen. Ihr hast du es zu verdanken, daß du noch am Leben bist.«

»Von was für einer Schwester redest du?« fragte der Fischer und rieb sich die Augen.

»Papa, ich bin's. Polissena, deine Tochter. Die, die du aufs Findeldrehbrett des Klosters gelegt hast, erinnerst du dich? Die mit dem Korallenfischlein.«

»Ich muß mich setzen«, keuchte der Fischer, und Bernardo und Polissena geleiteten ihn zum Mäuerchen. »Mein Kind«, hub er an und nahm ihre Hände in die seinen. »Ich bin nicht dein Vater. Wer hat dir diese Lüge erzählt?«

»Du hast es mir gesagt!« rief Polissena völlig durcheinander. »Am Tag des Sturms. Bevor du ohnmächtig geworden bist. Hast du das vergessen?«

Der Fischer schüttelte den Kopf und stöhnte: »Ich habe immer noch Schmerzen. Es muß ein sehr heftiger Schlag gewesen sein. Vielleicht habe ich deliriert.«

»Aber nein! Du warst ganz klar. Ich hatte dir das Korallenfischlein gezeigt ...«

»Jetzt erinnere ich mich. Du fragtest mich, ob ich wüßte, wer es gemacht hat.«

»... und wer mein Vater ist. Und du sagtest: ich.«

Der Fischer lächelte traurig. »Mein Kind, diese zweite Frage habe ich nicht verstanden. Meine Antwort bezog sich auf die erste. Es stimmt, ich habe das Fischlein gemacht, für dich, mit meinen Händen. Hätte ich die zweite Frage gehört, hätte ich dir nur antworten können: Ich weiß es nicht.«

»Du hast mich doch aber ins Kloster gebracht.«

»Ja. Ich wollte das nicht, doch meine Frau, meine erste Frau, überzeugte mich, daß unsere eigenen Kinder nicht wegen eines Findelkindes Hunger leiden dürften. Wir waren schrecklich arm.«

»Ein Findelkind! Und wo hast du es gefunden?« fiel nun Bernardo ein.

»Lauf ins Haus und hol mir ein Glas Wasser«, sagte der Fischer. »Ich werde es euch erzählen. Aber es ist eine lange Geschichte.«

Polissena schluchzte. Sie war aufgeregt und verwirrt. Nach dem ersten Moment der Verzweiflung und Enttäuschung trat nun allerdings ein Gefühl der Erleichterung ein. Zwar hatte sie keinen Vater mehr, das schon, aber gleichzeitig war sie auch nicht mehr gezwungen, in dieser düsteren und drekkigen Hütte zu leben und sich von der Stiefmutter verprügeln zu lassen. Doch um Bernardo und die anderen Kinder tat es ihr leid. »Sobald ich meine wahren Eltern und mein Königreich gefunden habe, werde ich sie zu mir ins Schloß holen«, regte sich schon wieder ihre Phantasie.

In der Zwischenzeit war Bernardo zurückgekehrt. Der Fischer trank einen Schluck Wasser und begann zu erzählen:

»Seit jenem Tag sind zehn Jahre vergangen, doch ich erinnere mich daran, als wäre es gestern. Es war der erste ruhige Tag nach einem Sturm, der das Meer eine Woche lang furchtbar aufgewühlt hatte. Der Wind hatte sich beruhigt, die Sonne schien, und es gab keinen Grund mehr, das Boot nicht loszutäuen. So fuhr ich zum Fischen hinaus, ganz weit aufs offene Meer, weiter, als ich es normalerweise tat. Gegen Mittag befand ich mich in der Nähe des Riffs Cormorano, als ich auf der Wasseroberfläche einige Planken herantreiben sah, die offensichtlich einmal zum Deckboden eines Schiffes gehört hatten. Ich begriff sofort, daß es irgendwo einen Schiffbruch gegeben hatte, denn hinter den Planken tauchten, von der Strömung herangetragen, zwei aufgebrochene Fässer auf, Teile eines zerborstenen Ruders, Segeltuchfetzen, die noch an einem Stück Mast hingen, ein Stiefel, der seltsamerweise nicht untergegangen war: armselige Reste, die es nicht lohnte herauszufischen.

Doch plötzlich zog ein eigentümlicher Gegenstand meine Aufmerksamkeit auf sich, etwas, was auf den ersten Blick wie eine Truhe aussah oder ein großer Holzkasten, an dessen Wänden Korkstücke befestigt waren, offensichtlich, damit er nicht untergehen konnte. Neugierig wartete ich, bis die Strömung den Kasten nah an mein Boot gebracht hatte, und mit dem Harpunenhaken zog ich ihn an Bord. Ich dachte, er würde vielleicht Lebensmittel enthalten, Liköre, kostbare Gegenstände. So könnt ihr euch meine Überraschung vorstellen, als ich statt dessen ein kleines Mädchen von vielleicht einem Jahr darin liegen sah. Daß es ein Mädchen war, stellte später meine Frau fest. Es war in eine seltsame Decke aus gestreifter Wolle gehüllt, und um es vor Wasserspritzern zu schützen, hatte man ein dunkles geteertes oder gewachstes Tuch darüber gelegt. Es war wach und weinte nicht. Im Gegenteil, es lag ganz ruhig da und schaute, als würde es den schönen Tag genießen.«

»Das war ich«, hauchte Polissena.

»Das warst du. Natürlich hörte ich sofort mit dem Fischen auf und ruderte so schnell wie möglich zurück an den Strand. Meine Frau war nicht gerade begeistert, als sie dich sah. Wir hatten schon drei Kinder, der Kleinste war gerade sechs Monate alt, und wir hatten große Schulden. Man muß allerdings ihr zu Ehren sagen, daß sie dich, als du zu weinen anfingst, sofort an ihre Brust legte. Du trankst sehr gierig, so als müßtest du auch den Hunger all der vorangegangenen Tage stillen, und meine Frau sagte: ›Siehst du, wir können sie nicht behalten. Ich habe nicht genug Milch für sie und für unser Kind.‹ Eine Ziege konnten wir uns nicht leisten und noch weniger eine Amme. So beschlossen wir, dich ins Kloster zu den Nonnen zu bringen.«

Siebtes Kapitel

»Aber habt ihr denn gar nicht versucht herauszufinden, woher ich kam? Wer mich in diese schwimmende Wiege gelegt und im Meer ausgesetzt hatte?« fragte Polissena.

»Wir erkundigten uns sofort hier in Tempestàl und beim Marineminister in der Hauptstadt. Es stand fest, daß das Treibgut von einem Piratenschiff stammte. Keines der legal gemeldeten Segelschiffe fehlte beim Appell nach dem Sturm. Auch kein ausländisches Handelsschiff, das bei einem unserer Häfen gemeldet war. Und auch später kam keiner, um nach Überlebenden zu fragen. Dann war da dieses Stück Stoff, das dich vor den Wasserspritzern schützen sollte ... Eine Flagge mit Totenkopf.

Das machte deine Herkunft nur noch geheimnisvoller. Normalerweise haben Piratenschiffe keine Säuglinge an Bord, es sei denn, es handelt sich um geraubte Kinder, die sie als Sklaven verkaufen wollen. Das ist zwar eine kostbare Ware, doch bei einem Schiffbruch bestimmt nicht das erste, was in Sicherheit gebracht wird. Wer dich dem Meer anvertraut hat, kleines Mädchen, muß dich sehr lieb gehabt haben, denn er hat sein Leben für dich riskiert und das seine wahrscheinlich verloren. Denn anstatt dich deinem Schicksal zu überlassen und sich selbst in Sicherheit zu bringen, hat sich jemand kostbare Zeit genommen – und nur der Himmel weiß, wie kostbar jede Minute im Fall eines Schiffsbruch sein kann –, um die Kiste wasserdicht auszuschlagen und den Flaggenstoff zu präparieren, die Korken an die Kiste zu knüpfen und dir diese eigentümlichen Sachen anzuziehen.«

»Wie war sie denn angezogen?« fragte Bernardo und kam damit Polissenas Neugier zuvor.

»Deine Mutter hat sie natürlich ausgezogen, um sie trokkenzulegen und um nach Zeichen zu suchen, die uns weiterhelfen konnten. Die Kleine trug für ein Baby unübliche Sachen. Was ich auf den ersten Blick für eine Decke gehalten hatte, war in Wirklichkeit ein langer, nach Matrosenart gestreifter Schal ...«

»Das stimmt! Daran hatte ich gar nicht gedacht, aber das stimmt!« sagte Polissena überrascht.

»Doch noch seltsamer war«, fuhr der Fischer fort, »daß du kein Hemdchen oder die üblichen Wickeltücher trugst, sondern bis zum Hals in einem roten Seidenstrumpf wie in einem Sack stecktest. In einem Strumpf für lange, kräftige Männerbeine. Du wirst ihn gesehen haben, falls ihn jemand für dich im Kasten aufbewahrt hat.«

»Alles mögliche habe ich bei seinem Anblick gedacht«, gab Polissena zu, »doch sicherlich nicht, daß er meine Kleidung gewesen ist. Was hatte ich denn sonst an?«

»Nichts. Kein Medaillon, kein Spitzenhäubchen, und auch

auf deinem Körper gab es keine besonderen Zeichen, keine Leberflecken, keine Tätowierungen, keine Narben. Du hattest wunderschöne schwarze, volle Locken und schon neun Zähne. Ich hätte dich gerne behalten. Ich hatte dich schon liebgewonnen. Doch meine Frau regte sich bei diesem Vorschlag fürchterlich auf. Sie sagte, wenn ich dich nicht sofort zu den Nonnen brächte, würde sie dich eigenhändig in deiner Kiste wieder auf dem Meer aussetzen. Und wenn du dabei wie ein Kätzchen ertrunken wärst, hätte sie keine großen Tränen darüber vergossen. Ihre Aufgabe sei es nämlich, für ihre eigenen Kinder zu sorgen, nicht für irgendwelche unbekannten Säuglinge. Was sollte ich anderes tun, als ihr gehorchen?

Ich wollte dir aber etwas mitgeben, was dir eines Tages bei der Suche nach deiner Vergangenheit helfen sollte. So riß ich ein Stück von der Piratenflagge ab und tat es in einen alten Kasten, den ich zuvor am Strand gefunden hatte. Das andere Stück wollte ich aufbewahren, denn solltest du eines Tages auftauchen, hätte ich es dir zeigen können. Meine Frau verstaute es aber so gut, daß ich es nicht mehr wiedergefunden habe.«

Bernardo mußte lachen bei dem Gedanken daran, wie seine Mutter und später dann auch die Stiefmutter den Rest Flagge genutzt hatte: Sie hatte wahrlich glorreichere Tage gesehen. Auch Polissena lachte.

»Es gab nichts anderes, was ich noch dazu in den Kasten legen konnte«, fuhr der Fischer fort, »außer diesem seltsamen Schmuckstück.«

»Im Kasten war aber kein Schmuckstück!« protestierte Polissena.

»Das stimmt, denn am Ende habe ich es nicht dazugelegt«, mußte der Fischer seufzend zugeben. »Den Schal, in den du gehüllt warst, hielt eine außergewöhnliche Spange zusammen, aus Gold, mit einem kleinen Smaragd.«

»Der Ohrring der Stiefmutter!«

»Genau der. Meine Frau meinte damals, es sei ein zu schöner und kostbarer Gegenstand für die Wickeltücher eines Kleinkinds, eine echte Verschwendung. Sie wollte die Spange behalten. Da ich damit nicht einverstanden war, fing sie an zu weinen, trommelte mit den Fäusten auf den Tisch und drohte, mich zu verlassen. Sie beklagte sich, daß sie nie etwas Schönes in ihrem Leben besessen hätte, seit sie mit mir verheiratet war… Ich mußte ihr nachgeben. Sie benutzte die Spange, um an Feiertagen ihren Schal festzustecken, und jetzt hat meine zweite Frau sie geerbt und trägt sie als Ohrring.

Um den Diebstahl auszugleichen, legte ich eines meiner Korallenfischlein in den Kasten. Auch das hätte dich hierher geführt, solltest du dich eines Tages auf die Suche machen.

Ich zog dich wieder an, wickelte dich in den Schal und lieh mir das Pferd des Nachbarn aus, um dich zum Findeldrehbrett des Ordens von Bethlehem zu bringen. Das war weder zu nah noch zu weit; ich dachte immer daran, daß du eines Tages zurückkehren könntest. Als ich dort ankam, wartete ich, bis es dunkel wurde, legte dich und den Kasten auf die Drehscheibe und ritt nach Hause zurück. Das ist alles.«

In Polissenas Hirn arbeitete es fieberhaft. »Ich bin also vom Meer gekommen. In Seide gehüllt und mit einer Gold- und Smaragdspange. Jemand, der mich lieb hatte und mich retten wollte, hat mich den Wellen anvertraut. Wer weiß… Vielleicht bin ich die Tochter der Piratenkönigin.« Sie wußte zwar nicht genau, ob Piraten eine Königin haben, doch der Gedanke gefiel ihr. »… oder Tochter eines sehr reichen Piraten, der elegant und großherzig war, mit Manschetten und Kragen aus französischer Spitze, der Herr aller Meere …«

»Und jetzt, was wirst du nun tun?« unterbrach Bernardo beunruhigt ihre Träumereien.

»Ich muß mich wieder auf den Weg machen. Sofort. Ich habe schon viel zu viel Zeit hier in Tempestàl verloren. Doch zuerst will ich meine goldene Spange wiederhaben. Und mein Schweinchen!«

IV.
In Roccabrumosa

Erstes Kapitel

Im Stall des Gasthauses von Tempestàl lag Lucrezia inmitten ihrer Tieren auf einem Strohlager und schlief tief und fest.

An jenem Abend hatte ihre Aufführung besonders großen Erfolg gehabt, und der stürmische Applaus und ein regelrechter Münzenregen hatte alle Darsteller zu mehreren Zugaben gezwungen. Als die Zuschauer endlich, nachdem sie sich die Hände fast wundgeklatscht hatten, nach Hause aufgebrochen waren, sanken Lucrezia und die Tiere todmüde zur wohlverdienten Ruhe auf das Lager, einer eng an den anderen gedrückt und jeder für sich auf seiner Traumreise.

Die Gans Apollonia träumte davon, in einem Tümpel herumzupatschen, in dem es vor dicken Würmern, Kaulquappen und Schnecken nur so wimmelte und die zudem allesamt auf ihren Schnabel zusteuerten. Dimitri träumte von Wiesen voller Beeren und Schwärmen goldgelber Bienen, die ihn zu einer Laube führten, unter denen Trauben von Bienenkörben voller Honig hingen.

Das Äffchen Casilda träumte, daß sie eine Nuß auf der Nase des Jungen aufknackte, der während des abendlichen Auftritts unablässig versucht hatte, sie am Schwanz zu ziehen. Ramiro träumte davon, die Haxe des dicken Gasthauswirts zwischen die Lefzen zu nehmen und sich ein schönes Stück Knochen mit Fleisch herauszubeißen.

Lucrezia in ihrem Traum hingegen sah sich ganz allein in dunkler Nacht barfuß die Straße entlanglaufen, mit einem schweren Sack auf den Schultern. Sie war allerdings sehr zufrieden in diesem Traum, denn der Sack war voller Goldmünzen, mit denen sie einen großen Holzkarren kaufen wollte, eine Art Haus auf Rädern, den vier Pferde ziehen sollten. Doch hinter einer Ecke kam plötzlich ein Mann hervor und steuerte direkt auf sie zu. Bis zu den Augen war er in einen dunklen Mantel gehüllt, und beim Laufen stützte er sich auf einen Stock.

Der Traum war nun zum Fürchten. Noch bevor der Unbekannte den Mantel öffnete und sein Gesicht zeigte, wußte Lucrezia, daß es sich um den alten Giraldi handelte, der sie suchte, um ihr den Schatz wegzunehmen. Den Schatz, den sie sich ganz allein unter vielen Mühen verdient hatte. Der Mann hob drohend den Stock.

»Du kannst mir nichts antun. Du bist tot, erinnerst du dich nicht?« sagte Lucrezia. Doch der Mann tat, als hörte er nicht, und ließ den Stock niedersausen. Bum, bum, bum, bum!

Die Tiere wachten als erste auf, mit wachsam gespitzten Ohren. Ramiro knurrte zur Tür hin. Der Bär Dimitri richtete sich blitzgeschwind und für seine Größe erstaunlich behende auf und stellte sich schützend vor Lucrezia. Die Gans begann, laut zu schnattern, mit langgestrecktem Hals und weit aufgerissenem Schnabel.

Lucrezia war so müde, daß es ihr trotz des Lärms große Mühe bereitete, aus ihrem Traum aufzutauchen. »Es ist sinnlos, daß du mit dem Stock schlägst. Du bist tot. Du kannst mir nichts mehr antun. Hör auf damit!«

Bum, bum, bum, bum!

»Nun mach schon! Mach mir doch endlich auf! Ich bin's! Laß mich rein!«

Lucrezia schüttelte den Kopf und verjagte den Traum. Mit größter Willensanstrengung rappelte sie sich auf, und auf Zehenspitzen schaute sie durch den Türgucker.

Die Tür erzitterte unter den Schlägen. Im Mondlicht sah Lucrezia einen Jungen, der unter dem einen Arm einen Kasten, unter dem anderen ein Schweinchen hielt und die Tür mit seinen Holzpantinen traktierte. Bum, bum, bum!

»Wer bist du? Was ist meiner Freundin geschehen?« rief Lucrezia alarmiert.

»Welcher Freundin? Nun reiß nicht den Mund auf! Laß mich rein!« beharrte der Junge ungeduldig. Er hatte Polissenas Stimme.

»Was hast du mit deinen Haaren gemacht? Warum bist du wie ein Junge angezogen?« fragte Lucrezia, als die Freundin sicher im Stall war. Die Tiere hatten sich wieder beruhigt. Lancillotto nahm sich sofort des Schweinchens an, hielt es fest im Arm und gab ihm lauter Schmatzküsse.

Polissena setzte sich ins Stroh und erzählte die letzten Ereignisse, auch davon, wie Bernardo auf Zehenspitzen ans Bett der Stiefmutter geschlichen war und ihr vorsichtig die Spange aus dem Ohrläppchen gezogen hatte.

»Es war der Fischer, der vorgeschlagen hat, daß wir die Kleider tauschen sollten. Jetzt, wo ich kurze Haare habe, kann man mich leicht mit Bernardo verwechseln. So wird sie morgen früh, wenn sie aufwacht, nicht sofort merken, daß ich weg bin. Vom Fenster aus wird sie Bernardo in meinem Rock sehen, wie er am Strand nach Schalentieren sucht, und bis zur Mittagessenszeit wird sie nichts merken.«

»Du siehst nicht schlecht in Jungensachen aus«, bemerkte Lucrezia. »Im Gegenteil, vielleicht ist es sogar besser, wenn du die Reise so fortsetzt, denn wir werden natürlich sofort aus Tempestàl verschwinden müssen!«

Polissena erschauerte vor Angst. »Wenn diese Hexe merkt, daß ich auf und davon bin und nicht nur die Spange, sondern auch das Schweinchen mitgenommen habe, wird sie zur Furie.«

»Und der arme Bernardo wird sich einen Haufen Prügel für dich einhandeln«, bemerkte Lucrezia. »Er muß dich sehr mögen. Und er hat Mut.«

»Sobald ich meine Eltern wiederfinde, wird er einen Ministerposten bekommen«, versicherte Polissena rasch. »Doch jetzt müssen wir schnell machen!«

In großer Eile luden sie ihr Gepäck auf den bunten Handkarren. Bevor Lucrezia den Stall verließ, legte sie zwei Taler für den Wirt des Gasthauses auf die Fensterbank. »Keiner soll mir nachsagen, daß ich mich wie eine Diebin davongemacht habe, ohne meine Zeche zu bezahlen.«

Sie machten sich auf den Weg, als die Sonne noch nicht aufgegangen war. Schweigend marschierten sie, jede in ihre Gedanken versunken. Polissena fragte sich, wie sie es anstellen konnten, Informationen über das Piratenschiff zu bekommen. Wenn es einen Schiffbruch gegeben hatte und alle Matrosen ertrunken waren, war auch das Rätsel ihrer Herkunft mit auf den Meeresgrund versunken.

Sie gelangten an eine Weggabelung, und ohne Zögern schlug Lucrezia die Straße ein, die die Küste entlangführte.

»Wohin gehen wir?« erkundigte sich Polissena. Bis zu diesem Moment hatte nur ein Gedanke ihre Schritte gelenkt, nämlich der, sich so schnell und weit wie möglich von Tempestàl und der Stiefmutter zu entfernen.

»Nach Roccabrumosa«, anwortete die Freundin. »Da gibt es eine Burg, die seit vielen Jahren als Hospiz dient, sagen wir: als eine Art Rentenheim für altgewordene Piraten, die nicht mehr auf See gehen können. Ich bin oft dort gewesen, noch mit dem Alten. Sie kennen mich alle und freuen sich vor allem über die Tiere, besonders über Casilda und Apollonia. Ich glaube, das sind die einzigen im ganzen Land, die man nach einem verschwundenen Piratenschiff befragen kann.« Sie seufzte und kratzte sich am Kopf. »Das einzige Problem ist, daß sie sehr alt und schon ein bißchen verwirrt sind. Wir können nur hoffen, daß es noch den einen oder anderen gibt, der sich an etwas erinnert.«

Die Festung Roccabrumosa lag hoch oben auf einem Felssporn direkt über dem Meer. Nach zwei Tagen Reise kamen sie in der Dämmerung dort an.

Beim ersten Bach, den sie vom Weg aus gesehen hatten, hatte Polissena Lucrezia gebeten, eine Rast einzulegen; sie wollte sich unbedingt waschen, um all den Schmutz aus der Fischerhütte loszuwerden.

Eines der Dinge, unter denen sie am meisten in diesen traurigen Tagen litt, war ihre Erinnerung ans sonntägliche Bad. Im Haus Gentileschi hatte Agnese die Mädchen, auch die beiden ältesten, in einem großen Holzbottich nah am Kamin gebadet. Selbst im Sommer, damit sie sich nicht in der Zugluft erkälteten. Die Mam... Frau Gentileschi kam oft dazu und half, die Handtücher vor dem Feuer zu erwärmen. Sie nahm die abgeseifte, patschnasse Petronilla hoch, wickelte sie in ein rauhes Tuch, rieb sie fest ab und kitzelte sie lachend. Ippolita, die eigentlich schon ein bißchen zu groß für solche Spiele war, spritzte jedes Mal das Wasser bis hinauf an die Dachbalken und lachte über das Gezeter von Agnese. Die ganze Zeit über prasselte das Kaminfeuer, und nach dem Bad hatten sie eine weiche, goldglänzende Haut wie süße, ofenfrische Brötchen.

Die armen Zwillingsmädchen des Fischers dagegen waren mit Schorf, Krusten und Insektenbissen bedeckt...

Schluß damit! Polissena durfte nicht an sie denken. Weder an die eine noch an die andere Familie. Sie würde beide nie mehr wiedersehen. Und sobald sie in ihrem wahren Elternhaus wohnte, würde sie jeden Abend in einer silbernen Wanne baden.

Die alten Piraten begrüßten die Truppe Giraldi mit großer Begeisterung. Sie waren dreizehn an der Zahl, doch in der düsteren Festung immer nur unter sich, langweilten sie sich fürchterlich. Sie spielten sich gegenseitig bösartige Streiche und lagen sich ständig in den Haaren, so daß sie nun bei der Aussicht auf Unterhaltung, gar auf ein Schauspiel, völlig aus dem Häuschen gerieten. Obwohl neun von ihnen zu taub waren, um die Musik und die Lieder zu hören, elf viel zu schlecht sahen, als daß sie die Tänze, die akrobatischen Nummern, die Zaubereien hätten wertschätzen können. Nur mit Mühe unterschieden sie die Lichter und die Farben der Kostüme.

Doch Lucrezia fand, daß das kein Grund sei, nicht auch ihnen ein schönes Schauspiel mit neuen Nummern zu bieten. So ließ sie ihre Tiere das aufführen, was sie im vergangenen Jahr an Neuem einstudiert hatten und was in Tempestàl großen Erfolg geerntet hatte.

Das Äffchen Casilda gab ein kleines Konzert, indem es mit den Pfoten gleichzeitig Geige und Klavier spielte und mit dem Schwanz die Trommel dazu schlug. Die Gans balancierte auf dem Seil, sprang einen doppelten Salto und kroch schließlich in einen Zylinder hinein, aus dem sie kurz darauf als Schweinchen verwandelt wieder hervorkam. Das war natürlich nur ein Tausch mit Biancofiore.

Lucrezia sprang mit offenen, wehenden Haaren durch den Feuerreif, den der Bär Dimitri hochhielt. Dann kam Lancillotto an die Reihe, den Feuerreif zu halten, während Dimitri sprang und auf der anderen Seite ... auf dem Rücken des Hundes Ramiro landete, der wild auf der Bühne herumgaloppierte und wie bei einem Rodeo buckelte und sich bäumte, um den Bären abzuwerfen.

Die Piraten lachten, schlugen in die Hände und schrien: »Zugabe! Zugabe! Zugabe!«

Die alten Seeräuber waren alle verarmt: Die einen hatten

ihr Hab und Gut bei einem Schiffbruch verloren, andere wiederum hatten sich einst freikaufen müssen, nachdem sie einem rivalisierenden Schiff in die Hände geraten waren und sie auf dem Sklavenmarkt feilgeboten werden sollten. Und dennoch füllten sie am Ende der Aufführung mit ihren Münzen den Hut, den Casilda herumreichte.

Lucrezia war sehr bewegt, und sie umarmte einen nach dem anderen, auch wenn sie schrecklich nach Tabak rochen, harte, drahtige Bärte hatten und manch einer sabberte.

Dann war es Zeit zum Abendessen, und der Pirat, der an diesem Tag Küchendienst hatte, trug eine riesige Platte mit fritiertem Fisch herein.

»Das ist für euch junge Leute!« erklärte er und stellte sie vor Lucrezia und Polissena hin. Seine Kameraden, die keine Zähne mehr hatten, bekamen einen großen Topf mit Gries und Milch.

Die Tiere konnten sich aussuchen, welches Gericht sie lieber fraßen: Dimitri schlug sich den Bauch mit Fisch voll, während Biancofiore gierig wie ein Schweinchen den Griesbrei in sich hineinschmatzte.

Nachdem der Koch abgedeckt hatte, rückten alle zusammen, um sich zu unterhalten, und Lucrezia begann:

»Ihr werdet euch wahrscheinlich gewundert haben, daß ich alleine gekommen bin, ohne den alten Giraldi.«

»Was heißt denn ohne den alten Giraldi? Und wer soll das hier sein?« fragte der Pirat Nummer eins und zeigte auf die als Junge gekleidete Polissena, die nicht aufgetreten war, sondern beim Kostümwechsel zwischen den Nummern geholfen hatte.

Lucrezia brach in Gelächter aus. »Das ist doch nicht möglich! Du hast sie mit meinem alten Herrn verwechselt! Sie ist doch erst elf Jahre alt. Wenn ich das nächste Mal komme, bringe ich euch ein Dutzend Brillen mit.«

»Wenn's das ist, eine haben wir«, sagte Nummer zehn ein wenig beleidigt. »Allerdings nur eine, wir wechseln uns ab.«

»Na schön, dann geht sie holen, ich muß euch nämlich etwas zeigen.«

Nummer dreizehn humpelte hinaus und kehrte mit der kostbaren Brille wieder.

Lucrezia hatte in der Zwischenzeit den anderen vom Tod Giraldis erzählt und vom Geheimnis, das die Herkunft Polissenas umgab.

»Vielleicht kann uns einer von euch helfen, den Namen des Schiffes herauszufinden ...«

»Wir sind schon seit langer Zeit raus aus dem Geschäft. Außerdem tratschen wir nicht gern«, brummte Nummer fünf mürrisch.

»Wir leben hier oben von der Welt abgeschieden. Was sollen wir schon von Schiffbrüchen wissen, mein Kind ...«, fügte Nummer neun hinzu.

Polissena begann, die Geduld zu verlieren. Sie begriff nicht, warum Lucrezia sie in dieses Nest tauber und halbblinder Schwachköpfe gebracht hatte, die nicht einmal in der Lage waren, zu unterscheiden zwischen einem alten Gaukler und der jungen, hübschen Tochter des Kauf... (nein, eben nicht mehr des Kaufmanns)! Wessen hübsche Tochter dann? Ganz bestimmt waren es nicht diese Trottel, die ihr weiterhelfen konnten.

»Schaut euch dennoch bitte den Inhalt des Kastens an«, beharrte Lucrezia freundlich. »Fang du an, Nummer eins. Kommt, gebt ihm die Brille.«

Nummer eins näherte sich dem Kasten, setzte sich die Brille auf die Nase, guckte hinein ... und stieß einen Schrei aus. »Grausamundböse!« schrie er. »Das kann kein anderes als sein Schiff gewesen sein, die ›Blutrünstige‹!«

Die anderen Piraten drängten sich nun schubsend um ihn und versuchten, ihm die Brille herunterzuziehen. »Grausamundböse!« murmelten sie leise vor sich hin, als bekämen sie es allein beim Klang des Namens mit der Angst zu tun.

»Alle der Reihe nach! Jeder wartet, bis er dran ist!« schrie

Lucrezia in demselben Ton, in dem sie normalerweise die Tiere zur Raison rief.

Polissena preßte mit klopfendem Herzen das Schweinchen eng an sich. »Grausamundböse«! Was für ein wenig Gutes verheißender Name ... und das Schiff? Die »Blutrünstige«! Sie hoffte inständig, daß sich Nummer eins geirrt hatte.

Doch die anderen zwölf Piraten, die sich der Reihe nach die Brille aufgesetzt und einen Blick in den Kasten geworfen hatten, bestätigten: »Über die anderen Gegenstände können wir nichts sagen. Dieser rote Strumpf aber stammt ganz sicher von der ›Blutrünstigen‹.«

»Die übrigens vor zehn Jahren Schiffbruch erlitten hat«, fügte Nummer zwei gedankenvoll hinzu. »Zur selben Zeit, als der Fischer dieses Fräulein aufgefischt hat.«

»Nummer dreizehn, du bist der Jüngste hier, erzähl uns alles, was du über dieses Schiff und seinen Kapitän weißt«, forderte Lucrezia den Alten auf. Sie zog Polissena zu sich heran und drückte ihr fest die Hand.

»Denk daran, daß niemand so gräßlich sein kann wie die Frau des Fischers«, flüsterte sie ihr zu.

Doch Polissena war sich dessen nicht so sicher. Und sie sollte recht behalten, wie im folgenden zu erfahren sein wird.

Der Pirat, den man Grausamundböse nannte, war berühmt nicht nur wegen seiner Gemeinheit und Brutalität, sondern auch aufgrund seiner Eleganz.

Er trug nur maßgeschneiderte Kleidung, die er bei einem Schneider in London anfertigen ließ. Und die holländischen Schiffe enterte er nur, weil er sich die Spitzen aus Flandern beschaffen wollte, die er für Kragen und Manschetten benutzte. Er trug Mäntel aus seidigen, glänzenden Stoffen, die mit Pelz gefüttert waren, und er hatte eine Kollektion von siebenundzwanzig Perücken, die ihm ein französischer Kammerdiener sorgfältig in Ordnung hielt und immer wieder frisch puderte. Auf der Haut vertrug er nichts anderes als feinste Batistwäsche. Seine Leidenschaft aber waren die Strümpfe, die aus Seide und immer blutrot gefärbt sein mußten.

Nun weiß auch der letzte und dümmste Schiffsjunge, daß rote Strümpfe auf dem Meer Unglück bringen und daß man sie wie die Pest meiden sollte. Doch Grausamundböse lachte: »Natürlich bringen sie Unglück! Aber nur meinen Feinden.« So war er der einzige auf allen Meeren, der rote Strümpfe trug.

Der »Blutrünstigen« zu begegnen war das schlimmste Schicksal, das einem widerfahren konnte, und das galt nicht nur für Handelsschiffe, sondern auch für andere Piratenschiffe. Grausamundböse machte keine Unterschiede, behielt auch seinen Zunftkollegen keine bessere Behandlung vor. Für ihn war jedes Schiff Beute, man raubte es aus, steckte es an, versenkte es. Jeder Matrose, der nicht zu seiner Mannschaft gehörte, war ein Feind, den man beraubte, ihm den Kopf abschlug, ihn lebend häutete, aufhängte, in einem Faß voller Steine versenkte.

Doch auch gegen seine eigenen Leuten war er von unglaublicher Grausamkeit. Wehe, sie meuterten. Grausamundböse hatte eine schreckliche Peitsche, die Neunschwänzige Katze genannt wurde und mit der er alle in Schach zu halten verstand. Natürlich gab es niemanden auf der ganzen Welt, der ihn gerne hatte. Alle haßten ihn, fürchteten ihn und wünschten nichts anderes als seinen Tod. Und er brüstete sich auch noch damit. Freundschaft, Sympathie, Liebe ... »Bah pfui, Zeug für Schwächlinge!« höhnte er. Das einzige Gefühl, das ihm gefiel, war, Furcht einzuflößen. Und so war er als der »Schrecken der Meere in roten Strümpfen« bekanntgeworden.

»War er verheiratet? Hatte er Kinder?« unterbrach Lucrezia Nummer dreizehn.

»Wo denkst du hin! Er und Kinder? Seine Kinder hätte er als Frühstücksbraten verzehrt«, warf Nummer sechs ein.

»Und dennoch, wer mich dem Meer anvertraut hat, muß mich sehr lieb gehabt haben«, dachte Polissena, ganz erschüttert von dem, was sie gerade gehört hatte. »Er hat mir den roten Strumpf angezogen, und er hat mich in einen Schal gehüllt, damit ich nicht frieren würde. Und er hat den Schal mit einer kostbaren Spange festgesteckt. Er hat den Kasten wasserdicht gemacht, er hat die Flagge gewachst ... Wie ist es möglich, daß er ein so böser Mensch war? Wo mag er jetzt sein? Wie wird er mich aufnehmen?«

»Wohin hat es ihn verschlagen, als die ›Blutrünstige‹ versank?« fragte Lucrezia in diesem Moment.

»Ah, das ist eine schöne Geschichte, die zeigt, daß man sein Schicksal nie herausfordern soll«, erwiderte Nummer acht. »Am Ende haben ihm die roten Strümpfe doch noch Unglück gebracht.«

Polissena fieberte dem Ende der Erzählung entgegen.

»Als er begriff, daß das Schiff versinken würde«, fuhr Nummer dreizehn fort, »kümmerte sich Grausamundböse kein bißchen um die Rettung der Mannschaft. Er wartete nicht etwa ab, bis alle seine Leute auf den Rettungsbooten Platz gefunden hatten. Vielmehr schnappte er sich die einzige Schaluppe, die übriggeblieben war, die anderen hatte der Sturm fortgerissen oder zerschmettert. In dieses Rettungsboot stieg nur er mit dem gesamten Proviant und den Wasservorräten, und einen Schiffsjungen zum Rudern nahm er mit, denn er hatte keine Lust, sich selbst damit abzumühen. Die Schaluppe war ziemlich groß, und alle anderen hätten auch darin Platz gefunden. Doch Grausamundböse wollte mit niemandem teilen. Mit einem Schwerthieb zerschlug er das Seil, mit dem das Boot festgemacht war, und schoß auf alle, die ihn schwimmend zu erreichen versuchten. Sie starben, und das Schiff ging auf Grund wie ein Stein.«

»Konnten sich Grausamundböse und der Schiffsjunge retten?« fragte Lucrezia.

»Der arme Schiffsjunge... Wie er geendet ist, hat man nie erfahren. Als man Grausamundböse fand, war er allein in der Schaluppe. Da alle Vorräte aufgebraucht waren, kann es sein, daß er auch den Jungen aufgegessen hatte. Oder daß er ihn ins Meer gestoßen hatte, um nicht Proviant und Trinkwasser mit ihm teilen zu müssen. Während des Verhörs rühmte er sich sowohl der einen wie auch der anderen schrecklichen Missetat, da er aber ein großer Lügner war, wird das Schicksal des Jungen ein Geheimnis bleiben. Nicht daß das einen großen Unterschied gemacht hätte! Den Fischen zum Fraß vorgeworfen zu werden oder im Magen dieses Haifischs in Menschengestalt zu landen ...«

Polissena erschauderte. Ein solches Monster Papa nennen zu müssen! Einen Menschenfresser! Doch vielleicht würde sie es mit hingebungsvoller Tochterliebe vermögen, ihn zu ändern. Wenigstens ein bißchen, ein kleines bißchen ... Und dann würden sie zusammen den Schatz der »Blutrünstigen« heben ...

»Du hast von einem Verhör gesprochen, Nummer dreizehn«, bemerkte Lucrezia. »Wer verhörte ihn?«

»Der Richter. Das Schiff, das ihn gerettet hatte, war ein Militärschiff, und der Admiral war außer sich vor Freude, den

›Schrecken der Meere in roten Strümpfen‹ in die Hände bekommen zu haben. Seltsamerweise trug Grausamundböse nur einen roten Strumpf. Das andere Bein war nackt. Und auch das blieb ein Geheimnis, das nie aufgeklärt wurde …«

»Ich glaube, daß zumindest dieses Rätsel jetzt gelöst ist«, sagte Lucrezia, zog aus dem Kasten den roten Seidenstrumpf und fuchtelte mit ihm den dreizehn Piraten vor den Nasen herum. »Den trug Polissena.«

Die Piraten schüttelten verwundert die Köpfe.

»Wer hätte das gedacht?« murmelte Nummer zwei. »Sich um das Wohlbefinden eines Säuglings zu kümmern, dieses Aas!«

»Was geschah, nachdem man ihn gefangengenommen hatte?« ließ sich Polissena zaghaft vernehmen.

»Man warf ihn ins Gefängnis und machte ihm den Prozeß. Er war wegen über tausend Morden angeklagt, Foltereien, Raub, Verrat, zerstörten Festungen, versenkten Schiffen – und das nicht nur aus Habgier. In den meisten Fällen ergötzte er sich daran, die anderen leiden zu sehen, aus reiner Bösartigkeit. Er verteidigte sich nicht. Im Gegenteil, er brüstete sich mit seiner Grausamkeit und fügte immer makabere Einzelheiten hinzu, die keiner kannte und die für die anderen unvorstellbar waren. Er unternahm einen Ausbruchsversuch, erstach dabei drei Wachtposten, wurde aber wieder geschnappt. Am Ende stand das Urteil fest: Tod am Galgen und das noch am selben Tag, zu groß war die Sorge, er würde sich noch irgend etwas Schreckliches ausdenken. Sie ließen den Körper zehn Tage lang am Galgen hängen, damit die Angehörigen seiner Opfer ihn beschimpfen konnten. Dann verbrannten sie den Leichnam und verstreuten die Asche in alle Winde.«

»So habe ich nicht einmal ein Grab, das ich besuchen und an dem ich beten könnte«, schluchzte Polissena, die ganz blaß geworden war. Lucrezia drückte ihr schweigend die Hand. Jetzt waren sie beide Waisenkinder.

Viertes Kapitel

In jener Nacht hatte Polissena einen Traum. Sie befand sich auf einem Schiff, gefangen, mit einer Kordel hatte man sie an den Mastbaum gebunden. Sie hatte noch ihre langen Haare und trug das festliche Kleid, in dem sie aus Cepaluna fortgelaufen war.

Auf der Schiffsbrücke ging ein Pirat in roten Strümpfen mit langen Schritten auf und ab, dabei schaute er mit dem Fernrohr übers Meer und stieß wilde Flüche aus, die schlimmsten, die Polissena je gehört hatte.

Plötzlich tauchte am Horizont ein Boot auf, ähnlich wie das des Fischers. Doch an Bord saß der Kaufmann Vieri Gentileschi, der mit kräftigen Stößen die Ruder durchs Wasser zog. Das Boot kam rasch näher, und bei der Vorstellung, wie man ihn an Bord empfangen würde, geriet Polissena in Panik. Sie versuchte ihm zuzuschreien, er solle seine Route ändern, doch aus ihrer Kehle drang kein Laut.

Das Boot hatte die Flanke des Schiffs erreicht, und der Kaufmann begann, über die Strickleiter hinaufzuklettern. Höhnisch schleuderte der Pirat das Fernrohr zu Boden, versetzte ihm noch einen Tritt, zog das Schwert aus der Scheide und hob es drohend gegen den Kaufmann, der sich gerade anschickte, über die Reling zu steigen. Vieri Gentileschi wirkte gelassen und lächelte, als schien er sich nicht der Gefahr bewußt, in der er schwebte.

»Papa!« gelang es Polissena endlich zu schreien. »Papa, lauf weg! Er wird dich umbringen!«

»Papa?! Was zum Teufel redest du da?« knurrte der Pirat und wandte sich ihr grimmig erstaunt zu. »Ich bin dein Papa, du Lügnerin. Für diese Lüge werde ich dich die Neunschwänzige Katze spüren lassen.«

Mit der linken Hand schwang er die furchtbare Peitsche, deren Schnüre mit neun gezackten Bleikügelchen durch die Luft zischten.

Mittlerweile war der Kaufmann mit Schwung auf den Planken des Deckbodens gelandet. »Wehe, du tust meiner Tochter etwas zuleide«, sagte er ruhig und bestimmt. Doch der Pirat herrschte ihn wutentbrannt an:

»Das ist nicht deine Tochter. Das ist meine, und ich kann mit ihr machen, was ich will, ihr sogar bei lebendigem Leib die Haut abziehen.«

Der Kaufmann zog sein Schwert heraus, und es begann ein heftiger Kampf: Mit großen Sprüngen bewegten sich die beiden von einer zur anderen Seite des Decks, brüllten und stießen laute Schreie aus. Scheppernd schlug das Metall der Klingen aufeinander, daß die Funken nur so stoben.

Ziemlich bald wurde klar, daß der Pirat der Stärkere war und siegen würde. Dem Kaufmann floß das Blut aus einer Wunde an der Schulter. Polissena stieß einen Schreckensschrei aus ... und erwachte.

Es war noch früh am Morgen. Lucrezia rief die Tiere zusammen. Es gab keinen Grund, länger auf der Festung Roccabrumosa zu bleiben.

Sie verabschiedeten sich von den dreizehn Piraten und dankten ihnen. »Kommt bald wieder!« riefen die und winkten ihnen mit ihren Taschentüchern aus den Fenstern der Burg nach.

Die Mädchen zogen hinunter in die Ebene, und an der Gabelung wählte Lucrezia nun die Straße, die ins Landesinnere führte. Polissena folgte ihr fügsam wie ein Lämmchen, ohne ein Wort zu sagen, ohne Fragen zu stellen. Die Erzählung von Nummer dreizehn hatte sie so durcheinandergebracht, daß sie tagelang wie betäubt und mechanisch vor sich hin trottete. Sie stolperte über Steine, starrte Wolken nach und fiel immer wieder weit zurück. Den armen Biancofiore würdigte sie keines Blickes. Hätte sich nicht Lancillotto seiner angenommen, wäre das Schweinchen vor Traurigkeit und Hunger eingegangen.

Lucrezia wußte nicht, wie sie die Freundin trösten sollte.

Sie war sich klar darüber, daß es ein schlimmer Schlag für Polissena war, und sie respektierte ihre Verzweiflung.

Gleich als sie von Roccabrumosa aufbrachen, hatte Polissena den Kasten auf die Klippen geschleudert, mit allem, was darin war. Doch heimlich hatte Lucrezia Casilda ein Zeichen gegeben, und das Äffchen hatte alles wieder eingesammelt. Den Kasten hatte sie tief in der Korbtruhe unter den Kostümen und Requisiten versteckt.

Am sechsten Tag, sie zogen gerade über eine Straße, die durch Obstgärten und Weinberge führte, blieb Polissena plötzlich stehen und fuhr sich mit der Hand an die Stirn. »Nun gut, ich muß es akzeptieren«, sagte sie. »Mein Vater war Grausamundböse. Aber er hat mich ja nicht allein auf die Welt gebracht. Lucrezia, warum habe ich nicht gleich daran gedacht! Meine Mutter! Ich muß unbedingt herausfinden, wer meine Mutter ist.«

Lucrezia seufzte erleichtert. »Ich muß dir leider sagen, daß unser Geld im Strumpf fast aufgebraucht ist. Bevor wir mit der Suche nach deiner Herkunft fortfahren, müssen wir ein paar Auftritte haben. Und weißt du was? Es ist an der Zeit, daß du vor das Publikum trittst. Heute Abend werden wir eine neue Nummer einüben, in der auch du eine Rolle spielst.«

Sie hatte hatte den Satz kaum ausgesprochen, als aus dem Tor eines Weingartens zwei junge Bauern herauskamen. Der Größere und Kräftigere der beiden stieß beim Anblick der Truppe einen Freudenschrei aus: »Lucrezia von Giraldi! Der Himmel schickt dich, mein Kind! Und dein Großvater, wo ist der?«

»Er ist tot. Jetzt bin ich die Chefin. Und weißt du was? Von nun an werden wir uns Truppe Ramusio nennen.«

»Warum?« fragte Polissena erstaunt.

»Das ist mein Nachname.«

»Recht hast du, Kleine«, sagte der Bauer. »In den letzten Jahren hat der Alte dir ja schon alle Arbeit überlassen. Außer das Geld, das du und die Tiere verdientet, in den Kneipen auszugeben. Ich bin sicher, daß die Aufführungen ohne ihn noch besser werden. Ich engagiere euch für eine Woche. Ihr werdet auf der Tenne meines Hofes auftreten.«

»Hast du einen Schatz im Blumentopf gefunden?« fragte Lucrezia belustigt.

»Nein, ich heirate und will das groß feiern.« Dann bemerkte er Polissena. »Hast du einen neuen Kompagnon?«

Polissena wollte gerade antworten: »Ich bin ein Mädchen«, doch Lucrezia kam ihr zuvor: »Er heißt Ludovico und ist ein entfernter Verwandter von mir.«

»Gut, mein Junge!« nickte der Bauer zufrieden. »Es ist besser, daß sie nicht alleine reist, deine kleine Kusine. Ich hoffe, du bist ein genausoguter Akrobat wie sie.«

»Ludovico singt und macht Musik«, sagte Lucrezia.

»Ausgezeichnet! Dann kann er für meine Gäste zum Tanz aufspielen.«

Fünftes Kapitel

Sie folgten dem Bauern auf seinen Hof, der eine halbe Stunde Weg entfernt lag. Vom ersten Moment an genoß Polissena die heitere und warme Atmosphäre des alten Gebäudes aus grauem Stein, das von einem Obstgarten mit uralten Apfelbäumen umgeben war.

Da gab es einen Stall mit Kühen und Arbeitspferden. Einen Teich, zu dem Apollonia sofort hinstürzte, gefolgt von Biancofiore, der sich selig im Uferschlamm wälzte. Und es gab einen kleinen, von einer Hecke umzäunten Garten voller Herbstblumen. »Der Stolz meiner Mutter!« erklärte der junge Mann. »Ich möchte nicht, daß sie noch auf dem Feld arbeitet. Und so widmet sie ihre Zeit Dahlien und Herbstastern.«

Jetzt allerdings war die Mutter in der Küche und bereitete mit den anderen Frauen aus dem Dorf die Süßspeisen und Torten für die Hochzeit vor. Es herrschte ein fröhliches Treiben. Die Frauen kneteten die Teigmassen und sangen. Und wenn sie vom süßen Teig probierten, lachten sie zufrieden.

Polissena konnte nicht anders, sie mußte an die Küche in Cepaluna denken, an Agnese, wenn sie zusammen mit den jüngeren Hausmädchen Brot backte und Petronilla erlaubte, sich mit einem Stück Teig eigene Formen zu kneten. Ihr und Ippolita fiel die Aufgabe zu, die Nüsse aufzuknacken und die Trockenfrüchte für den Panforte, den süßen Brotkuchen, in kleine Stücke zu zerbröseln ... Ob sie das auch weiterhin taten, ohne sie?

Als die Hausherrin Lucrezia sah, hellte sich ihr Gesicht auf. »Wie schön, daß ihr gekommen seid. Ihr fehltet noch, um das Fest perfekt zu machen! Wer ist denn dieser Junge? Dein Vetter? Auch er sei herzlich willkommen. Ihr werdet müde sein. Kommt mit mir. Ich zeige euch euer Schlafzimmer.«

Die Tiere wurden im Stall untergebracht, und die beiden Freundinnen schlüpften wohlig unter die sauberen und nach Lavendel duftenden Laken. Ein solches Glück gibt es nicht oft im Leben umherziehender Schauspieler.

Das weiche, behagliche Bett lud zum Schlafen ein, doch zuvor wollte Lucrezia Polissena noch erzählen, was sie über ihre Gastgeber wußte. »Sie sind so großzügig gegen das Wandervolk, weil sie selbst einmal sehr arm gewesen sind.

Sie hatten weder Haus noch Acker, und die Mutter, die Witwe ist, arbeitete den ganzen Tag auf den Feldern der anderen Bauern. Als der Junge, Pacuvio heißt er, zwölf Jahre alt war, beschloß er, sich auf den Weg in die Welt zu machen und sein Glück zu versuchen. Die Mutter vertraute er der Fürsorge der Nachbarn an und zog los, barfuß, in zerlumpten Hosen und ohne einen Pfennig in der Tasche. Alle waren überzeugt, daß er nie wieder zurückkommen würde, und seine Mutter weinte Tag und Nacht.

Doch schon nach drei Jahren kehrte Pacuvio heim, er war ein ganzes Stück gewachsen, und in der Tasche hatte er genug Geld, um diesen Hof zu kaufen, den Weinberg, auf dem wir ihn getroffen haben, und das Weizenfeld am Hügel. Er hat nie jemandem erzählt, wie er zu dem vielen Geld gekommen ist. Doch keiner bezweifelt, daß er es auf ehrliche Weise verdient hat, denn Pacuvio ist gut und rechtschaffen und würde keiner Fliege etwas zuleide tun. Jetzt ist er der wohlhabendste Bauer in der Gegend, doch wie du siehst, hat er die alten Zeiten nicht vergessen.«

Tags darauf brachte Pacuvio die beiden Freundinnen zu seiner Verlobten, die in einem Nachbardorf wohnte. Sie fuhren in einer offenen Kalesche. Es war ein sonniger Tag, und die Herbstfarben leuchteten im Licht. Die Vögel sangen auf den Zweigen, die Bienen summten von Blume zu Blume, die reifen, roten Äpfel glänzten zwischen den Blättern hindurch, und die prallen, saftigen Trauben warteten darauf, geerntet zu werden.

Polissena schaute den jungen Mann von der Seite an, wie er sang und zum Rhythmus des trabenden Pferdes die Peitsche knallen ließ, und sie fand ihn sehr sympathisch. Wenn sie nicht ihre Reise hätte fortsetzen müssen, dachte sie, wäre sie gerne hier geblieben und hätte zusammen mit ihm und seiner Mutter in dem Bauernhaus aus grauen Steinen gelebt.

Sie erreichten das Dorf. Die Verlobte war ein einfaches, liebevolles Mädchen. Sie waren ein gutes Paar, beide dunkelhaarig und braungebrannt, mit roten Wangen und lustig blitzenden Augen, schlagfertig, temperamentvoll und jederzeit zum Lachen bereit.

Sie besprachen, welche Lieder in der Kirche gesungen werden sollten. Was hingegen die Musik zum Hochzeitsfest anbetraf, überließen sie es Lucrezia, die Lieder und Weisen auszusuchen, die die Gäste zum Tanzen ermuntern würden. Anschließend setzten sie sich im Garten des Mädchens zum Picknick an einen Steintisch unter dem dichten Blätterdach einer Linde.

Alles war so friedlich und heiter, so leicht und ungetrübt, daß Polissena, als sie an die Erzählung der Piraten, an die Frau des Fischers und die gemeinen Sätze von Serafina dachte, das Gefühl hatte, sie sei aus einem bösen Traum erwacht.

Bevor sie sich verabschiedeten, wollte die Verlobte Lucrezia in ihr Zimmer führen, um ihr die Aussteuer und das Brautkleid zu zeigen. »Wer weiß, mein Kind, ob du eines Tages dein Vagabundenleben aufgeben und einen netten, jungen Mann finden wirst, mit dem du irgendwo Wurzeln schlagen kannst!« sagte sie und strich ihr zärtlich über die Wange. Lucrezia hatte nicht die geringste Absicht, sich in einen Käfig sperren zu lassen, doch erschien es ihr nicht nett, das einem Mädchen zu sagen, das sich so auf seine Hochzeit freute. Deshalb lächelte sie nur und tat, als begutachtete sie mit großem Interesse das Brautkleid, das auf dem Bett ausgebreitet lag mit allem, was dazugehört: Myrtenkrönchen, Handschuhe, Gürtel, Seidenstrümpfe, Schuhe mit hohem Absatz und eine große Seidenschleife.

»Und wenn es kalt werden sollte... Schau, was mir die Mutter von Pacuvio geschenkt hat! Sie hat sie selbst gestrickt! Ist sie nicht wunderbar?« Das Mädchen hielt eine Stola aus weicher, weißer Wolle gegen das Fenster. Sie war wunderbar leicht gestrickt, so fein wie Spitze. Lucrezia betrachtete die Stola und fühlte eine eigenartige Erregung in sich aufsteigen, ein Erinnerungsfetzen, der aber sofort verschwand. Dabei war sie sich sicher, noch nie in ihrem Leben eine solche Stola gesehen zu haben.

»Ich habe meine zukünftige Schwiegermutter gebeten, mir dieses Strickmuster beizubringen, doch sie will nicht. Sie sagt, das sei ihr Geheimnis«, fuhr das Mädchen munter fort. »Kannst du stricken, Lucrezia? Nein, sicherlich nicht, du armes Waisenkind! Wer sollte dir das beigebracht haben.«

Erst auf dem Heimweg wurde Lucrezia klar, was sie an der Stola so seltsam berührt hatte. Waren auch die Wollfäden verschieden, dieser weiß und sehr fein, der andere dunkel, rauh und grob, war die Stola dennoch haargenau nach demselben Muster gestrickt wie der Matrosenschal aus Polissenas Kasten.

In ihrem ganzen Leben hatte Lucrezia noch nie Stricknadeln in die Hand genommen, und vom Stricken verstand sie wirklich nichts. Doch sie konnte die Worte des Mädchens nicht vergessen: Die Mutter Pacuvios will es mir nicht beibringen. Es ist ein Strickmuster, das nur sie kennt ...

Wenn das stimmte, dann hatte die Witwe auch den Matrosenschal gestrickt, in den Polissena während des Schiffbruchs gewickelt gewesen war. Aber welche Verbindung mochte es zwischen dieser alten Bäuerin und dem hocheleganten Piraten mit den roten Strümpfen geben?

Sobald sie beim Füttern der Tiere im Stall ungestört mit Polissena sprechen konnte, erzählte sie ihr von ihrer höchst merkwürdigen Entdeckung. Die Freundin erbleichte, und ihre Augen füllten sich mit Tränen.

»Dasselbe Strickmuster? Verstehst du denn etwas davon? Bist du da ganz sicher? Wie soll ich dir glauben?«

»Du hast recht. Ich kann mich irren. Aber wir brauchen nur die Stola mit dem Schal zu vergleichen.«

Polissena brach in Tränen aus: »Wir können gar nichts mehr vergleichen! Erinnerst du dich nicht? Ich habe doch den Kasten auf den Klippen von Roccabrumosa weggeworfen. Wie konnte ich das nur tun?«

»Nächstes Mal solltest du nicht so überstürzt handeln«, bemerkte Lucrezia ungerührt. Die andere schluchzte nur noch heftiger.

»Doch eine gute Chefin«, fuhr Lucrezia fort, »erlaubt den Mitgliedern ihrer Truppe nicht, solche fürchterlichen Blödheiten zu machen.« Sie ging auf den bunten Karren zu, öffnete die Korbtruhe, wühlte darin herum ... und holte den Kasten hervor. »Du mußt dich bei Casilda bedanken.« Vor Freude machte Polissena einen Luftsprung.

Und sofort setzte ihre Phantasie wieder ein. Vielleicht hatte der Pirat heimlich die Mutter von Pacuvio geheiratet ...

Doch bei allem guten Willen konnte sie sich kaum eine solche Heirat vorstellen. Auch war die Bäuerin zu alt, um ihre Mutter sein zu können. Vielleicht ihre Großmutter? Pacuvio hatte eine heimliche Schwester? War sie tot? Oder vielleicht noch am Leben und von Grausamundböse in einer Höhle auf einer einsamen Insel eingesperrt?

Sie zog den Schal aus der Kiste, warf ihn sich um die Schultern und rannte hinaus. Lucrezia rief ihr nach:

»Warte! Sei vorsichtig. Wir müssen erst einen Plan machen!« Doch Polissena hörte nicht.

Auf der Schwelle des Hauses hätte sie beinahe Pacuvio umgerannt. »Ich muß sofort mit deiner Mutter sprechen«, keuchte sie.

»Meine Güte, was hast du es eilig! Brennt der Heuschober?« lachte der junge Bauer und faßte sie an den Schultern. Doch im selben Moment bekam sein Gesicht einen sehr ernsten Ausdruck. »Ludovico, wo hast du diesen Schal her? Wer hat ihn dir gegeben?« fragte er.

Damit hatte Polissena nicht gerechnet. Nicht er war es, mit dem sie hatte sprechen wollen. So stieß sie das erstbeste hervor, was ihr einfiel: »Ich habe ihn am Strand gefunden. Auf den Klippen zu Füßen der Roccabrumosa.«

»Auf den Klippen?« wiederholte Pacuvio mit erstickter Stimme. »Dann ist also alles umsonst gewesen. Die Wiege ist untergegangen und meine arme Kleine ertrunken.« Und er brach in ein lautloses Weinen aus, ohne Schluchzer und Seufzer, so wie es Männer tun, die sich ihrer Gefühle schämen. Polissena starrte ihn wie versteinert an. Hatte sie richtig gehört? Meine arme Kleine? Meine?

Pacuvio strich sacht über den Schal.

»Ja, ich erkenne ihn wieder. Es ist derselbe. Ludovico, setz dich. Du mußt nicht denken, daß ich verrückt geworden bin. Doch dieses Stück Stoff hat mich in die Vergangenheit zurückversetzt. Es hat Gefühle in mir wachgerufen, von denen ich glaubte, sie vergessen zu haben.«

Nun war auch Lucrezia hinzugekommen. »Setzt euch, Kinder«, beharrte Pacuvio. »Ich will euch eine Geschichte erzählen, die viele Jahre zurückliegt ... Ich weiß nicht mehr genau, wie viele ...«

»Zehn«, fiel Polissena ein, die die Sprache wiedergefunden hatte.

»Richtig, zehn. Aber mein Junge, woher weißt du das?«

Noch bevor Polissena antworten konnte, gab Lucrezia ihr einen Stoß mit dem Ellbogen, der bedeuten sollte: »Vorsicht! Warte, daß er zuerst seine Karten aufdeckt.«

»Diesen Schal«, begann Pacuvio, »würde ich unter tausenden wiedererkennen. Meine Mutter hatte ihn für mich gestrickt, und als sie mir beim Abschied ihren Segen mit auf den Weg gab, legte sie ihn mir um. Sie hatte sonst nichts, was sie mir mitgeben konnte, die Arme. Und ich habe ihn während all der abenteuerlichen Jahre getragen, ohne mich je von ihm zu trennen ... Bis das Schiff, auf dem ich mich befand, Schiffbruch erlitt, und meine arme Kleine ... ich habe mit allen Mitteln versucht, sie zu retten. Doch offensichtlich ist mir das nicht gelungen.«

An diesem Punkt konnte Polissena nicht mehr an sich halten. Sie warf ihm ihre Arme um den Hals und rief: »Papa! Ich bin nicht ertrunken. Ich bin hier! Ich bin's, deine Tochter, heil und gesund. Endlich habe ich dich gefunden!«

Der Bauer löste sich aus der Umarmung und rief verwundert: »Ludovico, bist du verrückt geworden? Was sagst du da? Wie sollst du meine Tochter sein, mein Junge?«

»Die Haare ...«, stammelte Polissena und faßte sich an den Kopf. Lucrezia mußte lachen. Doch das Lachen gefror ihr auf den Lippen, denn Pacuvio schloß seinen Satz:

»Ich habe nie in meinem Leben Töchter gehabt. Ich weiß nicht, wovon du sprichst.«

»Aber der Schiffbruch ... der Schal, der rote Seidenstrumpf, die schwimmende Wiege, die Flagge, die Spange, der kleine Kasten ...«, beharrte Polissena.

»Welcher Kasten? Da gab es keinen Kasten«, wehrte der junge Mann ab. Doch dann stockte er: »Verdammt! Woher kennst du all diese Einzelheiten, Junge? Der rote Seidenstrumpf ... Wer hat dir das erzählt? Ein Geist? Alle Matrosen der ›Blutrünstigen‹ sind bei dem Schiffbruch ertrunken.«

»Vielleicht hörst du Ludovico einen Moment lang an, ohne ihn ständig zu unterbrechen«, schaltete sich Lucrezia ein und legte ihm eine Hand auf den Arm. »Und damit du es weißt, sie heißt nicht Ludovico, sondern Polissena. Sie ist ein Mädchen. Ich habe sie als Junge angezogen, damit wir ungestörter reisen können.«

»Es ist auch nicht wahr, daß ich den Schal auf den Klippen gefunden habe«, sagte Polissena. »Ich war darin eingewickelt, eine goldene Spange mit einem Smaragd hielt ihn zusammen an dem Tag, als mich der Fischer aus dem Wasser gezogen hat. Vor zehn Jahren ist das gewesen, vor der Küste von Tempestàl.«

»Das kann nicht wahr sein ...«

»Ich bin dein kleines Mädchen! Papa!« rief Polissena erneut und sprang ihm um den Hals.

Dieses Mal entzog sich Pacuvio nicht ihrer Umarmung. Doch er sagte lachend: »Vielleicht bist du wirklich die, die ich mein kleines Mädchen nenne. Das heißt aber nicht, daß ich dein Vater bin. Damals war ich gerade dreizehn Jahre alt.«

»Ich verstehe nicht ...«, stotterte Polissena.

»Jetzt seid ihr beiden an der Reihe zuzuhören«, sagte Pacuvio. »Ich war auf dem Schiff das letzte Rad am Wagen. Ich war der Schiffsjunge. Ich mußte die Schiffsbrücke, den Deckboden und die Kabinen schrubben; die Messinggriffe polieren; dem Koch beim Gemüseputzen helfen. Und nachdem der Kapitän seinem Kammerdiener die Hände abgeschlagen hatte, weil ihm beim Bügeln ein Hemd gelb geworden war, mußte ich diesem Ungeheuer die Wäsche in Ordnung halten. Schiffsjunge sein ist keine angenehme Arbeit, aber es war die einzige, die ich finden konnte. Auf keinen Fall wollte ich mit leeren Händen nach Hause zurückkehren. Doch es war hart, sehr hart. Ihr könnt euch nicht vorstellen, wie bösartig dieser Pirat war.«

»Ich bin nicht seine Tochter, nicht wahr?« traute sich Polissena, hoffnungsvoll zu fragen.

»Seine Tochter! Welche Frau hätte je mit diesem Ungeheuer ein Kind zeugen wollen? Und selbst wenn das passiert wäre, hätte Grausamundböse das Kind nie und nimmer behalten. Er hätte versucht, es so schnell wie möglich loszuwerden, zum Beispiel auf dem Sklavenmarkt. Wie er es mit dir machen wollte. Ja, du hast allen Grund zu erschauern, du warst in großer Gefahr. Noch eine Woche und die ›Blutrünstige‹ hätte den Hafen der Stadt Olzanur angelaufen, in der jeden Samstag dieser furchtbare Markt abgehalten wurde. Doch zu deinem Glück kam ein schlimmer Orkan auf. Es war sofort klar, daß die ›Blutrünstige‹ dem Sturm nicht standhalten würde. Ich wußte, der Kapitän hätte dich niemals auf die einzige Rettungsschaluppe, die übriggeblieben war, mitgenommen. Im Traum nicht! Ein kleines Balg, das schreit und strampelt! Er hätte dich wie ein Kätzchen ins Wasser geschleudert.

Im allgemeinen Chaos, in dem keiner auf den anderen achtete, gelang es mir, eine Obstkiste zu teeren und die Flagge einzuwachsen. Ich versuchte, dich so gut es ging vor der Kälte zu schützen. Ich verstand mich natürlich nicht auf Säuglinge, doch seit du an Bord gekommen warst, hatte ich mich um dich gekümmert. Es war meine Aufgabe gewesen, dir den Popo zu waschen und dich mit Haferbrei zu füttern. Die anderen wollten dich nicht einmal anfassen, sie behaupteten, daß Kinder an Bord Unglück brächten. Sie hatten nicht ganz unrecht. Sind ja alle ertrunken, die armen Teufel!

Ich hatte dich allerdings sehr liebgewonnen. Du warst ja noch kleiner und schutzloser als ich und riefst in mir eine Art Beschützerinstinkt wach. Die anderen Matrosen verhöhnten mich. Sie brüllten: ›Weibchen! Wo ist dein Püppchen? Wo ist dein Kleines? Paß nur auf, daß wir sie dir nicht eines Tages am Spieß braten! Die muß zart wie ein Milchferkel sein.‹ Ich hatte Angst, daß sie ernst damit machen würden, weißt du. Und so habe ich dich nie alleingelassen. Ich fühlte mich für dich verantwortlich. Deshalb kam mir, als ich den Schal sah, spontan ›meine Kleine‹ über die Lippen.«

Polissena atmete auf. Es war eine Erleichterung zu wissen, daß sie nicht die Tochter des Piraten war.

Pacuvio fuhr fort mit seinem Bericht. »Es war dieser rote Strumpf, in den ich dich gesteckt hatte, der mir das Leben gerettet hat. Ich hatte ihn aus der Kabine des Kapitäns genommen, ohne zu bemerken, daß er zum letzten sauberen Paar in der Schublade gehörte. Ich dachte, der Strumpf würde dich nicht nur kleiden, sondern auch deine Ärmchen stillhalten. So liefst du nicht Gefahr, mit den Armen fuchtelnd die Wiege aus dem Gleichgewicht zu bringen. Dann wickelte ich dich in meinen Schal, den ich mit deiner Smaragdspange feststeckte. Es gelang mir, dich eine halbe Stunde vor dem endgültigen Versinken des Schiffs aufs Wasser zu setzen.

In der Zwischenzeit hatte der Kapitän beschlossen, sich allein davonzumachen. Er stieg in seine Kabine hinab, um sich umzuziehen, denn immer, wenn er das Schiff verließ, mußte er aufs beste gekleidet sein, egal in welcher Situation. Er warf sich die getragenen Sachen vom Leib, um frische anzuziehen, doch als er die Strümpfe hervorholte, fand er nur einen sauberen in der Schublade. Sehr schnell hatte er den Schuldigen ausgemacht, denn ich war der einzige, der einen Schlüssel zu seiner Kabine hatte. Außer sich vor Wut, trieb mich Grausamundböse mit Fußtritten ins Boot: ›Du wirst für mich rudern, du elender Wicht!‹ schrie er. ›Und wenn die Küste in Sicht kommt, werde ich dir den Anker an den Hals binden und dich ins Meer werfen.‹

Wir schafften es, das Boot gerade noch rechtzeitig weit genug zu rudern, um nicht vom Sog des sinkenden Schiffes mitgezogen zu werden. Ich ruderte mit aller Kraft, während sich der Pirat in der Schaluppe hingeflätzt hatte und Nüßchen knackte. Er hatte sich viel Vorrat mitgenommen, außerdem die Truhe mit den Perücken, das Silberbesteck und seinen persönlichen Nachttopf aus feinstem Porzellan.

Mich hatte er unter den Matrosen ausgewählt, um mich zwar zunächst am Leben zu lassen, doch nur, um mich um so ausgiebiger quälen zu können. Ich mußte dafür büßen, daß ihm eine Wade nackt geblieben war!

Neun Tage trieben wir auf dem Meer, neun Tage, in denen Grausamundböse mir weder erlaubte, einen Schluck Wasser zu trinken noch einen Bissen zu essen. ›Wenn du nicht mehr weiter kannst, werde ich dich den Fischen zum Fraß vorwerfen‹, knurrte er. Um zu verhindern, daß ich des Nachts, wenn er schlief, an den Proviant und das Wasser ging, legte er sich auf die Vorratssäcke, und das Wasserfäßchen benutzte er als Kopfkissen. Er schlief aber so fest, daß ich trotzdem an ein paar Brocken herankam. Und an ein paar Schluck Wasser, gerade genug, um zu überleben.

Während meiner nächtlichen Wühlarbeit entdeckte ich auch ein Ledersäckchen, das er um den Hals trug und das voller Edelsteine war. Mit den Zähnen nagte ich den Riemen, mit dem es an seinem Hals hing, leicht an, aber nicht ganz durch.

Trotz allem hatte ich die Hoffnung nicht aufgegeben, irgendwann eine Gelegenheit zur Flucht zu finden.

Am neunten Tag trafen wir auf eine Gruppe Delphine, die die Schaluppe umkreisten. In eleganten Sprüngen schnellten sie aus dem Wasser empor, wie um uns zum Mitspielen einzuladen. Dem Piraten ging alles, was schön und freundlich ist, auf die Nerven. Voller Bosheit lud er seine Pistole und richtete sie auf den Jüngsten der Herde, einen silberfarbenen jungen Delphin mit sanften Augen. Das war mehr, als ich ertragen konnte. Blitzschnell zog ich das Ruder aus der Schlaufe und schlug es Grausamundböse wie eine Keule auf das Handgelenk, so daß er die Pistole loslassen mußte. Mit einem Wutschrei stürzte er sich auf mich. Doch ich wich ihm nicht aus, ich stellte ihm ein Bein, so daß er der Länge nach auf den Boden der Schaluppe hinschlug.

Es war keine Zeit zu verlieren. Mit einem Ruck ergriff ich das Ledersäckchen an seinem Hals ... und glücklicherweise riß der angenagte Riemen. Dann sprang ich ins Meer. Am Horizont war kein Land in Sicht, doch war ich mir sicher, die Delphine würden mir helfen und mich nicht ertrinken lassen.

Und wirklich kamen sie herbeigeschwommen, glitten unter mich, hielten mich aus dem Wasser heraus und zogen schnell mit mir fort, außer Reichweite von Grausamundböse. Tobend vor Wut, warf er mir alles mögliche hinterher, sogar sein Silberbesteck und seinen persönlichen Nachttopf. Doch er traf mich nicht.

Noch vor der Dämmerung brachten mich die Delphine heil und gesund auf einen Strand. Dort lag ich, durchnäßt wie ein Schwamm, aber ich hielt das wertvolle Säckchen in der Hand.

Ich hatte genug von Abenteuern. Die kostbaren Steine verkaufte ich und bekam ein schönes Sümmchen dafür. Mit dem ich, als ich wieder zu Hause war, den Bauernhof und die Felder kaufte. Wie der Pirat geendet ist, weiß ich nicht. Vielleicht treibt er immer noch auf dem Meer herum und versucht, seine Silbergabeln und seinen Nachttopf wieder herauszufischen.«

Achtes Kapitel

»Nein. Der Pirat ist tot. Aufgehängt. Und seine Asche ist in den Wind gestreut worden«, ergänzte nun Lucrezia.

»Der Arme«, seufzte Pacuvio.

»Er hat es wohl kaum besser verdient«, meinte Polissena scharf; sie war erleichtert und froh, endlich schlecht über Grausamundböse reden zu können, jetzt, da er nicht mehr ihr Vater war.

»Entschuldige Pacuvio, deine Geschichte ist sehr interessant, und wir haben ihr atemlos zugehört«, sagte Lucrezia. »Du hast uns aber die wichtigste Sache nicht erzählt. Wenn Polissena nicht deine Tochter ist und auch nicht die des Piraten, wessen Tochter ist sie dann? Wie kam sie an Bord der ›Blutrünstigen‹?«

»Hab' ich euch das nicht gesagt? Verzeiht. Die Erinnerung an diese Tage in der Schaluppe bringt mich nach wie vor aus der Fassung. Ihr könnt euch gar nicht vorstellen, wie ...«

»Doch, das können wir uns sehr wohl vorstellen«, schnitt ihm Lucrezia das Wort ab. »Wessen Tochter ist Polissena?«

»Ach, das weiß ich nicht! Tut mir leid. Wir hatten sie aus einem Gasthaus in der Nähe von Mirenài entführt, bei einem Raubzug auf dem Festland. Sie war allein und lag in einer Holzwiege neben dem Kamin. Das heißt, nein, es gab da einen Hund, der sie bewachte. Doch Grausamundböse hat mit seinen Pistolen auf ihn geschossen.«

»Willst du damit sagen, daß das Gasthaus leer war?«

»Völlig leer, und die Türen waren verriegelt. Doch ein Schlag mit dem Stemmeisen reichte aus, die Schlösser aufzubrechen.

Drinnen war niemand. Möglicherweise waren alle auf ein Kirchweihfest in der Nachbarschaft gegangen, die Wirtsleute, die Bediensteten und die Gäste. Sie wären wohl bald zurückgekommen, denn im Kamin brutzelte ein Viertel Rind auf einem selbstdrehenden Spieß, und auf dem Küchentisch wartete ein roher Tortenteig darauf, in den Ofen geschoben zu werden. Grausamundböse stopfte sich ihn in zwei Bissen in den Hals, und drei Tage lang hatte er schreckliche Bauchschmerzen. Er war ein unglaublicher Vielfraß ...«

»Bitte schweif jetzt nicht ab!« bat Lucrezia. »Erzähl alles ganz genau, von Anfang an.«

»Und laß keine Einzelheit aus, die mich betrifft«, mahnte Polissena.

»Gut. Doch zuerst brauche ich ein Glas Wasser. Was für ein Tag! Und das am Vortag meiner Hochzeit! Ich habe das Gefühl, zehn Jahre zurückversetzt zu sein. Wißt ihr, daß ich noch nie mit jemandem über jene Zeit bei den Piraten gesprochen habe, nicht einmal mit meiner Mutter? Ihr beiden seid die ersten, die wissen, woher mein Geld kommt. Ihr könnt euch gar nicht vorstellen ...«

»Doch, doch, das können wir! Los, erzähl weiter!«

»Es war der erste Raubzug auf dem Festland, an dem ich teilnahm, seit ich als Schiffsjunge engagiert worden war. Es gefiel mir gar nicht, mich wie ein Dieb oder Mörder benehmen zu müssen ... Normalerweise versteckte ich mich, wenn die Piraten der ›Blutrünstigen‹ ein anderes Schiff enterten, in der Kombüse in einem leeren Faß. An dem Tag jedoch hatte mich Grausamundböse gezwungen mitzukommen, damit ich beim Tragen der Beute nützlich sein konnte. Er besaß ein schlagendes Argument: die Neunschwänzige Katze. Und bedenkt, ich war damals gerade dreizehn Jahre alt ...

Wir erreichten die Küste und gingen tief in der Nacht an Land, in einer Bucht, die vor Winden und neugierigen Blikken geschützt lag. Wir marschierten leise im Schutz des Waldes und erreichten das Gasthaus, als schon heller Tag war.

Aus dem Schornstein des Gebäudes stieg eine Rauchsäule auf.«

»Kannst du genau beschreiben, wo sich dieses Gasthaus befand? Wie hieß es?« unterbrach ihn Lucrezia.

»Der Name ... Warte, da gab es ein bemaltes Schild, einen Vogel ... Genau! Grüne Eule! So hieß es. Zur Grünen Eule. Es lag ungefähr eine Meile von der Küste entfernt, gegenüber der kleinen Insel der Stachelschweine, an der Straße, die von Mirenài nach Pratàle führt.

Den Informationen des Kapitäns zufolge stiegen in diesem Gasthaus die reichsten Leute des Landes ab. Und man aß dort die besten Wildbraten weit und breit. In den Zimmern sollte es für jeden Gast einen eigenen Nachttopf geben, und die Laken waren aus besticktem Leinen. Eine wahre Luxusherberge! Das versprach eine üppige Beute.

Der Plan von Grausamundböse war sehr einfach. Die Gäste sollten überrumpelt werden, und während man sie in Schach hielt, nahm man ihnen die Taschen und Geldbörsen und dem Wirt die Kasse weg. Alle wertvollen Gegenstände sollten in Säcke verstaut werden, dann kamen noch die Pferde und die Hühner dazu. Eine Plünderung nach allen Regeln der Kunst. Und sollte es unter den Gästen oder dem Dienstpersonal das eine oder andere hübsche Mädchen geben, würde man es auch mitnehmen, so hatte es der Kapitän befohlen – für den Harem des Sultans von Argù, der für Ware dieser Art immer sehr gut zahlte.

Doch als wir ins Gasthaus eindrangen, fanden wir es leer vor, bis auf das kleine Wickelkind und den Hund. Auch die Ställe waren leer. Die Leute waren alle irgendwohin geritten.

Der Kapitän fluchte fürchterlich und befahl uns, das ganze Haus zu durchsuchen, angefangen im Erdgeschoß bis hinauf in die Zimmer der Gäste, wo vielleicht im Gepäck Wertsachen oder Geld zu finden gewesen wären. Die Wirtsleute hatten allerdings ihre Kasse so gut versteckt, daß wir sie nicht entdecken konnten.

Wir waren bei unserer Durchsuchung kaum im ersten Stock angelangt, da kam unser Wachtposten gerannt, der von einer hohen Eiche alle Straßen, die zum Gasthaus führten, im Blick hatte. Keuchend erzählte er von einer Soldatenkompanie, die im Anmarsch sei. Nicht auf Kriegsfuß, wohl eher zu einer Übung. Doch sie waren auf jeden Fall zu viele, als daß wir ihnen hätten standhalten können.

Vor Wut schäumend, gab der Kapitän das Zeichen zum Rückzug. Wir schafften es nicht einmal, ein Bettuch mitzunehmen. Nur unser Kapitän hatte sechs oder sieben Hühner aus dem Stall ergriffen und in den Sack gesteckt, das war unsere gesamte Beute. Außer dem kleinen Mädchen natürlich.«

»Raubte man mich, weil ich die Tochter eines Prinzen war? Um ein hohes Lösegeld zu fordern?« fragte Polissena.

»Nein. Als wir hinausrannten, war der Kapitän über die Wiege gestolpert, hatte sie umgestoßen, und das Kind, du, hatte furchtbar zu weinen angefangen. Da stürzte sich der Hund auf uns. ›Verflucht, bringt sie zum schweigen!‹ schrie Grausamundböse und zielte mit der Pistole auf den Hund. Ich stürzte hinzu, um dich aufzuheben. Gerade noch rechtzeitig. Der Hund lag schon in einer Blutlache. Und du, total erschreckt durch den Pistolenschuß, schriest noch lauter. Ich legte dir die Hand auf den Mund. Doch das Ungeheuer hatte schon einen interessierten Blick auf dich geworfen. ›Wir können sie auf dem Sklavenmarkt verkaufen‹, sagte er. ›Immer noch besser als nichts. Nehmen wir sie mit.‹ So kamst du an Bord der ›Blutrünstigen‹, immer in meinem Arm, denn keiner von den anderen wollte dich anfassen, geschweige denn der Kapitän.«

»Wie war ich angezogen?« fragte Polissena.

»Normal, keine Spitzen, keine Lumpen. Warme und saubere Kindersachen. Du hättest die Tochter der Wirtsfrau sein können oder einer Reisenden. Das einzig Seltsame war die Spange, die deine Wickeltücher hielt. Aus Gold, mit einem Smaragd. Du kennst sie ja. Es ist kein großer Wertgegenstand, doch zu kostbar, um zwischen den Windeln eines Säuglings zu stecken. Ich entdeckte sie zum ersten Mal, als ich dir die Windeln wechselte. Dem Kapitän sagte ich nichts davon, denn ich dachte, daß sie dir eines Tages vielleicht nützlich sein könnte.«

Als Pacuvio mit seiner Erzählung zu Ende war, warf ihm Polissena zum dritten Mal ihre Arme um den Hals. »Auch wenn du nicht mein Papa bist, hast du dein Leben für mich riskiert«, sagte sie voller Dankbarkeit.

»Wer hätte je gedacht, daß du so groß und hübsch werden würdest?« meinte der Bauer. »Ich bin sicher, daß diese Joppe und diese Hosen ein Mädchen verstecken, daß so schön wie eine Rose ist. Warum hast du dir die Haare abgeschnitten?«

»Sie wachsen ja schon wieder nach«, sagte Polissena und fuhr sich mit den Fingern durch die unordentlichen Strähnen.

Neuntes Kapitel

Sie beschlossen, keinem die wahre Identität von »Ludocivo« zu enthüllen, genausowenig wie Pacuvios Piratenabenteuer.

»Meine Mutter könnte nicht mehr ruhig schlafen aus sozusagen rückwirkender Angst«, lachte der Bauer. »Und meine Verlobte möchte vielleicht nichts mehr von einem wissen, der reich geworden ist, weil er einem armen schiffbrüchigen Piraten ein Säckchen voller Edelsteine gestohlen hat.«

Polissena lachte. Sie hatte ihre gute Laune wiedergefunden. Auch wenn ihr nun von all den Gegenständen in ihrem Kasten nur noch die Spange bei der Lösung des Rätsels ihrer Herkunft helfen konnte. Die Spange und das Gasthaus.

Sie hätte sich gern sofort auf den Weg gemacht, doch Lucrezia weigerte sich, solange die Hochzeitsfestlichkeiten andauerten.

Sie blieben die gesamte Woche auf dem Bauernhof und

spielten, wie vereinbart, für die Hochzeitsgäste zum Tanz auf.

Als die Festlichkeiten zu Ende und die Gäste abgefahren waren, faltete Pacuvio auf dem Tisch eine Landkarte auf und zeigte Lucrezia den Weg zum Gasthaus »Zur Grünen Eule«.

»Ihr seht, es ist eine lange Reise. Zuerst müßt ihr nach Pratàle, und von da aus sind es noch zwei Meilen Richtung Mirenài.«

Lucrezia war auf ihren Reisen mit dem Alten nie so weit gekommen, und das beunruhigte sie. Sie fragte sich, wie sicher die Straßen seien und ob ihre Auftritte Leuten gefallen würden, die sie nicht kannten. Sie hatte sich ausgerechnet, daß sie ungefähr zwei Monate brauchen würden, um bis nach Pratàle zu gelangen. Und das hieß, daß sie sich unterwegs ihren Lebensunterhalt verdienen mußten.

»Erlaubt mir, euch zu helfen«, sagte Pacuvio mit seinem strahlendsten Lachen. »Hier ist eine Börse mit Goldmünzen. Das sollte fürs Essen und für ein Zimmer in einem Gasthaus reichen, zumindest für einen Unterschlupf. Der Winter kommt, und die Affen dürfen auf keinen Fall unter der Kälte leiden. Ihr wißt, sie stammen aus einem warmen Land und könnten krank werden.«

»Ich weiß«, sagte Lucrezia. »Ich werde sehr vorsichtig sein.«

Sie verabschiedeten sich mit vielen Küssen und Umarmungen, und Polissena versprach Pacuvio, daß sie ihn zum Gärtner in ihrem Palast machen würde, sobald sie ihre Eltern aufgespürt hätte, daß sie ihm alles Geld zurückerstatten und sein erstes Kind zum Grafen ernennen würde, auch wenn es ein Mädchen werden sollte. Jetzt, wo sie ihre Reise wieder aufnahmen, erwachte auch ihre Phantasie, um sich erneut zu kühnen Flügen aufzuschwingen. Da das Gasthaus eine Luxusherberge war und eine Goldspange ihre Windeln zusammengehalten hatte, mußte sie einfach fürstlicher Herkunft sein. Dessen war sie sich sicher.

Pacuvio dankte ihr lachend. »Einverstanden. Doch denk daran, solltest du an eine Familie geraten, die du nicht liebhaben kannst, bist du jederzeit hier auf dem Hof willkommen. Betrachte ihn als dein Zuhause. Das gilt auch für dich, Lucrezia. Und jetzt macht euch auf den Weg. Daß der Herr euch beschütze!«

V.
Im Gasthaus »Zur Grünen Eule«

Erstes Kapitel

Sie waren seit zehn Tagen unterwegs, als Lucrezia eines Abends beim Lesen der Landkarte bemerkte: »Wir kommen an Paludis vorbei. Ich würde gerne noch einmal das Haus wiedersehen, in dem ich geboren wurde, und das Grab meiner Eltern.«

Polissena hatte überhaupt keine Lust, einen Umweg zu machen und die Reise zu verlängern, doch ihr war klar, daß sie ihrer Freundin diesen Gefallen nicht verweigern konnte. Schließlich hatte Lucrezia, seit sie sich begegnet waren, nichts anderes getan, als ihr bei ihrer Suche zu helfen, und hatte sich völlig auf sie eingestellt.

»Einverstanden, laß uns dorthin gehen! Auch ich bin neugierig auf dein Dorf«, log Polissena.

Tags darauf verließen sie die Hauptstraße und durchquerten einen flachen und tristen Landstrich, dessen einzige Vegetation Schilfbüschel waren.

Nach etwa einer Stunde erreichten sie Paludis. Das Dorf lag verlassen da. Die Straßen waren ausgestorben, und die Häuser verfielen; durch ihre fenster- und türlosen Öffnungen konnte man in leere, verstaubte Zimmer blicken, in denen Spinnen ungestört ihre Netze webten.

Polissena erschauderte. Sie mußte an die belebten Straßen von Cepaluna denken, an die blühenden Gärten, deren Vegetation über die Mäuerchen quoll, an das plätschernde Singen des Brunnens auf dem Rathausplatz, an den Flug der Schwalben und an den Hof des Hauses Gentileschi, in dem ein Kommen und Gehen der Karren und Wagen herrschte, dazu das Stimmengewirr des Personals, das die Warensäcke ablud, und die Spiele und Kabbeleien der Schwestern mit ihren Freundinnen.

Lucrezia konnte trotz aller Bemühungen das Haus ihrer Eltern nicht ausfindig machen. Als Giraldi sie von hier mit fortgenommen hatte, war sie nicht einmal zwei Jahre alt gewesen, und ihre Erinnerung ging nicht so weit zurück. Alles, was sie von ihrer Familie wußte, kannte sie aus Erzählungen des Alten. Die einzige mütterliche Umarmung, die sie kennengelernt hatte, war die Biancas gewesen, der großen Hündin und Mutter Ramiros, in deren Fell sie sich mit dem Welpen in den kalten Winternächten gekuschelt hatte.

In diesem Geisterdorf war die Kirche das einzige Gebäude, das intakt geblieben war. »Der Alte hat mir immer gesagt, daß er meinen Namen im Kirchenbuch des Pfarrers gefunden hätte«, überlegte Lucrezia. »Wer weiß, vielleicht gibt es das noch. Laß uns hineingehen!«

Die Eingangstür aus Holz war geschlossen, doch auf einen Schubs Polissenas hin öffnete sie sich quietschend.

»Ramiro, Lancillotto! Ihr müßt draußen auf uns warten. Paßt auf die anderen auf. Wir sind gleich wieder da«, sagte Lucrezia.

Im Innern der Kirche beugten sie als erstes die Knie und bekreuzigten sich, um dann auf die Tür zuzugehen, durch die sie in die Sakristei gelangten. Sie war aufgeräumt, aber auf allem lagen dicke Staubschichten: auf den Schränken mit den Vitrinentüren, dem Tisch, den Messingleuchtern, auf dem schwarzen Talar des Pfarrers, der noch auf einem Bügel am Garderobenständer hing... Wo aber war das Kirchenbuch?

Polissena, die ihre Mut... die Frau des Kaufmanns oft in die Sakristei der Kirche von Cepaluna begleitet hatte, um den Junialtar mit Lilien aus ihrem Garten zu schmücken oder eine Spende für die Wachskerzen zu hinterlegen, ging zielsicher auf den Schrank mit den Altardecken zu. Darin lag, vor dem Staub geschützt, ein dickes Buch mit gelben Pergamentseiten.

Lucrezia hob es unter Mühen und geradezu andächtig hoch, derweil Polissena das Eckchen eines Tisches mit dem Ärmel ihrer Jacke sauberwischte.

Sie begannen, die alten Seiten vorsichtig umzublättern. Die Eintragungen des Pfarrers hörten abrupt im September des Jahres der großen Pest auf. Verstört las Polissena die letzten Zeilen, die mit zittriger Schrift geschrieben waren:

»Alle sind tot. Ich habe die Totengräber aus Lenagro rufen müssen, um die letzten sieben begraben zu lassen. Gott sei Dank, ist gestern Giraldi vorbeigekommen, der die Kleine der Ramusios mitgenommen hat. Ich hätte ihr nicht helfen können. Seit zehn Tagen komme ich nicht aus dem Bett heraus. Die Pestbeulen haben sich auf meinem ganzen Körper ausgebreitet. Ich habe sehr hohes Fieber. Vielleicht erlebe ich nicht einmal mehr den morgigen Tag. Der Abt der Bruderschaft der Barmherzigkeit von Lenagro hat versprochen, daß er in den nächsten Tagen vorbeikommen werde, um mich zu begraben. Der Herrgott erbarme sich meiner Seele!«

Sieben Seiten davor fand Lucrezia die Eintragung, die sie suchte: »Heute, den 12. August 17... habe ich in dieser Kirche die erstgeborene Tochter des Egberto und der Teresa Ramusio, die zu dieser Kirchgemeinde gehören, auf den Namen Lucrezia Maria Eleonora Adalinda getauft.«

Ein Feuchtigkeitsfleck hatte die letzten beiden Zahlen des Datums unleserlich gemacht. Doch war es nicht schwer, die Jahreszahl zu rekonstruieren, denn Giraldi, der diese Seiten vor vielen Jahren gelesen hatte, hatte Lucrezia immer erzählt, daß sie beim Tod ihrer Eltern ungefähr zwei Jahre alt gewesen sei.

»Egberto und Teresa!« murmelte Polissena. »Du weißt wenigstens, wie deine Eltern hießen. Wie werden sie wohl gewesen sein? Kannst du dich denn wirklich an gar nichts mehr erinnern? Nicht einmal an das Gesicht deiner Mutter?«

Lucrezia faßte in den Ausschnitt ihres Kittels und zog das Lederband mit den Anhängern hervor, unter denen das Korallenfischlein dank seiner kräftigen Farbe gleich ins Auge fiel. Sie griff nach einem ovalen Medaillon, das auf Druck aufsprang, und hielt es der Freundin hin: »Schau!«

Das Medaillon selbst war kein besonders wertvoller Gegenstand, es war aus Messing und voller Kratzer und Dellen. Doch als Polissena hineinguckte, sah sie zwei Portraits, zwei ungewöhnlich fein gemalte Miniaturen auf Elfenbeingrund. Polissena hatte von ihrem Vat... vom Kaufmann gelernt, diese winzigen Malereien zu beurteilen, und diese beiden erschienen ihr außergewöhnlich. Sie stellten eine junge Frau mit strenger Miene dar und einen älteren Mann mit Bart und ironischem Blick.

»Meine Eltern!« erklärte Lucrezia stolz. »Ich hatte nur dieses Medaillon am Hals, als mich der Alte mit sich nahm.«

»Die armen Leute«, mußte Polissena denken. Normalerweise haben Bauern nicht genug Geld, um sich solche Dinge leisten zu können. Sie mußten all ihre Ersparnisse ausgegeben haben, um diese Portraits anfertigen zu lassen. Als hätten sie geahnt, daß ihrer Tochter nichts anderes von ihnen bleiben würde. Und sie hatten das Glück gehabt, auf einen echten Künstler gestoßen zu sein, der sie sehr schön und edel dargestellt hatte, mit stolzen Mienen, die sie vielleicht gar nicht gehabt hatten.

Es gab keinen Zweifel, daß das Medaillon Lucrezia gehörte. Ihre Ähnlichkeit mit den Portraits war auffallend. Sie hatte den Blick des Vaters und seine Nase, seine kleinen, leicht zugespitzen Ohren. Von der Mutter hingegen hatte sie die blonden Haare, die Augenbrauenlinie, den Mund, das Kinn. Die stolze, aufrechte Kopfhaltung, den die Frau mit Lucrezia gemeinsam hatte, kam bestimmt daher, daß sie auf ihrem Kopf Wasserkrüge, Wäschekörbe und Reisigbündel getragen hatte.

»Und ich, wer weiß, wem ich ähnele?« dachte Polissena traurig. Würde sie jemals einem Gesicht begegnen, das, über alle Zweifel erhaben, dem ihren glich? Würde sie sich jemals im Abbild eines anderen Menschen widerspiegeln können?

Sie legten das Kirchenbuch in den Schrank zurück, verließen die Kirche und schlossen sorgfältig die Tür.

Die Tiere im Gefolge, gingen sie auf den Friedhof, der ganz nah bei der Kirche lag und vom Dorfplatz durch einen niedrigen Holzzaun getrennt war. In den letzten zehn Jahren war das Unkraut über die Wege gewachsen und hatte Teile der Gräber überwuchert. Doch der glückliche Zufall führte Lucrezia direkt zu einem von Moos und Regen angefressenen Grabstein:

Hier liegen Egberto und Teresa Ramusio,
geliebte Eheleute,
im Tod vereint wie im Leben.

Polissena machte sich derweil am Nachbargrab zu schaffen, um es vom Unkraut zu befreien. »Auch hier steht Ramusio. Dieses Grab scheint mir sehr viel älter als das deiner Eltern zu sein. Guck mal! Noch eine Lucrezia ... Lucrezia Maria Eleonora Adalinda. Sie haben dich auf die Namen deiner Großmutter getauft.«

»Ich wußte gar nicht, daß ich eine Großmutter hatte«, sagte Lucrezia überrascht.

»Was für ein Blödsinn! Alle haben eine Großmutter!« fuhr

Polissena sie an. »Sogar zwei! Zwei Großmütter und zwei Großväter.« Sofort stiegen Zweifel in ihr auf. Alle? Alle, außer den Findelkindern. Wer die Namen seiner Eltern nicht weiß, kann natürlich auch nicht die Namen seiner Großeltern kennen.

Zweites Kapitel

Nachdem sie Paludis verlassen hatten, kehrten sie auf die Hauptstraße zurück und setzten ihre Reise fort. Nach sechs Tagen erreichten sie den letzten Bauernhof, den Lucrezia von ihren Touren mit dem Alten kannte. Von nun an war alles für sie Neuland.

Von nun an mußte Lucrezia mit noch größerer Aufmerksamkeit die Landkarte lesen und ihre Route austüfteln und für jeden Tag ein Streckenpensum festlegen. Und darauf achten, daß sie jeden Abend vor Einbruch der Dunkelheit eine Siedlung oder ein Dorf erreichten, wenn sie nicht die Nacht unter freiem Himmel in der Einsamkeit des flachen Landes verbringen wollten. Nicht nur, weil es empfindlich kalt zu werden begann, sondern auch, weil sie nicht Gefahr laufen wollte, unerfreuliche Bekanntschaften zu machen. Dabei fürchtete Lucrezia nicht einmal die Straßenräuber. Sie wußte, die hätten keine Zeit damit vergeudet, Korbtruhe und Handkarren zu rauben. Die Truppe Ramusio sah nicht aus, als sei sie eine fette Beute. Und wie sollte man darauf kommen, daß sich in dem Fäßchen an Ramiros Hals kein Schnaps, sondern Pacuvios Goldmünzen befanden?

Dank dieses Geldes hätten die beiden Freundinnen die gesamte Reise bestreiten können, ohne auftreten zu müssen. Doch Lucrezia wollte keinen Verdacht erregen, auch sollten die Tiere im Training bleiben. Deshalb machten sie in jedem größeren Städtchen Station, hingen ein von Polissena gemaltes Plakat an einen Baum auf dem Hauptplatz und zogen mit

Lancillotto, der die Trommel schlug, durch die Straßen, um dem verehrten Publikum die Ankunft der Truppe zu verkünden.

Nicht immer reagierte das Publikum so großzügig und begeistert wie in Tempestàl. Manchmal fanden sich nur ein paar Münzen im Hut, doch immerhin ließ sich auf diese Weise etwas vom Geld in Pacuvios Säckchen sparen. Die Kinder allerdings waren ganz verrückt nach den akrobatischen Tieren, und der Ruhm der Truppe Ramusio verbreitete sich nicht nur in der Umgebung, sondern eilte ihr sogar voraus. Die Kinder in den Dörfern, die an ihrem Weg lagen, erwarteten immer schon voller Ungeduld die Ankunft Lucrezias, Ludovicos und der Tiere.

Ja, auch »Ludovico« konnte inzwischen einen guten Teil der Publikumsgunst auf sich verbuchen. Im Verlauf ihrer Reise war es Lucrezia Schritt für Schritt gelungen, der Freundin ihre Schüchternheit zu nehmen. Und damit ihr Schattendasein bei den abendlichen Aufführungen, bei denen sie bis dahin nur für die Kostüme und die musikalische Untermalung gesorgt hatte. Es gab etwas, das Polissena besser als alles andere konnte: klettern. Lucrezia entwickelte deshalb eine Reihe von Nummern, die diese Fähigkeit herausstrichen.

Wie eine Spinne, schwarz und gelb gekleidet, kletterte Polissena blitzschnell auf die Spitze des Klettermastes, der noch vom letzten Dorffest auf dem Platz stehengeblieben war. Während das Publikum den Atem anhielt, hangelte sie sich die Fassade des Rathauses hinauf, die fast völlig ohne Vorsprünge und Simse war und drei Stockwerke hatte, um sich, oben angekommen, mit elegantem Schwung auf den Giebel zu setzen. Schon bald trug sie den Namen »Die Spinne Ludovico«. Sie kletterte Kirchtürme und Aussichtstürme hinauf, an Seilen hoch, die von Dachvorsprüngen herabhingen, oder bis hinauf in die Wipfel der höchsten Bäume. Meist bestand die Komik der Nummern darin, daß Lancillotto versuchte, es ihr nachzumachen, wobei seine übertriebene Plumpheit die

Eleganz und Leichtigkeit des »Jungen« besonders hervorstrich.

Jetzt fühlte sich Polissena als gleichwertiges Mitglied der Truppe Ramusio. Manchmal allerdings stieg ein Gefühl der Scham in ihr auf. Was würde wohl Serafina sagen, wenn sie sie hier mit bloßen Beinen auf der Spitze eines Pfahls herumturnen sah, vor den Augen lauter unbekannter Leute? Was würde wohl Agnese denken, die soviel Zeit und Mühe aufgewandt hatte, ihr Benimm und Zurückhaltung beizubringen, wie es sich für ein Mädchen aus guter Familie gehörte? Bei diesen Gedanken überkam Polissena ein leichtes Schwindelgefühl, und mehr als einmal war sie kurz davor, das Gleichgewicht zu verlieren. Doch das Publikum schlug in die Hände und schrie: »Lu-do-vi-co! Lu-do-vi-co!«

Da mußte sie rasch die Kontrolle über sich zurückgewinnen – das war sie sich als Profi schuldig.

Es begann zu regnen, und die Straße verwandelte sich in ein Schlammbad. Für die beiden Affen wurde das Vorwärtskommen schwer, so daß Lucrezia auch Lancillotto erlaubte, auf den Karren zu steigen. Der arme Ramiro litt unter seinem durchsuppten Fell. Nur die Gans und das Schweinchen waren in ihrem Element und planschten glücklich in den Pfützen, und jeden Abend hatten die beiden Freundinnen alle Hände voll zu tun, sie zu säubern, bevor sie sie in den Stall brachten.

Die Truppe kam jetzt nur sehr langsam voran, so daß Polissena befürchtete, daß sie die »Grüne Eule« nicht vor Weihnachten erreichen würden. Da beschloß Lucrezia, das restliche Geld aus Pacuvios Säckchen dazu zu verwenden, das letzte Stück Weg in der Postkutsche zurückzulegen.

Es war nicht einfach, einen Kutscher zu finden, der auch die Tiere mitnahm. Die meisten fürchteten, daß diese unüblichen Passagiere die Kutsche mit Flöhen verseuchen würde. (Was eine unbegründete Sorge war, denn Lucrezia pflegte ihre Tiere sehr.) Oder daß die anderen Passagiere mit dieser Reisegesellschaft nicht einverstanden sein könnten.

Man mußte es also mit einem Trick versuchen. Die Gans wurde in die Korbtruhe gesperrt und mit dem Handkarren und dem anderen Gepäck auf das Kutschdach verladen. Den anderen Tieren zog Lucrezia die Kostüme aus der Salon-Nummer an.

Die Fahrgäste bestaunten die eigenartige Gruppe zunächst verwundert. Noch nie in ihrem Leben hatten sie zwei derart behaarte Damen und zwei seltsame Säuglinge wie diese gesehen. Doch bald hatten sie sich an ihren Anblick gewöhnt, denn wer reist, weiß, daß er sich auf alle möglichen Begegnungen gefaßt machen muß, und der Kutscher hatte gesagt, daß es sich um eine sehr reiche Familie handelte. Reiche Leute, so hatte er erklärt (als ob das nötig gewesen wäre), dürften sich Extravaganzen erlauben, soviel sie wollten, und niemand hätte das Recht, sie zu kritisieren.

Schon bald war Casilda das Nesthäkchen der Reisenden geworden, vor allem die Damen waren entzückt von ihren niedlichen Grimassen und vom rosa Brokatkleidchen, das dieser merkwürdige Säugling trug. Ein ungewöhnlich kostbares Kleid für ein Kleinkind, sowohl was Stoffqualität als auch Machart anbetraf, was den Reichtum dieser Familie bestätigte. Gut, es war zwar ein bißchen abgetragen und zerknittert, hatte auch ein paar Flecken, doch auf dem Leibchen konnte man noch die Reste kostbarer Goldstickerei und kleiner Perlen erkennen, die einstmals das ganze Kleid bedeckt haben mußten.

Die Bewunderung der Mitreisenden zog auch Polissenas Aufmerksamkeit auf das Kleidchen, als Tochter (Ex-Tochter) eines Kaufmanns wußte sie die Qualität zu beurteilen und mußte zugeben, daß die Damen nicht übertrieben. Es war tatsächlich ein Kleid, das neu ein Vermögen gekostet haben mußte. Wer aber konnte es sich leisten, einem Kleinkind, das rasch wuchs und nach einem Monat nicht mehr hineinpassen würde, etwas derart Kostbares anzuziehen?

»Woher hast du dieses Kleid?« flüsterte sie Lucrezia zu.

»Ich habe keine Ahnung. Es war immer in der Kostümtruhe. Es würde mich nicht wundern, wenn der Alte es irgendwo gestohlen hätte.«

Lucrezia war zufrieden. Mit der Postkutsche legten sie jeden Tag eine Wegstrecke zurück, für die sie zu Fuß eine Woche gebraucht hätten. Sie saßen trocken und warm und mußten sich keine Sorgen darum machen, daß sich die Affen erkälten könnten.

Von den Bewegungen der Postkutsche wie in einer Wiege hin- und hergeschaukelt, fiel Polissena in einen Halbschlaf, in dem ihre Phantasie wieder davongaloppierte. Trotz der jüngsten Enttäuschungen zweifelte sie nicht daran, daß sie im Gasthaus »Zur Grünen Eule« die Antwort auf alle ihre Fragen finden würde.

In ihren Träumen plante sie, ihre wiedergefundenen Eltern zu bitten, Lucrezia, das arme Waisenkind, zu adoptieren, das damit endlich ein sicheres Dach über dem Kopf hätte, ein warmes Bett, reichlich zu essen und Lehrer, die ihr gute Manieren beibringen würden. Im Jubel darüber, daß man sich wiedergefunden hatte, würden ihr die Eltern diese Bitte bestimmt nicht abschlagen. Vor allem, wenn sie erfuhren, daß sie, Polissena, es ohne die Hilfe ihrer Freundin nie und nimmer geschafft hätte, sie ausfindig zu machen.

Natürlich würde Lucrezia, die ja jünger war als sie, ihr gehorchen und sie als Vorbild akzeptieren müssen. Damit hätte sie eine neue kleine Schwester. Sie durfte nicht an Ippolita und Petronilla denken, die Erinnerung an die beiden stimmte sie jedesmal furchtbar traurig.

Dann strich sie sich mit der Hand durch die Haare, die ihr in ungleichen Strähnen nachwuchsen. Sie waren mittlerweile lang genug, um zu einem Pagenkopf frisiert zu werden. Bei der nächsten Rast würde sie Lucrezia bitten, ihr mit der Schere, mit der sie ihre Tiere schor, die Haare geradezuschneiden.

Sie brauchten fünf Tage, um nach Pratàle zu gelangen. Bevor sie die Kutsche verließen, hatte sich Lucrezia den Weg zur

»Grünen Eule« genau beschreiben lassen. Das Gasthaus lag nur noch einen halben Tag Marsch entfernt.

Gestärkt von der langen Ruhepause, wanderten sie munter los, obwohl es zu schneien begonnen hatte. Die Affen hockten dick eingemummelt auf dem Karren unter dem großen, grünen Schirm des verstorbenen Giraldi. Dimitri und Ramiro hingegen genossen die weißen Flocken, die nicht durch ihr dickes Fell dringen konnten.

Die Freundinnen hatten sich in schwere Mäntel gehüllt. Lucrezia trug die Gans im Arm und Polissena das Schweinchen. Um warm zu bleiben, schritten sie zügig voran, und ihr Atem malte zwei weiße, kleine Wolken in die Luft.

Sie liefen vorbei an Äckern, Wiesen und Obstplantagen und durchquerten einen Wald. Doch auch hier blieb die Straße breit und gut gepflastert. Die Meilensteine zeigten an, daß sie der Hauptstadt immer näher kamen.

Kurz vor Einbruch der Dunkelheit erreichten sie das Gasthaus. Es lag am Hang eines Hügels, der mit herbstkahlen Bäumen bewachsen war. Aus jedem der kleinen Kamine auf dem Dach stieg eine schmale, graue Rauchfahne in die kalte und klare Luft auf, und hinter den Fensterscheiben glimmte schon das Licht der Lampen, obwohl es noch nicht ganz dunkel war.

Drittes Kapitel

Sie erreichten das Eingangstor und betraten die lange, verschneite Allee. In ihrem ganzen Wanderleben hatte Lucrezia noch nie ein derartiges Gasthaus gesehen. Die »Grüne Eule« erinnerte weniger an einen Bauernhof oder eine Poststation als an eine große Landvilla. Die Fassade schmückten eine schön geschwungene Treppe und elegante Balkone am ersten Stockwerk. Rundherum breitete sich ein großer Garten aus, der nun unter einer leichten Schneedecke lag. Auf der einen Seite des Gebäudes bildeten Buchsbaumhecken ein Labyrinth. Unter den großen Bäumen und zwischen den Büschen konnte man die Umrisse antiker Säulen und Statuen ausmachen. Über der Tür zeigte ein Schild an:

»Zur Grünen Eule«
Gasthaus für Reisende von hohem Stand.

Aus dem Inneren drangen Lachen, Musik, fröhliche Stimmen, streitlustige Stimmen, schrille Frauenstimmen, Hundegekläff. Eingeschüchtert blieben die Mädchen am Fuße der Treppe stehen.

»Laß uns erst einen Blick durch die Fenster werfen, bevor wir klopfen«, schlug Polissena vor.

Draußen war es mittlerweile völlig dunkel geworden. Die Räume im Erdgeschoß waren von Hunderten von Kerzen erleuchtet, so konnte man von draußen hineinschauen, ohne von innen gesehen zu werden.

Das Erdgeschoß war nicht wie in anderen Gasthäusern ein einziger großer rauchiger Raum, in dem sowohl gekocht wie auch gegessen wurde. Vielmehr bestand es aus einer Reihe eleganter Salons, jeder mit einem Marmorkamin, Sesseln und seidenbezogenen Sofas, Perserteppichen und Tischen, die mit Kristallgläsern, Porzellan und Silberleuchtern gedeckt waren.

Von den Gästen, die die Salons bevölkerten, aßen einige mit Silberbesteck, andere spielten Karten oder würfelten, wieder andere unterhielten sich vor dem Kaminfeuer. Alle waren sie wunderbar gekleidet, die Damen mit unbedeckten Schultern und Armen, auch wenn es schon November war. In einem der Salons erklangen ein Cembalo und ein Cello. Einige Paare tanzten. Andere saßen oder lagen auf den Sofas und hörten zu. Und dann die Dienerschaft …

Lucrezia hatte noch nie derart elegante und graziöse Kellnerinnen gesehen! Wie viele sie waren und wie eilfertig!

Sie waren alle noch sehr jung, durchweg mit hübschen Gesichtern und Figuren, auf eine kokette Art gekleidet, die ihre schmalen Taillen, ihre wohlgeformten Hüften, ihre zarten Fesseln und Füßchen zur Geltung brachte. Unablässig eilten sie von Gast zu Gast und trugen mit viel Anmut große Tabletts voller Gläser, dampfender Terrinen und Teller herum, oder Weidenkörbe mit Kaminholz, Blumensträuße, Schals und Fächer für die Damen, Wassernäpfe für die Jagdhunde, Zigarren für die Herren, neue Kartenspiele, Liköre und kandierte Früchte. Unermüdlich bückten sie sich, hoben Obstschalen auf und fegten die Asche vom Kamin, stiegen auf Hocker, um neue Kerzen in die Leuchter zu stecken, rückten Stühle zurecht, entfachten das Kaminfeuer, hielten ohnmächtigen Damen Riechsalz unter die Nase, angelten Knochen für die Hunde unter niedrigen Sofas hervor.

Sie lächelten immer, obwohl sie viel zu schwere Tabletts tragen mußten und auch wenn ein Gast ihnen tückisch ein Bein stellte und sie zum Stolpern brachte. Auch wenn sie mit einem Lappen den Boden aufwischen mußten, auf den sich ein allzu gieriger Gast übergeben hatte. Auch wenn ein Kartenspieler, der sich darüber aufregte, eine Partie verloren zu haben, erst die Karten und dann den Tisch nach ihnen warf. Wenn ein gelangweilter Hund nach ihren Waden schnappte. Oder eine scherzhafte Dame ihnen ein Glas eiskaltes Wasser in den Ausschnitt goß.

Sie lächelten immer, doch um die Hausherrin versuchten sie, einen großen Bogen zu machen.

Lucrezia hatte sie sofort entdeckt. Es mußte diese ältere Frau sein, die in schwarze Seide gekleidet war und an deren Gürtel ein dickes Schlüsselbund hing. Mit Argusaugen beobachtete sie alles, was in den Salons geschah. Polissena dachte erleichtert: »Zu alt, um meine Mutter sein zu können.«

Groß, hager, steif, mit einer Adlernase und grauen Haaren, die zu zwei Lockenknäueln über den Ohren frisiert waren, bewegte sich die Hausherrin sicher und selbstbewußt zwischen ihren Gästen: Dem einen lächelte sie zu, lauschte aufmerksam den Erzählungen eines anderen, lachte auf, wenn jemand einen Witz machte, zeigte ihr Bedauern über eine Migräne, erkundigte sich nach dem Wohlbefinden aller, und wer einen Wunsch hatte, dem rief sie die nächste Serviererin herbei, die dem Gast seinen Wunsch umgehend erfüllte.

Als sie genug gesehen hatten, schlichen die Freundinnen um das Gebäude herum und schauten durch ein Fenster auf der Rückseite in die Küche, in der sieben Personen, Köche, Hilfsköche und Küchenmädchen, schwitzend an den Töpfen standen. Die Küchenmädchen waren armselig gekleidet, was sich seltsam ausnahm angesichts der hübschen Serviererinnen, die immer wieder in die Küche kamen, um ein leeres Tablett gegen ein volles einzutauschen.

Die Fenster der beiden oberen Stockwerke waren dunkel. Doch plötzlich tauchte hinter einer Scheibe ein Licht auf, als ob jemand mit einer Kerze in der Hand in ein dunkles Zimmer getreten wäre.

Polissena setzte ihr Schweinchen auf dem Handkarren ab, kletterte schnell die Fassade mit den Steindekorationen hinauf und sah durch die Vorhänge eine Serviererin, die ein Bett aufdeckte, das Feuer im Kamin anfachte und dann zur Tür lief, durch die zwei starke Burschen einen Herrn trugen, der scheinbar bewußtlos war. War er ohnmächtig? War er betrunken? Polissena sah, wie sich die Lippen der drei Dienstboten bewegten wie Fischmäuler im Aquarium.

Viertes Kapitel

Polissena hörte Lucrezia niesen, und schnell ließ sie sich hinuntergleiten. Es schneite immer noch, und ein scharfer Wind war aufgekommen.

»Laß uns klopfen! Wir müssen die Tiere ins Warme bringen, bevor sie erfrieren.«

Eine Serviererin öffnete. Ihr Gesicht nahm einen erschreckten Ausdruck an, und sie versuchte, ihnen die Tür vor der Nase zuzuschlagen.

»Hier gibt es keine Almosen«, sagte sie leise. Ganz offensichtlich fürchtete sie, die Aufmerksamkeit der Hausherrin zu wecken.

Doch Lucrezia schob sich rasch durch die Tür. »Wir sind keine Bettler. Wir können unsere Zeche bezahlen«, sagte sie. »Wir möchten gern ein Zimmer und für unsere Tiere einen Platz im Stall.«

Die Serviererin schüttelte den Kopf. »Hier werden nur Gäste von hohem Rang aufgenommen«, flüsterte sie. »Geht schnell weg, bevor Frau Aspra euch bemerkt.«

»Von hohem Rang? Ich bin eine Prinzessin, die inkognito reist. Und mein Vetter dort draußen ist ein verkleideter Graf«, sagte Lucrezia. »Was unsere Tiere betrifft, sind sie alle Könige und Königinnen, die durch einen Zauberspruch verwandelt worden sind.«

Die Servierin mußte ein kleines bißchen lachen, leiser als ein Seufzer. Das reichte allerdings aus, die Aufmerksamkeit der Hausherrin auf sie zu ziehen, die plötzlich im Flur erschien.

»Was geht hier vor? Warum hast du diese Lumpengöre hereingelassen?« zischte Frau Aspra. Instinktiv hob die Serviererin den Arm schützend vor ihr Gesicht und stammelte: »Ich ... dachte ...«

Doch die Hausherrin ließ sie nicht ausreden. »Wir beide sprechen uns später. Jetzt ab in die Küche und bring dem Grafen seinen Fasanenbraten!« herrschte sie das Mädchen an, und zu Lucrezia gewandt: »Und du, worauf wartest du, kleine Göre? Hast du nicht gehört, daß du verschwinden sollst? Raus!«

Lucrezia rührte sich nicht.

»Ich bitte Sie, liebenswürdige Dame, lassen Sie sich nicht von unserem armseligen Äußeren täuschen«, sagte sie sehr höflich. »Wir sind Künstler. Und, nicht um mich zu brüsten, erwähne ich das, sehr erfolgreiche dazu. Es fehlt uns nicht an Mitteln, Ihre Gastfreundschaft angemessen zu vergelten.«

Ein gieriger Schimmer blitzte in Frau Aspras Augen auf. Lucrezia war sich sicher, wären sie allein an einem einsamen Ort gewesen, die Frau hätte sie angegriffen und ausgeraubt. Doch durch den Türspalt konnte man den Schatten des Bären erkennen, man hörte sein Brummen und das leise Knurren des Hundes. Zudem bestand das Risiko, daß eine feine Dame oder ein feiner Herr den Flur durchqueren könnte, um nach oben zu den Schlafzimmern zu gehen.

»Hast du nicht das Schild gelesen?« fuhr die Wirtin sie an. »Egal, ob ihr zahlen könnt, hier werden keine Gaukler aufgenommen! Raus!«

»Ich bitte Sie! Lassen Sie uns wenigstens auf dem Dachboden bei der Dienerschaft schlafen. Nur heute nacht. Ich verspreche Ihnen, daß wir morgen bei Sonnenaufgang wieder fort sind.«

»Ihr schert euch sofort weg! Oder soll ich euch mit Fußtritten von meinen Dienern davonjagen lassen?«

»Ich bitte Sie! Es ist spät, und es schneit. Die nächste Stadt ist drei Stunden Fußmarsch entfernt. Wir werden erfrieren, bevor wir dort ankommen.«

»Das geht mich nichts an. Schluß jetzt, du gehst mir auf die Nerven, unverschämte Göre. Haut ab!«

Sie packte Lucrezia an den Schultern, gab ihr einen Stoß und schubste sie zur Tür hinaus. Doch die Gans Apollonia, die bis dahin unter dem Mantel ihrer Herrin keinen Mucks von sich gegeben hatte, streckte nun ihren langen Hals hervor und zischte aufgebracht, und bevor Frau Aspra sich noch von der Überraschung erholen konnte, hatte Apollonia sie in den Arm gezwickt. Dazu muß man wissen, daß der Schnabelbiß einer Gans sehr schmerzhaft ist.

Die Frau schrie auf. »Hilfe! Zu Hilfe! Man versucht, mich umzubringen.«

Apollonia wurde immer wütender, zischte noch lauter, schlug wild mit den Flügeln und versuchte, sich aus Lucrezias Mantel zu befreien. Aus den Salons und aus der Küche kamen Leute herbeigelaufen. Der Koch richtete seinen Spieß auf Lucrezia.

Doch einer der Edelherren, in weißen Samt gekleidet, bremste ihn mit einer Handbewegung. »Was für ein niiiedliiches Määädchen!« rief er mit schleppender Stimme und berührte eine blonde Locke, die unter Lucrezias Kapuze hervorschaute. »Waaas füüür eine aanmuuutige Kreeaatuuur! Sooo friisch und sooo unschuuuldiiig! Ein eeechtes Mairööööschen!«

Dann wandte er sich mit gelangweilter Miene an die Hausherrin: »Darf maaan bitte den Gruuund füür diesen Heideenläärm wiiiissen, meine Daaame? Haaaben Sie vielleicht vergeeessen, daß iich Miiigrääne voon lauuuteen Geeräuscheen bekooomme?«

Frau Aspra erbleichte. »Sie hat versucht, mich anzugreifen ...«, versuchte sie, sich zu rechtfertigen.

»Waaas für ein Blöödsiinn! Sie aangreifen! Ein so reizeeendes Määäädchen! Saaag miir, Kleine, wie heißt duuu?«

Lucrezia gefielen diese Schmeicheleien überhaupt nicht. Ihr Beschützer erschien ihr noch heimtückischer als die Hausherrin. Aber sie konnte Polissena und die Tiere nicht länger draußen in der Kälte stehenlassen.

Wozu war sie schließlich Schauspielerin? Dicke Tränen rollten ihr die Wangen hinunter. »Ich heiße Lucrezia Ramusio«, schluchzte sie bebend. »Und draußen steht mein Vetter Ludovico. Er ist kurz vor dem Erfrieren, ebenso unsere akrobatischen Tiere. Erbarmt Euch unser und laßt uns herein.«

Der weißgekleidete Herr schaute die Wirtin streng an. »Hier steht eine Künstlertruppe, die dazu beitragen kann, uns die Langeweile zu vertreiben, und Sie wollen die wieder wegschicken? So kümmern Sie sich um das Wohlergehen Ihrer Gäste, Frau Aspra?!«

»Herr Graf ... eigentlich ... ich ...«, stammelte sie.

»Sie werden noch Ihre gesamte Kundschaft verlieren, wenn Sie es nicht schaffen, die Abende unterhaltsamer zu gestalten«, unterbrach sie der Graf. »Sie wissen nur zu gut, warum wir Mirenài verlassen haben. Dieses hübsche kleine Mädchen ist jetzt müde. Sorgen Sie dafür, daß sie sich ausruht und aufgepäppelt wird, wie auch die anderen ihrer Truppe. Ich will, daß sie innerhalb von zwei Stunden so weit sind, daß sie uns etwas vorführen können im gelben Salon, und zwar ihre besten Nummern. Haben wir uns verstanden?«

»Wie Sie befehlen, Herr Graf!« antwortete Frau Aspra kriecherisch. »Was macht ihr da draußen? Nun kommt schon, rein mit euch, sonst kühlt das Haus aus.«

Fünftes Kapitel

Lucrezia und Polissena wurden mit den Tieren in ein kaltes, kahles Zimmer geführt, das nicht einmal Fenster hatte, aber von Frau Aspra großartig als »kleiner Salon der Dienerschaft« bezeichnet wurde.

Es gab keine Möbel außer zwei langen Bänken an der Wand, und die einzige Beleuchtung war eine rauchige Öllampe mit zittrigem Flämmchen.

Ein Zimmermädchen brachte auf einem schäbigen Tablett trockenes Brot und einen Krug mit eiskaltem Wasser. »Guten Appetit!« wünschte sie förmlich. »Eßt und versucht auszuruhen. In einer Stunde komme ich euch rufen. Ich nehme an, daß ihr ein wenig Zeit braucht, um die Kostüme anzuziehen und euch auf den Auftritt vorzubereiten.«

Als sie die Tür wieder hinter sich zugezogen hatte, stieß Polissena, die bis dahin keinen Laut von sich gegeben hatte, hervor: »Ich will nur hoffen, daß ich nicht mit dieser Frau Aspra verwandt bin.«

»Das hoffe ich auch«, sagte Lucrezia. »Ich hätte nicht gedacht, daß es eine so verabscheuungswürdige Person geben könnte. Ekelhaft zu den Schwachen und kriecherisch vor den Reichen.«

»Du hast gut daran getan, ihr nicht gleich die Spange zu zeigen und zu sagen, warum wir hier sind. Wir müssen sehr vorsichtig vorgehen.«

»Ich sehe, daß du aus den vergangenen Erfahrungen gelernt hast«, lobte Lucrezia. »Es ist auch nicht ratsam, durch die Gegend zu laufen, ›Papa!‹ zu rufen und sich an den Hals des erstbesten zu werfen.«

Lucrezia verteilte nun das trockene Brot an die Tiere. »Wie gern hätte ich eine heiße Tasse Milch«, seufzte sie.

»Hast du die gebratenen Fasanen gesehen? Und das Zukkergebäck? Vielleicht laden uns die Gäste nach unserem Auftritt zum Essen ein.«

»Das möchte ich bezweifeln.«

»Wieso? Vielleicht finde ich meine Eltern unter ihnen. Denk nur, was für ein Glück, wenn sie entdecken, wer ich bin! Welche Freude!«

Sie waren so müde, daß sie trotz Kälte und Hunger auf den Bänken einnickten.

Als das Zimmermädchen kam, um sie für ihren Auftritt zu wecken, war es fast Mitternacht. Im gelben Salon aßen und tranken die Gäste immer noch, es wurde Karten gespielt, Musik gehört, getanzt und sich unterhalten. Doch auf den gelangweilten Gesichtern war keine Spur von Fröhlichkeit oder Interesse zu entdecken. »Warum gehen sie nicht ins Bett?« dachte Polissena, die ihrerseits vor Müdigkeit fast umfiel.

Der Eintritt von »Lucrezia, Ludovico und ihren akrobatischen Tieren« wurde mit gedämpfter Neugier begrüßt. Der weißgekleidete Graf, der doch gerade eben noch so großes Interesse an der Truppe gezeigt hatte, war nun damit beschäftigt, Plätzchen in das Likörglas einer Dame zu tunken. Nur einen kurzen Blick hatte er für seine Schützlinge übrig. Und hinter ihren Fächern gähnten die Damen.

Lucrezia begriff sofort, daß auf ein Publikum dieser Art die üblichen Kapriolen und akrobatischen Kunststücke keinerlei Wirkung gehabt hätten.

»Hier brauchen wir etwas, das reinhaut«, flüsterte sie Polissena ins Ohr. Sie hing sich die Trommel um den Hals, schlug zweimal, um die Aufmerksamkeit auf sich zu lenken, und sagte: »Sehr verehrtes Publikum, gnädige Damen und edle Kavaliere, es ist spät, und ich will keine Zeit mit langen Erklärungen verlieren. Die Aufführung beginnt mit einem tödlichen Duell zwischen Dimitri, dem Sohn der Eiswüste, gerade frisch aus dem vereisten Sibirien gekommen, und Lancillotto, dem Sohn der glühenden Sonne, brandneu aus dem heißen Afrika.«

Auf ihr Zeichen begaben sich die beiden mit schnellen Sprüngen in die zwei äußersten Ecken des Salons und bezogen jeweils auf einem mit Spitzendecken geschmückten Tisch Stellung. Lucrezia ließ die Trommel rollen: »Seid ihr bereit, meine starken Helden? Der Kampf geht los! Aufladen! Feuer!«

Lancillotto schnappte sich einen Teller mit Hasenragout in Soße und schmiß ihn quer durch den Saal in Dimitris Richtung. Der Teller flog wie ein Komet, derweil im Flugwind die Soße spritzte. Im selben Moment hatte der Bär einen Makkaroni-Auflauf geworfen, der den Schimpansen mitten auf die Schnauze traf.

Im Publikum begannen einige Herrschaften, zaghaft zu klatschen. Lancillotto warf nun eine Sahnetorte, Dimitri einen Schokoladenpudding. Doch sie hatten nicht gut gezielt, das eine Geschoß landete auf der Krawatte eines Barons, der gerade seinen Gewinn beim Würfelspiel einsammelte, das andere auf dem Diadem einer Dame, die verzückt in den Klang des Cembalos vertieft gewesen war. Vor lauter Überraschung saßen sie verdattert und stumm da, während alle anderen in schallendes Gelächter ausbrachen, grinsten, kicherten und wie wild klatschten.

Den meisten gefror das Lachen allerdings gleich wieder, denn auch sie erwischte es. Durch den Saal flogen Torten und Aufläufe, gebratene Hühner und süßsauer eingelegte Aalstücke, Spargelomeletts und Zitronenschnitzel, gekochte Eier und gefüllte Kohlköpfe, Pralinen und Biskuits, eingelegtes Gemüse und kandierte Früchte.

Lucrezia und Polissena hatten sich in die anderen Ecken des Salons zurückgezogen, Casilda war auf den Leuchter geklettert. Die Gans hatte sich flügelschlagend auf den Kaminsims geschwungen.

Aus diesen Stellungen heraus taten sie, als bewarfen sie einander, dabei waren die Gäste ihre Zielscheiben. Sie bombardierten sie mit handfesten und flüssigen Gerichten, harten und breiigen, salzigen und süßen, kurz, mit allem, was sie auf den Tischen fanden.

Ramiro rannte bellend zwischen den Gästen herum und brachte sie zum Stolpern, oder er packte mit den Zähnen die Zipfel der Tischtücher und zog sie mit allem Geschirr, Kristall und Porzellan darauf hinter sich her.

Im ersten Moment verharrten die Gäste verdutzt. Dann befanden einige, daß diese Aufführung oder besser: dieses Spiel umwerfend lustig war. Mit ihrer Begeisterung hatten sie in wenigen Minuten alle angesteckt, auch die, die sich am Anfang beleidigt gefühlt und Bestrafung gefordert hatten. Anstatt zu versuchen, den Geschossen auszuweichen, hüpften und sprangen die Damen und Herren nun in die Schußlinien, ihre Kleider und Frisuren waren völlig eingesuppt von Mayonnaise, Schlagsahne, Cocktailsoße, Eischaumcreme, Béchamelsoße mit Pilzen und Marmelade. Sie liefen von Tisch zu Tisch auf der Suche nach etwas, womit auch sie werfen konnten. Tomaten und Aprikosen zerplatschten auf den Seidentapeten. Pflaumen, Schmalzgebackenes und gefüllte Teigtaschen auf den Samtvorhängen. Wal- und Haselnüsse prasselten gegen die Fensterscheiben.

Vom Lärm herbeigerufen, erschien Frau Aspra auf der

Schwelle. Gerade flogen Gläser und Bestecke durch den Raum, die Gäste bekriegten einander und benutzten die Sofas und Sessel als Schutzschilde, stießen lautes Geheul aus, lachten brüllend und beklatschten jeden Treffer. Ein Aufschrei der Begeisterung begleitete eine Gabel, die sich wie ein spanischer Haarkamm in die Haare von Frau Aspra bohrte.

»Meine Herrschaften ...«, stotterte die Wirtin völlig entgeistert. »Meine Herrschaften, ich bitte Sie ... Meine Tapeten ...«

Dann suchte ihr Blick irgendeine Serviererin, die sie hätte anbrüllen können. Überhaupt, wieso hatten diese blöden Mädels sie nicht sofort gerufen, als das hier losging?

Doch von den Serviererinnen weit und breit keine Spur, und auch die Künstler der Truppe Ramusio schienen spurlos verschwunden.

Wenn sich Frau Aspra die Mühe gemacht hätte, unter die Tische zu schauen, die noch von Tischtüchern bedeckt waren, hätte sie sie entdeckt, die Künstler, die Tiere und das Personal, die friedlich vereint dort auf dem Boden hockten und alles in sich hineinstopften, was sie an Eßbarem ergattern konnten. Doch die Hausherrin hatte zu große Angst, möglicherweise ein Glas oder ein Messer abzubekommen, als daß sie auch nur einen Schritt in den Salon gesetzt hätte.

Vor Wut zitternd, zog sie im Geiste eine Schadensbilanz. »Diese verfluchten Gaukler werden mir das bezahlen. Sie sind es gewesen, die dieses Chaos angezettelt haben. Ich werde die Gendarme rufen, ich werde sie anzeigen. Ich werde sie aufhängen lassen!«

Von einem Geschoß hart an der Brust getroffen, mußte sie aufhusten. Es war eine Geldbörse voller Goldmünzen, die der weißgekleidete Graf nach ihr geworfen hatte. »Das ist für Ihren Schaden, liebe Dame. Sie sollten öfter solche originellen und unterhaltsamen Feste veranstalten. Noch nie in meinem Leben habe ich mich so gut amüsiert.«

»So oft Sie wünschen, verehrter Graf«, antwortete Frau Aspra devot, und ihre Finger krallten sich in die Geldbörse.

»Und daß es Ihnen nicht in den Sinn kommt, die Künstler zu bestrafen, die uns soviel Spaß bereitet haben!« rief der Graf, als hätte er ihre Gedanken erahnt. »Die stehen unter meinem persönlichen Schutz, daß Sie das nur wissen!«

Sechstes Kapitel

In jener Nacht wurden die beiden Freundinnen getrennt. Frau Aspra konnte es nicht dulden, daß ein Junge und ein Mädchen im selben Zimmer schliefen, auch wenn sie erst elf Jahre alt waren. Insbesondere, wenn sie nicht von hohem Stand waren.

So mußte Lucrezia ihr Lager unter dem Dachboden beziehen, im Schlafsaal der Mägde und Serviererinnen, während »Ludovico« bei den Köchen und Knechten einquartiert wurde, im Erdgeschoß in einem Raum gleich neben der Küche.

Die Tiere hatte man im Stall untergebracht. Doch Lucrezia, die sich um die Affen sorgte, hatte Casilda unter ihrer Jacke versteckt und heimlich in den Mädchenschlafraum eingeschleust. Und den Koch hatte sie mit einem Goldtaler überredet, Lancillotto in den Schlafsaal der Männer zu lassen.

Bekleidet mit einem Paar Hosen, einer speckigen Weste und einem Kittel, konnte man den Schimpansen leicht mit einem der Küchenjungen verwechseln, von denen einer häßlicher als der andere war.

Als die beiden Neuankömmlinge, »Ludovico« und Lancillotto, Hand in Hand über die Schwelle des Schlafsaals der Männer und Jungen traten, geschah etwas sehr Merkwürdiges. Ein uralter Hund, der neben dem Feuer lag, hob den Kopf, spitzte die Ohren und jaulte auf, rappelte sich dann unter großen Mühen hoch und trottete langsam auf »Ludovico« zu. Es tat einem im Herzen weh mitanzusehen, wie er sich mit gelähmten Hinterbeinen über den Boden schleppte.

»Paß bloß auf, Bengel! Geh nicht zu nah an ihn ran!« ließ der Koch von seinem Lager verlauten. »Der alte Ulisse kann dir zwar nicht mehr nachsetzen, aber wenn du ihm in Reichweite gerätst, wird er nach dir schnappen, so wahr ich Lukullus heiße, und dich zerreißen, bevor du noch amen sagen kannst!«

»Er haßt Fremde, der arme Ulisse«, erklärte der jüngste Küchenbursche. »Er schnappt nach jedem. Geh ihm aus dem Weg!«

Doch Polissena fühlte sich wie von einer geheimnisvollen Kraft zu dem Tier hingezogen. Sie kniete nieder und streckte ihm eine Hand entgegen, damit der Hund an ihr schnuppern konnte.

»Die wird er dir mit einem Biß abreißen! Geh weg, du Hornochse!« brüllte der Koch.

Doch Ulisse, dessen Schwanz auf den Boden schlug und der vor Freude jaulte, hatte schon begonnen, zuerst die Hand, dann das Kinn, schließlich das ganze Gesicht Polissenas abzulecken. Seine pelzigen Flanken bebten. Aus seinen Lefzen lief der Seiber, und nach wenigen Sekunden hatte er vor Aufregung auf den Boden gepinkelt.

»Unglaublich! Er, der sein Geschäft immer draußen macht, auch wenn es ihn noch soviel Mühe kostet, das arme alte

Vieh!« sagte der Koch verwundert. »Ich hab ihn noch nie derart freudig eine Person begrüßen sehen.«

Polissena, immer noch auf Knien, ließ sich die Pfoten auf die Schultern legen und überall lecken. Hunde hatte sie immer gern gemocht, von klein auf, doch in Cepaluna hatte Agnese es weder ihr noch ihren Schwestern je erlaubt, einen Hund im Haus zu halten. Auch mit den Wachhunden des Warenlagers durften sie nicht spielen. Auf ihrer Wanderschaft hatte sie nur mit Ramiro zu tun gehabt, dessen Zärtlichkeiten jedoch allein Lucrezia galten.

»Der arme Ulisse!« rief sie und kraulte ihm den gelähmten Rücken. »Was ist ihm passiert? Eine Krankheit? Ein Unfall?«

»Ein Unfall. Das kannst du wohl laut sagen, Bürschchen!« antwortete der Koch. »Ein seltsamer Unfall. Jemand hat auf ihn geschossen. Ein Wunder, daß er nicht gestorben ist. Wir haben ihn in einer Blutlache gefunden.«

Polissena fühlte ihr Herz einen Satz machen. »Wann ist das passiert?« fragte sie kaum hörbar.

»Vor zehn Jahren. Wir wissen nicht, wer auf ihn geschossen hat. Es war niemand zu Haus. Wir waren alle in der Kirche zur Einweihung des neuen Pfarrhauses hinter dem Hügel. Als wir zurückkehrten, fanden wir die Türen aufgebrochen, doch die Diebe hatten nichts weggeschafft als ein paar Hühner aus dem Hühnerstall. Und Ulisse lag wie tot vor der Feuerstelle der Küche. Sie hatten einfach auf ihn geschossen, diese Schweine! Frau Aspra befahl, ihn zu töten, um seinem Leiden ein Ende zu machen und damit sein Jaulen die Gäste nicht störte. Doch ein Küchenjunge versteckte ihn im Keller und pflegte ihn, so gut er konnte. Nach und nach wurde er wieder gesund, das arme Tier, auch wenn er nie mehr richtig laufen konnte.«

»Haben sie wirklich nichts weiter gestohlen, nur ein paar Hühner?« fragte Polissena. »Fehlte wirklich nichts anderes?«

»Nichts, absolut nichts!« wiederholte der Koch. Dann schlug er sich auf den Schenkel. »Halt! Das Balg von Zelia war nicht mehr da. Ein Säugling, den die Herrin vor der Feuerstelle in der Wiege gelassen hatte.«

»Wer ist Zelia?« flüsterte Polissena und zitterte vor Aufregung.

»Wer war das, mußt du fragen. Das war die schmutzigste und nichtsnutzigste Magd, die je in diesem Gasthaus gearbeitet hat.«

»Warum sagst du ›war‹? Lebt sie nicht mehr?«

»Tot und begraben! Sie war so dumm, daß sie giftige Pilze sammelte. Die hat sie sich heimlich gekocht, um uns nichts abgeben zu müssen. Als sie von Bauchkrämpfen geschüttelt wurde und gestand, was sie gegessen hatte, war es schon zu spät. Sie ist hier in der Küche gestorben, und wir haben sie auf dem Friedhof hinterm Pfarrhaus begraben. Sie hatte keinen Pfennig, so haben wir ihr nur ein Holzkreuz mit ihrem Namen aufstellen können.«

Jedes seiner Worte fuhr wie ein Messerstich in Polissenas Herz. Doch sie wollte nicht gleich aufgeben. »Und ihr Mann?« fragte sie.

»Welcher Mann? Ach, du fragst wegen des Babys. Da gab es keinen Ehemann. Die Frau Aspra erlaubt nicht, daß ihre Zimmermädchen heiraten. Zelia hatte die Geburt ihres Balgs vor allen geheimgehalten, hatte es zum Stillen in die Stadt gegeben. Nach ihrem Tod nahm Frau Aspra die Kleine hier zu sich ins Gasthaus.«

»Eine ungewöhnlich großherzige Geste für die Herrin!« bemerkte der jüngste Küchenbursche.

»Du hast recht. Wir haben uns damals alle gewundert, als sie mit dem Bündel im Arm auftauchte. Davon abgesehen, mußte sie das Babygeschrei nicht lange ertragen. Nach drei Tagen holten sich die Diebe das Balg zusammen mit den Hühnern. Letzten Endes war es eine Erleichterung für alle. Der einzige, der sehr an ihm gehangen hatte, an diesem kleinen Wurm, war er hier, der arme Ulisse.«

Polissena drückte den Hund fest an sich und legte ihr Gesicht in sein dichtes Fell, um ihre Tränen zu verbergen. Dann streckte sie sich still auf ihren Strohsack aus, den man ihr zugewiesen hatte, zog die Decke über den Kopf und versuchte, die Schluchzer zu unterdrücken. Lancillotto legte sich eng neben sie und küßte sie auf die Stirn. Doch es war nicht der Trost des Schimpansen, nach dem sich Polissena sehnte. Ihre Verzweifelung wuchs wie ein großer schwarzer Tintensee. Wenn sie wenigstens Lucrezia bei sich gehabt hätte! Wenn sie wenigstens in den Armen der Freundin den Tod ihrer Mutter hätte beweinen können!

Siebtes Kapitel

In Lucrezias Armen lag in diesem Moment Casilda, das Äffchen, das die Mägde und Serviererinnen begeistert aufgenommen hatten. Sie herzten und streichelten es wie eine Puppe oder wie ein kleines Baby.

Lucrezia hatte Casilda sorgfältig in einen dicken Wollschal gehüllt und drückte sie fest an sich, denn im Gegensatz zum Männerschlafraum war der Dachboden, auf dem die Mädchen schliefen, eiskalt, und überall zog es. Es gab keinen Kamin und keinen Ofen, nicht einmal eine Kohlenwanne. Die Bettdecken waren dünn, abgewetzt und zerlöchert. Die Mägde schliefen angezogen, den Serviererinnen aber war es verboten, ihre eleganten Kleider zu zerknittern. Über ihren Strohsäcken, die als Bett dienten, steckte ein Nagel in der Wand, an den sie, bevor sie sich hinlegten, ihre Kleider fein säuberlich auf einen Bügel hängten. Das tief ausgeschnittene Kleidchen aus rosa Seide mußte glattgebürstet und fleckenrein bleiben. Den Mädchen in den dünnen Batisthemdchen klapperten derweil die Zähne.

»Und im Sommer ist es zum Ersticken heiß, denn die Sonne brennt den ganzen Tag auf die Dachziegel«, erklärte die Magd, die Lucrezia auf ihrem Strohsack Platz gemacht hatte.

Trotz des Luxus und Überflusses, der in der Villa herrschte, gab es für die Küchenmädchen und Serviererinnen nur trockenes Brot. Die Essensreste der Gäste wurden an die Schweine verfüttert, die Frau Aspra hinter dem Pferdestall mästete.

Für die armen Mädchen, die ständig ausgehungert waren, wurde die Arbeit in der Küche und an den Tischen mit all den Leckerbissen vor der Nase zu einer regelrechten Folter.

»Denk nur«, fuhr das Küchenmädchen mit ihrer Erzählung fort »vor zehn Jahren hat sogar eine von uns, die arme Zelia, vor lauter Hunger giftige Pilze gegessen, woran sie natürlich starb.«

»Wir waren damals noch nicht hier, die Chefin wechselt das Dienstpersonal alle drei Jahre. Mit fünfzehn werden wir eingestellt und mit achtzehn wieder entlassen«, fügte eine hübsche Serviererin hinzu, die auf dem Strohsack neben ihnen lag. »Doch erzählt man sich eine eigenartige Geschichte. Daß nämlich zwei oder drei Tage nach dem Tod Zelias, die keine Verwandten gehabt hatte und mutterseelenallein auf der Welt gewesen war, die Herrin in die Stadt gegangen und mit einem Baby von wenigen Monaten zurückgekommen sei. Dazu habe sie behauptet, es sei die Tochter dieses armen Mädchens, es sei zudem sehr krank, da die Amme sich nicht ordentlich um das Baby gekümmert hätte. Es würde die Woche nicht überleben.«

»Das war aber eine Lüge, denn die Kleine soll gesund wie ein Fisch gewesen sein«, fügte das Küchenmädchen hinzu. »Auch konnte es nicht Zelias Tochter sein, denn in ihrem letzten Jahr hatte die Arme nicht einmal für ein paar Minuten die ›Grüne Eule‹ verlassen, einen Bauch hatte sie auch nicht, und selbst ihrer Busenfreundin hatte sie nichts dergleichen anvertraut. Außerdem hatte das Baby schwarzen Flaum auf dem Kopf und schwarze Augenbrauen, während Zelia rothaarig und sommersprossig war.«

»Und vor allem«, schloß die Serviererin, »ist Frau Aspra

nicht der Typ, der sich um das Schicksal des verwaisten Kindes eines ihrer Küchenmädchen kümmern würde. Das Baby verschwand nach zwei, drei Tagen auf mysteriöse Weise, ähnlich rätselhaft, wie es hergekommen war. Die Herrin erzählte allen, es sei gestohlen worden. Doch keiner, der ein bißchen Grips im Kopf hatte, glaubte diese Geschichte.«

Lucrezia spitzte die Ohren. Das hieß also, daß außer Frau Aspra niemand in der »Grünen Eule« wußte, woher Polissena gekommen war. Sie mußten unter allen Umständen diese Frau zum Sprechen bringen, und das würde kein leichtes Spiel sein.

Ihre Gedanken wurden von einem Nieser Casildas unterbrochen.

»Herr im Himmel! Du wirst doch wohl keinen Schnupfen bekommen!« rief Lucrezia besorgt. Sie berührte die Nase des Affen, sie war trocken und warm. »Sie hat Fieber! Hört, ich bitte euch, ich brauche unbedingt Medizin. Wenn der Schnupfen zu einer Lungenentzündung wird, muß Casilda sterben.«

»Wir haben hier keine Medizin, wie du dir denken kannst«, sagte ihre Bettnachbarin. »Wenn wir krank werden, hilft uns niemand. Wir werden sofort entlassen.«

»Aber ich weiß«, sagte die Serviererin vom Nachbarlager, »daß die Herrin in ihrem Nachttisch einen wirksamen Sirup hat. Den benutzt sie, wenn ein betrunkener Gast im Nachthemd einen Spaziergang durch den Schnee gemacht hat oder in einen eiskalten Teich gesprungen ist. Es heißt, daß die Medizin in wenigen Stunden wirkt und jede Art von Erkältung sofort heilt.«

»Wo ist ihr Schlafzimmer?« fragte Lucrezia und erhob sich.

»Sei vorsichtig, denn wenn sie merkt, daß du in ihrem Zimmer herumkramst, wird sie den Chef der Gendarmerie rufen, der ist ihr Freund, und sie wird dich einsperren und aufhängen lassen.« Als Lucrezia auf Zehenspitzen die Treppen hinunterschlich, spürte sie schlagartig den enormen Temperaturunterschied.

Außer auf dem Dachboden war es sonst überall durch all die Kamine und Hunderte von brennenden Kerzen sehr warm. Die Wärme förderte den Schlaf der Gäste, die man durch die geschlossenen Türen fürchterlich schnarchen hörte.

Die Serviererinnen hatten Lucrezia erklärt, daß es sich hier nicht um übliche Reisende handelte, die für ein oder zwei Nächte im Gasthaus abstiegen. Die meisten waren Adlige vom Hof von Mirenài, die sich zu Hause langweilten und in der »Grünen Eule« Quartier bezogen hatten, um Gelage zu veranstalten und sich zu amüsieren.

Lucrezia wollte es kaum glauben, daß man sich am Hofe langweilen konnte.

»Natürlich kann man das. Das ist sogar vorgeschrieben«, hatte ihr die Serviererin, mit der sie das Nachtlager teilte, erklärt. »Seit sechs Monaten ist es verboten, am Hofe zu lachen, zu singen, Musik zu machen, Würfel zu spielen, überhaupt zu spielen, ja selbst die Andeutung eines flüchtigen Lächelns steht unter Strafe.«

»Und warum?«

»Ein Befehl des stellvertretenden Regenten. Die Thronfolgerin, Prinzessin Isabella, ist an Traurigkeit erkrankt. Sie kann nicht mehr lachen und nicht mehr lächeln. Sie weint den ganzen Tag oder zieht einen Flunsch. Um ihre Krankheit nicht zu verschlimmern, hat der Regent, ihr Onkel, jede Fröhlichkeit vom Hof verbannt. Und die Königin hat einen Aufruf verbreiten lassen: Wer es schafft, Isabella wieder zum Lächeln zu bringen, wird in den Stand des Grafen erhoben und bekommt eine dicke Belohnung. Doch alle, die sich bislang daran versucht haben, sind gescheitert und im Kerker gelandet, wie es das Reglement des Aufrufs vorschreibt.«

»Wie alt ist die Prinzessin?« hatte Lucrezia sie gefragt.

»Zu Weihnachten ist sie elf Jahre alt geworden, doch sie hat den Charakter einer alten Jungfer.«

»Meine akrobatischen Tiere würden sie sicher in wenigen

Minuten zum Lachen bringen«, hatte Lucrezia gedacht. Doch dann waren sie auf das rätselhafte Auftauchen des Neugeborenen gekommen, und dieses Thema war damit beendet.

Im Augenblick war das Wichtigste, das Medikament für Casilda zu beschaffen. Möglicherweise würde auch Lancillotto es brauchen.

Lucrezia erreichte Frau Aspras Schlafzimmertür und hielt ihr Ohr daran. Auch die Frau Gasthausbesitzerin schnarchte, offensichtlich schlief sie tief. Die Tür war von innen verschlossen, doch das war für Lucrezia kein Hindernis. Mit einer Haarnadel ließ sie das Schloß aufschnappen. Sie trat sehr vorsichtig ein und schaute sich um.

Auf dem Toilettentisch glimmte ein Nachtlämpchen, im Kamin glühte noch ein ansehnlicher Haufen roter Holzkohle. In ihrem großen Baldachinbett lag Frau Aspra unter einem Berg daunengefüllter Plumeaus. Auf dem Kopf trug sie eine lächerliche Nachthaube und an den Händen halbe Wollhandschuhe.

Auf Zehenspitzen näherte sich Lucrezia dem Nachttischchen und öffnete es lautlos mit ihrer Haarnadel. Die Flasche mit dem Sirup stand im oberen Fach. Lucrezias Blick fiel auf das untere Fach, und dort entdeckte sie etwas, womit sie nicht im entferntesten gerechnet hatte: Da lagen ein Spitzenhäubchen für ein Neugeborenes, auf das eine Krone gestickt war, sowie eine Rolle Windeln in feinster golddurchwirkter Seide, zusammengehalten von einer Spange, die identisch mit der war, die Polissena bei der Frau des Fischers gefunden hatte.

Sehr vorsichtig nahm Lucrezia diese Dinge an sich und versteckte sie unter ihrem Hemd. Sie ergriff die Flasche mit dem Sirup, schloß die Tür des Nachttischchens, verließ das Zimmer...

»Das alles muß ich sofort Polissena zeigen...«, murmelte sie.

Die beiden Freundinnen erklärten den Küchenmädchen und Serviererinnen, daß sie einen Scherz mit der Hausherrin vorhatten. Einen gehörigen Schrecken wollten sie ihr einjagen. Den Mädchen gefiel der Gedanke, Frau Aspra eins auszuwischen, ohne daß sie dafür persönlich geradestehen mußten, und mit großer Begeisterung halfen sie bei den Vorbereitungen.

Eine gab Casilda den Sirup und bot sich an, das Äffchen unter ihren Kleidern auf ihrer Haut zu wärmen. Eine andere rannte in Pantoffeln durch den Schnee in den Stall und kehrte mit Biancofiore unterm Arm zurück. Eine dritte schlich sich in die Garderobe der Herren und besorgte einen langen, schwarzen Umhang, einen Hut mit breiter Krempe und ein Paar Stiefel. Ein dichter Schleier, ebenfalls schwarz, wurde aus der Garderobe der Damen entwendet.

Eine Stunde vor Sonnenaufgang, als die Nacht am dunkelsten war, fühlte sich Frau Aspra plötzlich aus dem Schlaf gerissen: Jemand war ohne anzuklopfen in ihr Zimmer getreten und hatte sie am Nachthemdärmel gezupft. Erschreckt öffnete sie die Augen. Neben ihrem Bett stand eine hohe, in einen dunklen Umhang gehüllte Männergestalt mit verschleiertem Gesicht, in den Armen trug sie ein weißes Bündel.

»Wer seid Ihr? Was geschieht hier? Wie seid Ihr hereingekommen, Herr?« fragte die Frau erschreckt. Diese Erscheinung erfüllte sie mit großer Angst. »Vielleicht träume ich«, dachte sie. »Vielleicht handelt es sich um einen Alptraum.«

Doch der Unbekannte antwortete mit leiser, tiefer, etwas eigentümlicher Stimme: »Seid still! Ich bin es. Es ist höchste Vorsicht geboten! Niemand darf Verdacht schöpfen, daß ich Sie hier aufgesucht habe.«

»Ich wer? Wer seid Ihr? Was wollt Ihr von mir?« flüsterte Frau Aspra und setzte sich im Bett auf. Im schwachen Licht des Nachtlämpchens sah sie, daß das Bündel ein in kostbare Windeln gehülltes Neugeborenes war. Das runde rosa Gesichtchen war eingerahmt von den Spitzen eines bestickten Häubchens. Frau Aspra hatte das merkwürdige Gefühl, dieselbe Szene schon einmal, vor zehn Jahren, erlebt zu haben. Es mußte sich gewiß um einen Traum handeln.

»Hier ist ein kleines Balg, das beseitigt werden muß«, sagte der Unbekannte und legte ihr das Bündel aufs Bett.

»Ah, Ihr seid es, Regent! Ich habe Euch nicht erkannt. Ihr habt eine so merkwürdige Stimme ... ganz anders ...«

»Ein wenig Halsschmerzen«, erwiderte der Mann rauh.

»Nun, sagt mir, können wir wieder mit Ihnen rechnen?«

»Wir haben es doch aber schon vor zehn Jahren beseitigt, erinnert Ihr Euch nicht?« beteuerte Frau Aspra. »Zum Lohn habt Ihr mir diese Villa anstelle des alten Gasthauses errichtet.«

Der Besucher begann zu taumeln, als würde er gleich umfallen, und aus seinem Bauch kam ein seltsames Geräusch, wie ein Gurgeln. Um sein Gleichgewicht zurückzugewinnen, griff er nach einer der Säulen des Baldachins. Er hatte ziemlich kurze Arme, gemessen an seiner hohen Gestalt.

»Erinnert Ihr Euch nicht?« fuhr die Frau fort. »Ihr habt einen Moment der Abwesenheit des Kindermädchens ausgenutzt und die Prinzessin Isabella aus der Wiege genommen. Dann habt Ihr sie mir hergeschickt, damit ich sie beseitige. Erst dachte ich daran, sie zu vergiften. Ich hatte sie dem Dienstpersonal des Gasthauses als schwerkrankes Waisenkind vorgeführt, damit sich niemand wunderte, wenn es langsam dahinsiechte. Aber das war ja dann nicht einmal nötig. Erinnert Ihr Euch?«

»Natürlich. Ich erinnere mich allerdings nicht mehr, aus welchem Grund wir sie beseitigen wollten ...«, sagte der Mann und fuhr sich mit unsicherer Geste über die Stirn. »Es ist so viel Zeit vergangen ...«

»Ihr scherzt wohl? Ihr wollt Euch nicht mehr an den Grund erinnern? Jetzt sitzt doch Eure Tochter statt der echten Isabella auf dem Thron. Ihr seid es schließlich gewesen, der ihr die königlichen Kleider angezogen und sie anstelle der anderen in die Wiege gelegt habt.«

»Dann ist die andere Prinzessin also eine Betrügerin!« rief der Mann mit eigentümlich schriller Stimme, die ihm, was noch eigentümlicher war, direkt aus dem Bauch zu kommen schien.

»Majestät, ich wundere mich über Euch! Gut, Ihr seid hier inkognito. Wir befinden uns in einem Traum, auch gut. Doch eigentlich dürfte gerade über Eure Lippen keine derartige Behauptung kommen.«

Die Gestalt begann erneut zu schwanken, vergebens versuchte sie, ihr Gleichgewicht zu halten, indem sie sich an den Vorhängen festhielt, sie bog sich in der Mitte durch ... und zerbrach in zwei Hälften.

»Was für komische Dinge im Traum geschehen«, dachte Frau Aspra und starrte auf die beiden Hälften des Eindringlings, die anfingen, um ihr Bett zu tanzen und sich zu umarmen.

Auch das Baby begann, sich zu rühren, gab mit nasaler Stimme seltsame Laute von sich, wandt sich aus den Windeln, und in Gestalt eines Schweinchens rannte es durchs Zimmer.

Frau Aspra zwickte sich kräftig in den Arm und in die Wangen, um wach zu werden, doch es gelang ihr nicht. Die untere Hälfte des Regenten schnappte sich vom Bett die Windeln. Die andere rannte los, um das Schweinchen einzufangen und das Nachtlicht auszublasen. Frau Aspra spürte plötzlich einen heftigen Schmerz am Kopf, und der Traum war schlagartig vorüber.

Lucrezia und Polissena rannten so leise wie möglich den Flur entlang. Nur mühsam konnten sie ihr Lachen unterdrükken. Lucrezia drückte Biancofiore an ihre Brust und lobte ihn, wie gut er die Rolle des Säuglings gespielt hatte.

Polissena war sehr zufrieden über ihren gut gezielten Schlag mit dem Kerzenleuchter. Noch dazu im Dunkeln! Vor allem aber freute sie sich darüber, daß sie tatsächlich eine Prinzessin zu sein schien.

Zurück auf dem Dachboden, umringten sie die Küchenmädchen und Serviererinnen, die darauf brannten zu erfahren, wie die Sache verlaufen war.

Natürlich erzählten die beiden nicht, was es mit den golddurchwirkten Windeln und der Smaragdspange auf sich hatte. Weder erwähnten sie diese Gegenstände, noch was Frau Aspra ihnen ungewollt verraten hatte: daß nämlich der Regent vor zehn Jahren Polissena in die »Grüne Eule« gebracht hatte, sie aber in Wirklichkeit Isabella hieß und die wahre, einzige Tochter des Königs war. Und daß er das gemacht hatte, um seine Tochter auf den Thron der Prinzessin zu setzen. All das behielten sie für sich.

Sie erzählten nur, daß sich Frau Aspra über den nächtlichen Besuch zu Tode erschreckt und einen kräftigen Schlag auf den Kopf bekommen hatte, daß sie aber morgen niemanden dafür bestrafen konnte, denn sie würde überzeugt sein, daß es sich bei allem um einen schlimmen Traum gehandelt habe.

Um die Mädchen zum Lachen zu bringen, erzählte Lucrezia, wie sie sich Huckepack auf Polissena gesetzt hatte und wie schwierig es gewesen war, das Gleichgewicht nicht zu verlieren. Und wie Lucrezia die Stimme eines Mannes imitiert hatte. Und daß das Lachen Polissenas wie das Magengrummeln des Unbekannten geklungen hatte. Und wie Lucrezia schließlich umgefallen war und Frau Aspra denken mußte, daß der Unbekannte in zwei Teile zerbrochen sei ...

Mehr erzählten sie nicht. Die Erfahrung hatte sie gelehrt, vorsichtig zu sein, und gerade Lucrezia wußte, wie schwierig es für arme Leute ist, sich Gehör und Gerechtigkeit zu verschaffen.

Auch Polissena hatte begriffen, daß es nicht ausreichte, ihre wahre Identität zu kennen, um den Thron zurückzuerobern. Im Gegenteil, ihre Lage war sogar recht gefährlich.

Der Regent besaß eine enorme Macht. Wenn er Verdacht schöpfen würde, daß sein Betrug entdeckt worden war, würde er nicht zögern, seine Nichte ein zweites Mal zu beseitigen und Lucrezia gleich dazu. Wenn Polissena den Thron gefordert hätte, wäre sie als Lügnerin oder Verrückte ins Gefängnis geworfen worden.

Sie mußten also versuchen, an den Hof, in die Nähe der Königinmutter zu gelangen und sich mit Hilfe der Windeln und Spangen zu erkennen zu geben. Nur so konnten sie den Betrüger entlarven.

Trotz der Gefahren, die sie erwarteten, schwebte Polissena im siebten Himmel. So waren ihre Ahnungen doch keine Illusionen und kindlichen Träume gewesen! Sie war kein x-beliebiges Findelkind. Sie war eine echte Prinzessin. Eine Thronerbin! Serafina würde vor Neid platzen. Und sie hatte eine Mutter, die allerdings nicht wußte, daß sie ihr einst abhanden gekommen war.

Es gab nun keinen Grund mehr, länger im Gasthaus »Zur Grünen Eule« zu bleiben. Polissena brannte darauf, sofort nach Mirenài weiterzureisen, und auch Lucrezia hielt es für ratsam zu verschwinden.

Beim ersten Tageslicht stiegen sie auf Zehenspitzen und schon reisefertig die breiten Marmortreppen hinunter. Lucrezia trug Casilda, die nicht mehr hustete, und Polissena hatte natürlich ihr Schweinchen unterm Arm. Lancillotto folgte ihnen, eingehüllt in den Umhang des falschen Regenten und dessen Stiefel an den Füß ... an den Hinterbeinen.

Die Gäste der noblen Herberge, die Hausherrin und das Dienstpersonal schliefen noch, außer einem Dutzend Mädchen, die schon an der Arbeit waren, um den gelben Salon aufzuräumen.

Als sie die Freundinnen durch die Eingangshalle schleichen sahen, winkten sie, und eine lief ihnen bis zur Tür nach und überreichte ihnen ein kleines, in eine Serviette eingewickeltes Bündel.

»Wir haben ein paar Reste zusammengesammelt: Brot, Braten, Wildpastete, einen halben Schinken. Ihr werdet das auf der Reise brauchen.«

»Danke. Ich werde euch nicht vergessen«, versicherte Polissena gönnerhaft, schon ganz in Gedanken daran, wie sie, saß sie erst einmal auf dem Thron, ihre Dankbarkeit ausdrükken könnte. Doch das Zimmermädchen, das ja nicht wußte, daß sie es mit einer echten Prinzessin zu tun hatte, warf ihr ganz ohne Ehrerbietigkeit die Arme um den Hals und drückte ihr zwei dicke Küsse auf die Wangen.

»Wenn wir Armen uns nicht untereinander helfen!«

Bei diesen Worten überkam Lucrezia, die dem Mädchen gerade eine Goldmünze in die Hand drücken wollte, ein Gefühl der Scham, und sie ließ ihre Hand mit der Münze in der Tasche stecken.

»Wir werden zurückkommen und euch besuchen«, versprach sie, worauf das Mädchen, mit einem Kopfnicken Richtung Zimmerdecke, über der sich das Schlafzimmer der Hausherrin befand, antwortete: »Besser nicht.«

Zum Glück hatte es in der Nacht zu schneien aufgehört. Die Freundinnen holten die Tiere aus dem Stall und machten sich auf den Weg gen Hauptstadt.

Frau Aspra erwachte gegen zehn Uhr morgens mit starken Kopfschmerzen. Sie klingelte nach dem Frühstück, und sogleich betrat eine Serviererin mit einem Tablett mit Kaffee und Hörnchen das Zimmer.

»Guten Morgen, Frau Aspra. Haben Sie gut geschlafen?« fragte sie höflich.

»Nein«, bellte die Herrin zurück. »Ich hatte einen seltsamen Traum, in dem die absurdesten Dinge passierten. Ich bin noch völlig durcheinander... Was stehst du so blöd herum und glotzt wie eine Gans! Massier mir lieber die Schläfen mit Kölnisch Wasser.«

Das Mädchen gehorchte, und während sie ihr die Stirn leicht mit dem Wasser massierte, fühlte sie eine dicke Beule. Sie paßte gut auf, sie dort nicht zu berühren, doch in ihrem Herzen freute sich das Mädchen diebisch und dankte insgeheim dem »Rächer Ludovico« für diesen Treffer.

Zwei Schlafzimmer weiter wohnte der weißgekleidete Graf, der um diese Zeit nicht seinen Abendanzug trug, sondern einen Morgenmantel mit Fuchspelzkragen. Er war gerade dabei, Spritzgebäck und Blätterteighörnchen in eine Tasse dampfender Schokolade zu tunken. »Zieh den Vorhang auf«, befahl er der hübschen Serviererin, die neben dem Frühstückstisch auf Anweisungen wartete.

Vom Fenster aus sah man den zugefrorenen Teich und eine Reihe schneebedeckter Weiden.

»Sag dieser hübschen kleinen Bettlerin«, befahl der Graf, »daß ich heute morgen Lust darauf habe, ihre Tiere schwimmen zu sehen. Sag ihr, in einer halben Stunde soll sie sich mit ihrer ganzen Truppe am Seeufer einfinden. Und natürlich muß auch ihr Assistent, dieser Junge, mitkommen, er soll das Eis mit einem Pickel aufhauen. Ich wünsche, daß die beiden mir zeigen, wie gut sie sich aufs Schwimmen verstehen. Sag ihnen, daß sie ins Wasser gehen sollen, ohne auf mich zu warten. Ich habe noch nicht entschieden, ob ich sie mir draußen von nahem anschauen oder ob ich hier im Warmen vom Fenster aus zuschauen soll.«

»Ich glaube nicht, daß sie das machen werden«, sagte die Serviererin und wischte einen Tropfen Schokolade vom Tablett.

»Und warum sollten sie nicht? Ich bin ihr Beschützer! Sie müssen mir zu Gefallen sein!«

»Verzeihen Sie. Aber ich glaube, sie können nicht.«

»Na, das ist ja reizend! Darf man erfahren, warum sie nicht können?«

»Weil sie vor drei Stunden abgereist sind und mittlerweile in der Hauptstadt angekommen sein dürften.«

»Abgereist! Ohne sich zu verabschieden! Aber sie konnten doch nicht einfach ohne meine Erlaubnis abreisen! Es waren doch meine Schützlinge!«

Die Serviererin zuckte mit den Schultern.

»Das hat man davon, wenn man dem niederen Volk Gutes tun will«, erregte sich der Graf und warf das Spritzgebäck auf den Boden. »Glaub mir, Mariechen, diese lumpigen Vagabunden sind undankbares Pack.«

Die Serviererin, die nicht Mariechen hieß, seufzte und hob den Blick gen Himmel, als wäre sie derselben Meinung. Sie war es gewesen, die Casilda die Medizin gegeben und das Äffchen warmgehalten hatte, und sie war froh, das »ihr« Schützling nicht in das Eiswasser tauchen mußte, nur um diesen miesen feinen Herrn zu unterhalten.

Sie machte einen Knicks vor dem Grafen, nahm das Tablett auf und zog sich in die Küche zurück.

VI.
In Mirenài

Erstes Kapitel

Als Lucrezia und Polissena in der Stadt ankamen, war es ein leichtes, den Königspalast ausfindig zu machen.

Mirenài breitete sich auf den Hängen eines zuckerhutförmigen Hügels aus, und der Palast befand sich genau auf dem Gipfel, so daß er von überall in der Stadt gesehen werden konnte. Es war ein altes Gebäude voller Türme und Zinnen, und von der höchsten Turmspitze wehte die Flagge mit dem Wappen der Pischilloni, ein blauer Stern auf goldenem Grund, das Zeichen für die Bevölkerung, daß sich die königliche Familie in der Stadt befand.

»Endlich habe ich mein Zuhause gefunden!« dachte Polissena bewegt. Es tat ihr ein wenig leid, hier so heruntergekommen zu erscheinen, in Jungensachen und eine Gauklertruppe im Gefolge.

Wenn sie es sich hätte ausuchen können, wäre sie auf einem weißen Pferd triumphierend durch die Stadttore geritten, in ihrem schönsten Kleid, dem aus cremefarbenem Samt, das die Frau des Kaufmanns ihr zum letzten Weihnachtsfest hatte schneidern lassen, dazu hätte sie die Haare offen im Wind wehen lassen.

Doch sie konnte es sich nicht aussuchen. »Egal«, sagte sie sich. »Den Triumphritt mache ich eine Woche später, da werde ich mich dem Volk zeigen, ›meinem‹ Volk, das außer sich sein wird beim Anblick seiner wahren Prinzessin.«

Vorerst sah das Volk von Mirenài, das von dieser Neuigkeit noch nichts wußte, eine sonderbare Gruppe vorbeiziehen, ein Mädchen, einen Jungen und eine Schar Tiere – und es schaute mit der lässigen Neugier derer, die in einer großen Stadt leben und an alles mögliche gewöhnt sind.

Als Lucrezia und Polissena den Hügel erklommen hatten, betraten sie den großen, schönen Vorplatz des Palastes, der mit Statuen und Brunnen geschmückt war und von dem aus man einen herrlichen Rundblick auf die Stadt, das umliegende Land, die Wälder und in der Ferne das Meer hatte.

Grüppchen von Leuten standen rechts und links vom großen, offenen Eingangsportal, das mit Hellebarden bewaffnete Soldaten bewachten. Ganz offensichtlich warteten sie auf etwas.

»Was geht hier vor?« fragte Lucrezia einen Jungen.

»Die königliche Familie wird gleich von ihrem täglichen Spaziergang zurückkommen«, antwortete er ihr.

»Es handelt sich nicht um einen normalen Spaziergang«, erklärte eine Frau. »Jeden Morgen begeben sich die Prinzessin und der Regent zum Exerzierplatz, wo die Truppen aufmarschieren.«

»Bricht ein Krieg aus?« fragte Polissena beunruhigt.

»Nein«, lachte die Frau. »Die Soldaten müssen in Übung bleiben, sonst werden sie Schlappschwänze.«

»Das gleiche gilt für Staatsoberhäupter«, mischte sich ein

alter Mann ein, dessen Haare voller Sägespäne waren. Vermutlich ein Tischler.

»Wie ist die Prinzessin? Ist sie schön? Ist sie freundlich? Mögt ihr sie?« fragte Polissena.

»Wunderschön. Sehr freundlich. Und wir lieben sie sehr«, antwortete die Frau.

»Sie und der Regent, sind sie gerecht? Regieren sie gut und weise? Kümmern sie sich um das Wohl ihrer Untertanen?« fragte Lucrezia.

»Sehr gerecht, sehr weise ...«, begann die Frau, doch der Tischler unterbrach sie: »Hör mal, Mädchen, was erwartest du? Daß wir hier mit Wildfremden über unsere Regenten herziehen? Möglicherweise mit Spitzeln? Daß wir Gefängnis und Galgen riskieren, nur um eure Neugier zu stillen?«

»Dann sind sie also nicht ...«, erwiderte Polissena, doch Lucrezia gab ihr einen Tritt, um sie zum Schweigen zu bringen. Sie konnte allerdings nicht verhindern, daß die Freundin noch fragte: »Und die Königin?«

»Schau selbst! Du kannst sie mit eigenen Augen sehen. Sie ist die Dame an der Spitze des Zuges«, sagte die Frau und zeigte auf die von Steinlöwen gesäumte, gepflasterte Allee, die auf den Platz zu führte. Alle hatten ihre Köpfe dorthin gewendet. Die Kinder schwenkten Taschentücher in Richtung der Reiter, die langsam, steif und feierlich näherkamen, auf Pferden, die mit elegant bestickten Satteldecken geschmückt waren. Zwei Trompeter und ein Trommler gingen dem Zug voraus, und vier berittene Offiziere flankierten den Troß.

Da sie sich von der Menschenmenge zu sehr eingeklemmt fühlte, kletterte Polissena auf eine Statue, um besser sehen zu können. Sie war sehr aufgeregt: Nun endlich würde sie das Gesicht ihrer Mutter sehen!

In diesem Moment kam ihr, ohne daß sie an sie gedacht hätte, das schöne, ovale Gesicht Ginevra Gentileschis in den Sinn, das Gesicht mit den heiter leuchtenden Augen, dem lachenden, frischen roten Mund, der sich über zwei perlweißen Zahnreihen öffnete. Und sie hörte die Stimme Agneses: »Eure Mutter ist die schönste Frau nicht nur von Cepaluna, sondern in unserer ganzen Region, wenn nicht gar des ganzen Landes.« Nur mit Mühe konnte sie die unpassende Erinnerung verdrängen. All das gehörte einer Vergangenheit an, die sie vergessen mußte. Sie zwang sich, diese Frau anzusehen, die im Damensitz auf einem schneeweißen Pferd saß und langsam näherkam.

Die Königin war schwarz gekleidet wie eine Witwe. Doch ihr Kleid aus schwerer Seide war mit Perlen bestickt und am Kragen und an den Ärmeln mit Hermelinpelz besetzt. Lange Perlenketten, mit Goldschnüren und Reihen aus Diamanten verflochten, bedeckten ihre Brust. Von ihren Schultern hing ein gänzlich mit Hermelin gefütterter Umhang, der bis über die Kruppe des Pferdes reichte. Ihre Kleidung verlieh ihr eine strenge Aura, wie die einer hohen und über irdische Leidenschaften erhabenen Gottheit.

Allerdings verdeckte ein hoher, steifer Spitzenkragen das Gesicht bis zur Nase. Über die Stirn war ein raffiniertes Band aus Seide und Perlen gebunden, dessen Zipfel ihr bis auf die Nasenspitze reichte. Den Kopf schützte eine mit Hermelin gesäumte Kapuze, die Hände, die die Zügel hielten, steckten in schwarzen Samthandschuhen.

Polissenas Blick saugte in sich auf, soviel er erhaschen konnte: die stark geschminkten Augen, die gerade Nase, der strenge Mund ... und zu ihrer großen Freude glaubte sie, Züge in diesem Gesicht zu erkennen, die ihr bekannt vorkamen. Sie war sicher, ähnliche Züge schon gesehen zu haben. Oder besser gesagt, sie hatte sie wohl nicht gänzlich vergessen.

Sie hatte noch längst nicht genug gesehen, da war die Königin schon vorbeigeritten. Ihr folgte Prinzessin Isabella.

Polissena hätte es sehr gern gehabt, wenn die Thronschwindlerin eine häßliche, kränkliche, vielleicht sogar bucklige Kreatur gewesen wäre, mit großer Hakennase, kleinen Schweinsaugen, glänzender pockiger Haut, krummen, braunen Zähnen, einem fliehenden Kinn. Doch mit großem Widerwillen mußte sie sich eingestehen, daß Isabella ein wunderschönes Mädchen war, trotz ihrer mürrischen Miene und des gelangweilten Blicks.

Die Prinzessin hatte schwarze, glänzende Haare, in die Rubine geflochten waren, ihre blauen Augen umrahmten lange dichte Wimpern, die Wangen schimmerten rosig, die vollen frischen Lippen sahen aus wie eine saftige Frucht. Die Nase war klein und ein wenig nach oben gebogen wie die eines Kindes. Das Kleid aus steifem Goldstoff, noch dazu durch aufgestickte Rubine und Smaragde beschwert, konnte die kindliche Anmut ihres schlanken Körpers nicht verbergen. Trotz der eisigen Luft trug sie keinen Mantel und war ohne Kopfbedeckung, damit die Untertanen sie ungehindert bewundern konnten. Sollte ihr kalt sein, zeigte sie es nicht.

Hinter ihr ritt der Regent, ganz in dunkles Rot gekleidet, Schultern und Brust von militärischen Auszeichnungen bedeckt und auf dem Kopf einen roten, pelzgefütterten Hut.

Lucrezia und Polissena hatten einen heimtückischen, gewalttätigen Mann mit grausamer Fratze erwartet, und so waren sie sehr erstaunt über seine gelassene Erscheinung, den liebevollen und beschützenden Blick, den er nicht von der Prinzessin wandte.

»Das ist nur verständlich«, sagte sich Polissena. »Er ist ja nicht ihr Onkel, wie alle glauben. Er ist ihr Vater, und er wird sie lieben. Er hat sogar ein Verbrechen für sie begangen. Zu schade nur, daß ich das Opfer war.«

Zweites Kapitel

Als der Zug im Hof des Palastes verschwunden war, wandte sich Lucrezia an einen der Hellebardenträger, um Genaueres über den Wettbewerb in Erfahrung zu bringen.

»Willst du etwa versuchen, die königliche Prinzessin zum

Lachen zu bringen?« rief der Wachtposten. »Du weißt wohl, daß du, solltest du es nicht schaffen, für sieben Jahre ins Gefängnis mußt?«

»Und wenn ich es schaffe?«

»Dann wirst du zur Gräfin ernannt, du wirst reich und kannst am Hofe leben oder auf deinen neuen Besitztümern.«

»Und wenn ich mich zusammen mit meinem Vetter Ludovico und meinen Tieren bewerbe?«

»Entweder für alle Gefängnis, oder ihr werdet alle zu Grafen. Die Reichtümer müßt ihr allerdings unter euch aufteilen. Du wirst nicht erwarten können, daß die Königin die Prämie verachtfacht!«

»Wunderbar. Wann und wem müssen wir uns vorstellen?«

»Jeden Nachmittag nimmt der Große Zeremonienmeister die Anmeldungen in einem Raum im Eingangshof entgegen. Diese Tür dort, am anderen Ende des Hofes. Wenn ihr euch beeilt, schafft ihr es noch.«

Man durchsuchte sie, krempelte jede Tasche ihrer Kleider um, bis man sie schließlich einließ.

Der Große Zeremonienmeister war ein alter Mann, hochgewachsen und hager, mit weißen Locken im Nacken, der Rest des Kopfes allerdings war spiegelblank. Er empfing sie unfreundlich und schaute mißtrauisch auf die Tiere.

»Schon wieder zwei Gaukler. Was für ehrgeiziges Pack, das den Kerker riskiert, um Graf zu werden«, höhnte er.

»Uns interessiert vor allem das Glück der Prinzessin«, sagte Lucrezia. Und Polissena dachte: »Das der echten Prinzessin.«

»Ihr könnt gleich zu unserer Eintragung schreiben, daß uns der Adelstitel nicht interessiert und daß wir ihn nicht wollen«, sagte Lucrezia. Polissena war allerdings nicht ganz einverstanden. Gräfin zu werden, das war doch schon etwas. Sollte es ihr nicht gelingen, Isabella zu entlarven, oder sollte sich die Sache länger hinziehen als erwartet, hätte sie nichts dagegen gehabt, schon einmal eine dreizackige Krone auf ihre Taschentücher sticken zu können.

Zu ihrer großen Zufriedenheit erwiderte der Zeremonienmeister: »Man kann nicht auf den Titel verzichten. Was die Königin verspricht, muß sie einhalten.« Sein Blick war aber etwas freundlicher geworden. Er schaute in sein Registerbuch. »Hier habe ich schon neun tollkühne Anwärter, die sich angemeldet haben, doch Ihre Majestät, die Prinzessin, kann nicht mehr als drei am Tag begutachten. Ihr seid also in vier Tagen an der Reihe, um elf Uhr morgens.«

»Und wenn es in der Zwischenzeit einer von den neun schaffen sollte, die Prinzessin zum Lachen zu bringen?«

»Kein Mensch schafft das, auch ihr nicht«, sagte der Zeremonienmeister. Er tauchte die Gänsefeder ins Tintenfaß und fragte: »Wie heißt ihr?«

»Lucrezia, Ludovico und die akrobatischen Tiere«, antwortete Polissena.

Der Zeremonienmeister schrieb alles auf, doch mit einem Mal kratzte er sich am Kopf, seufzte und begann, in einem anderen Register herumzublättern. »Zwei wohlerzogene Pagen und hübsch anzuschauen ...«, brummte er vor sich hin, »... und die sofort ihren Dienst aufnehmen können. Wo soll ich die bloß auftreiben?«

»Wie bitte?« fragte Lucrezia. »Bitte, Herr Großer Zeremonienmeister. Wenn Ihr zwei Pagen braucht, warum nehmt Ihr nicht mich und meinen Vetter?«

Sie hatte nicht die geringste Lust, Tage zu warten, bis sie in den Palast eingelassen würden, und sie wußte, daß Polissena darauf brannte, endlich in die Nähe ihrer Mutter zu gelangen.

Der Zeremonienmeister hob den Blick von seinen Büchern und betrachtete beide aufmerksam. »Hübsch anzuschauen ... ja, das stimmt wohl. Du, kleine Blonde, kannst ohne weiteres als Junge durchgehen. Natürlich müßt ihr ordentlich gewaschen werden.« Noch einmal kratzte er sich über die Glatze. »Und wie steht es mit guten Manieren? Denn ihr müßt wissen, wenn ich euch einstelle, werdet ihr der Prinzessin dienen.«

»Ich habe schon sehr oft die Rolle der Serviererin gespielt«, versicherte Lucrezia mit einem anmutigen Knicks.

»Und ich habe eine gut …«, setzte Polissena an. Sie wollte sagen: »gute Erziehung genossen«, doch im letzten Moment hielt sie inne. Keiner durfte wissen, daß sie ein Mädchen aus guter Familie war, damit hätte sie sich verdächtig gemacht.

»Ich weiß, wie man den Tisch deckt und wieder abräumt«, sagte sie, »wie man von chinesischen Vasen den Staub wischt, ohne sie zu zerbrechen, wie man Fliegen erschlägt, Türklinken poliert, dem Kanarienvogel frisches Wasser gibt, Schuhe putzt.«

»Sehr gut!« unterbrach sie der Zeremonienmeister. »Die Schuhe der Prinzessin putzen und sie zum Glänzen bringen, sie in Ordnung halten, abgetragene oder zu klein gewordene Schuhe sofort auswechseln und vor allem darauf achten, daß die Thronfolgerin immer ein zusammenpassendes Paar anzieht. Das ist keine leichte Aufgabe, denn die Pinzessin zieht sich mindestens zwanzigmal am Tag um.«

»Hochmütig und eitel«, dachte Polissena. »Doch nicht mehr lange, du aufgedonnerte Krähe! Ich werde dich aus diesem Palast hinausschmeißen und ins Exil schicken.« Dann kam ihr eine wunderbare Idee: »Ich schick' dich als Küchenmädchen in die ›Grüne Eule‹.«

»Es wäre schrecklich, wenn die Prinzessin rote Schuhe zu einem gelben Kleid anziehen würde …«, fuhr der Zeremonienmeister inzwischen fort.

»Wir werden sehr gut aufpassen«, versprach Lucrezia.

»Gut! Ihr seid eingestellt. Ihr werdet euren Dienst sofort aufnehmen. Ich begleite euch zum Hofmeister, der euch baden lassen und euch eure Uniform geben wird.«

»Und die Tiere?« fragte Lucrezia.

»Die könnt ihr im Stall unterbringen.«

»Die Affen aber nicht, die müssen es sehr warm haben.«

»Man sieht schon, daß du keine Ahnung hast, Lucrezia!« rief Polissena überheblich. »Weißt du denn nicht, daß die Ställe und Hundezwinger des königlichen Palastes geheizt sind?«

Das war allerdings keine Kindheitserinnerung. Sie wußte das nur, weil ihr Vat... der Kaufmann Vieri Gentileschi es ihr eines Abends bei Tisch nach einer Geschäftsreise in die Hauptstadt erzählt hatte.

Drittes Kapitel

So traten die beiden Freundinnen ihren Dienst bei der Prinzessin an. Und sie bekamen schnell heraus, daß Isabella weder hochmütig noch launisch noch eitel war. Traurig und gelangweilt, das schon, und das hatte seine guten Gründe.

Einer war, daß sie sich ständig umziehen mußte, was sehr mühsam und lästig war und nicht von ihr bestimmt wurde, sondern von der Hofetikette.

Sie mußte ein bestimmtes Kleid tragen, um mit den Adligen und Hofleuten zu frühstücken, ein anderes, um mit den Domkanonikern und dem Erzbischof zu Mittag zu essen. Ein weiteres, um die Botschafter aus dem Ausland zu empfangen, wieder ein anderes, um an der Ministerrunde teilzunehmen. Ein bestimmtes Kleid brauchte sie für den Ausritt in den Park, dann eins, um den Truppenexerzitien beizuwohnen, und ein weiteres für den Triumphritt durch die Straßen der Stadt. Dann eines, das sie auf Begräbnissen trug und um Witwen und Waisen zu trösten. Eins für Schiffstaufen, eins, um Altenheime einzuweihen, eins, um Sportler zu prämieren. Dann ein Kleid für ihre privaten Tanzstunden, eins, um mit dem Regenten den Hofball zu eröffnen, wieder ein anderes, wenn ein ausländischer Fürst zu Besuch war, mit dem sie im Spiegelsaal im Beisein der geladenen Hofaristokratie den ersten Tanz tanzen mußte.

Nicht nur auf den Hofball, sondern überallhin begleitete der Regent Isabella. Er war es, der die Regierungsgeschäfte ausübte, während Isabella unbeweglich wie eine Statue an seiner Seite stand und allenfalls unbeteiligt lächelte (jedenfalls bis zu ihrer Erkrankung an Traurigkeit).

Der Regent war immer gleich angezogen. Er trug eine rote Militäruniform, die über und über mit Auszeichnungen dekoriert war. Natürlich besaß er mehrere Uniformen, die aber alle gleich aussahen, so daß er, wann immer er wollte, eine frische anziehen konnte, doch kleidete er sich nur drei Mal am Tag um, es sei denn, bei einem Ausritt überraschte ihn der Regen, und er kam schlammbespritzt heim.

Für die Prinzessin hingegen stand jeder Tag ganz im Zeichen ihrer Kleidung. Stets hatte sie einen Schwarm an Garderobieren, Schneiderinnen und Friseusen um sich, nicht zu vergessen die Pagen, die für ihre Schuhe zuständig waren.

So großartig ihre Kleider auch aussahen, so unbequem trugen sich die meisten: entweder zu weit oder zu eng geschnitten, an kühlen Tagen zu leicht oder aber schwer und einengend wie Rüstungen; dann die langen Schleppen, die das Laufen zu einer schwierigen Aufgabe machten. Und bei der kleinsten Bewegung kratzten die golddurchwirkten Stoffe auf der Haut.

Polissena war am ersten Tag noch sehr beeindruckt von den Kleidern der Prinzessin. Doch schnell wurde ihr klar, daß diese Eleganz für die Ärmste eine wahre Folter bedeutete.

»Wenn ich erst einmal die legitime Prinzessin bin«, sagte sie zu Lucrezia, »werde ich unsere Schneiderin aus Cepaluna an den Hof holen und mir praktischere und bequemere Modelle von ihr schneidern lassen. Und jetzt, da ich mich daran gewöhnt habe, Jungensachen anzuziehen, möchte ich auch öfter mal Hosen tragen, zum Beispiel beim Ausritt.«

Doch Lucrezia erwiderte: »Das werden sie dir nicht erlauben. Eine königliche Prinzessin kann nicht die Regeln der Etikette durchbrechen. Damit gäbe sie ein schlechtes Beispiel.«

Seit sie am Hofe waren, verlor Lucrezia keine Gelegenheit, der Freundin zu widersprechen, sie zu kritisieren oder sich mit ihr zu streiten. So schien es Polissena jedenfalls. Zum Beispiel in der ersten Nacht im Schuhzimmer; da hatte Lucrezia ihr vor dem Schlafengehen etwas anvertraut, was sie einigermaßen erstaunt hatte: »Mir ist etwas Seltsames passiert. Als die Königin an mir vorüberritt, ist mir schwindlig geworden. Ich hatte das sichere Gefühl, daß mir ihr Anblick irgendwie vertraut sei, so als würde ich sie immer schon kennen.«

»Unmöglich!« hatte Polissena irritiert erwidert. »Ich habe dasselbe Gefühl gehabt, und das ist auch logisch, denn die Königin ist meine Mutter. Aber du, was hast du mit ihr zu tun?«

»Ich weiß es nicht. Doch ich versichere dir, daß es mir schien, als hätte ich sie schon einmal gesehen, zu einer anderen Zeit und an einem anderen Ort.«

»Sie ist die Königin dieses Landes. Du wirst ihr Portrait irgendwo hängen sehen haben.«

»Nein, daran würde ich mich erinnern.«

»Vielleicht ähnelt sie jemandem, den du kennst.«

»Ich habe nicht das Gefühl. Wem könnte sie ähnlich sehen?«

»Mir zum Beispiel, schließlich ist sie meine Mutter.«

Lucrezia hatte sie aufmerksam angeschaut. »Die Königin ist blond. Sie ähnelt dir überhaupt nicht.«

»Du bist eine Lügnerin! Das sagst du nur, weil du neidisch auf mich bist!« hatte ihr Polissena vorgeworfen.

Lucrezia war in Tränen ausgebrochen. Dieser ungerechte Vorwurf traf sie tief. Eine Prinzessin zu sein war das Allerletzte, was sie sich wünschte. Doch das Gesicht der Königin ging ihr einfach nicht aus dem Sinn. Wo hatte sie es schon einmal gesehen?

Nach diesem Streit hatten die beiden Freundinnen keine Gelegenheit mehr gehabt, ihre Zweifel zu klären. Sie lebten mit Isabella, die einen eigenen Wohntrakt hatte, der weit entfernt von dem der Königin in einem anderen Flügel des Palastes lag. Im Wohnbereich der Prinzessin hatte eine ältere Aristokratin, die Erzherzogin Teodora, das Sagen. Sie war immer ernst und streng, kannte sich allerdings in der Hofetikette und in dem, was sich für eine Thronfolgerin schickte, bestens aus.

So entdeckten die Freundinnen erst nach drei Tagen, und das durch reinen Zufall, daß die Königin noch am Abend ihrer Ankunft mit ihrem Gefolge in eine kleine Küstenstadt abgereist war. Das Städtchen war für sein mildes Klima bekannt, und hier verbrachte die Königin jedes Jahr den November.

Kaum auszudenken, wie enttäuscht Polissena war, als sie das erfuhr. In ihren Träumen hätte die heimliche Begegnung mit der Mutter und ihr bewegtes Erkennen schon in wenigen Tagen stattfinden sollen.

»Laß uns sofort wieder aufbrechen! Wir reisen ihr nach!« hatte sie vorgeschlagen.

Doch Lucrezia hatte zu bedenken gegeben, daß es nicht leicht sein würde, sich ihr zu nähern. »Einmal haben wir großes Glück gehabt, das wird sich nicht leicht wiederholen lassen. Wir sind hier im Herzen des Palastes, laß uns das nutzen und das Vertrauen Isabellas und des Regenten gewinnen. Vielleicht werden wir zu Gräfinnen ernannt. Dann lassen wir uns mit einer Empfehlung Isabellas zu deiner Mutter schikken, die uns ohne Umschweife empfangen wird. Wir müssen nur ein wenig Geduld haben.«

Wie immer hatte Lucrezia recht. Doch Polissena, die es zuvor angenehm und beruhigend gefunden hatte, sich in allem auf die Freundin verlassen zu können, ging deren Vernünftigkeit mittlerweile ziemlich auf die Nerven.

Viertes Kapitel

Es hatte wieder zu schneien begonnen. An jenem Morgen mußte Prinzessin Isabella das Infanterieregiment begrüßen, das von einer Grenzgarnison zurückgekehrt war. Die Soldaten erwarteten die Prinzessin seit zwei Stunden in Reih und Glied im Hof, derweil der Schnee auf ihre Schultern und Kopfbedeckungen fiel und dort eine immer höhere Schicht bildete. Ihr Atemdampf war in den Barthaaren zu Eiszapfen gefroren. Doch die Militärdisziplin verlangte es, daß die armen Kerle unbeweglich stehenbleiben mußten; weder durften sie mit den Füßen stampfen noch die Hände reiben und sich nicht einmal den Schnee abschütteln.

Es war keine Laune, aus der heraus sich Isabella verspätete, vielmehr war der König von Bessude gekommen, um ihr seine Aufwartung zu machen. Man unterhielt sich über belanglose Dinge mit dem königlichen Gast, der keinerlei Anzeichen zeigte, sich zu verabschieden. Einen König, noch dazu einen so mächtigen, konnte man nicht einfach wegschicken: »Majestät, es ist genug. Ich habe zu tun. Bitte machen Sie sich auf den Nachhauseweg.«

Auch deshalb nicht, weil dieser König gekommen war, um für seinen erstgeborenen Sohn um Isabellas Hand anzuhalten.

Aus den Plaudereien mit den anderen Bediensteten wußten Lucrezia und Polissena, daß der Regent, die Minister und der Adel von Mirenài schon seit ein paar Jahren begonnen hatten, sich in den Herrscherhäusern der näheren und ferneren Nachbarländer nach einem Ehemann für die Prinzessin umzuschauen. Er mußte weder jung und hübsch noch sympathisch sein. Was zählte, waren einzig die Vorteile, die eine solche Heirat dem Land eingebracht hätte. Die Bündnisse, die daraus entstanden wären, das Geld, das die Staatskassen bereichert, das Prestige, das die Dynastie der Pischilloni dazugewonnen hätte.

Niemand, nicht einmal der Regent, fragte dabei nach der Meinung Isabellas. Was verstand sie, die erst elf Jahre alt war und noch nie allein den Palast verlassen hatte, schon von diesen komplizierten politischen und militärtaktischen Erwägungen.

»Am Ende ist es doch aber sie, die heiraten muß. Womöglich einen pickligen, gewalttätigen und unverschämten Kerl«, empörte sich Polissena. »Oder vielleicht einen alten Schmerbauch mit stinkendem Atem, der sich jeden Abend besäuft.«

»Naja, das ist wohl das Schicksal von Prinzessinnen, jedenfalls der echten«, seufzte Lucrezia. »Nur in den Märchen heiraten die Prinzessinnen ihren Liebsten«.

»Das sagst du nur, um mich zu ärgern!« erwiderte Polissena ungeduldig. »Sobald ich Thronfolgerin geworden bin anstelle dieses Dummchens Isabella, werde ich mich nicht in die Spiele dieser Herren dreinschicken. Ich werde es wie meine Mutt ... wie meine Adoptivmutter machen.«

Eine Heirat ohne Liebe, ohne die große Liebe schlechthin, wäre für sie unvorstellbar gewesen. Das stand für Polissena fest, seit ihr Agnese, als sie noch ganz klein war, die romantische Liebesgeschichte von Ginevra Assarotti und Vieri Gentileschi erzählt hatte, und das unzählige Male. Jene Geschichte, von der Polissena elf Jahre lang geglaubt hatte, daß sie die Geschichte ihres Ursprungs sei.

Schon als Kind war Ginevra wunderschön gewesen, und wenn im Ort ein Fest abgehalten wurde, kamen die Leute selbst aus den Ortschaften und Dörfern jenseits des Flusses herbei, um sie zu bewundern. Sie stammte aus einer Familie wohlhabender Landwirte, die ihr als Mitgift große Kastanien- und Eichenwälder, Obstplantagen, Weinberge und Weizenfelder mitgeben würde.

Als Ginevra sechzehn Jahre alt wurde, stellten sich im Laufe weniger Monate sage und schreibe siebenundzwanzig Männer auf dem Hof von Polissenas Großvater vor, die einer nach dem anderen um Ginevras Hand anhielten: reiche Landbesitzer, Hirten, Handwerker, Regierungsbeamte und sogar der eine oder andere Adlige. Jeder von ihnen schien ganz verrückt nach der schönen Ginevra und wollte sie unbedingt erobern.

Großvater Assarotti beriet sich mit dem Gemeindepriester und mit der Verwandtschaft (die einzige, die nicht gefragt wurde, war seine Tochter) und wählte schließlich einen wohlhabenden und einflußreichen Adligen mit Namen Arrigo Filippucci aus, der nicht nur als die beste Partie Cepalunas, sondern der gesamten Gegend galt.

Ginevra schien die väterliche Wahl zu akzeptieren. Als einzige Bedingung erbat sie, daß mit der Heirat drei Jahre gewartet werden sollte, denn sie fühlte sich noch nicht reif genug, die Verantwortung für eine Familie zu übernehmen. Filippucci, der dreißig Jahre alt war und vor Ungeduld brannte, nahm diese Bedingung zähneknirschend hin, doch um sie umzustimmen, überschüttete er sie mit Liebeserklärungen, mit Geschenken, Serenaden und Versprechen. Er schwor, daß das lange Warten ihn verrückt machen, er vor Herzschmerz sterben würde. Er legte Ginevra alle seine Reichtümer zu Füßen, brüstete sich mit seiner hochstehenden Verwandtschaft, versprach, daß er sie am Hofe einführen würde. Doch all diese Schmeicheleien erreichten genau das Gegenteil: Je feuriger der Verlobte wurde, um so kühler empfand das Mädchen, ihr erschien er jeden Tag aufdringlicher und lächerlicher.

Bis sich Ginevra eines Tages gereizt an den Vater wandte: »Den werde ich nie und nimmer heiraten.« Die Auflösung der Verlobung war ein großer Skandal in Cepaluna.

Zwei Tage später lernte sie auf einem ländlichen Tanzfest einen jungen Mann aus bescheidenen Verhältnissen kennen, der gerade einen kleinen Handel mit Stoffen und Korn begonnen hatte. Es war Liebe auf den ersten Blick, für ihn wie für sie. Schon tags darauf verlobten sie sich gegen den Willen der Familie Ginevras. Zwei Monate später lief das Mädchen von zu Hause weg. Sie ließ sich nachts an einem Seil aus dem Fenster herab und traf sich mit ihrem Liebsten beim Priester, der, vor vollendete Tatsachen gestellt, nichts anderes tun konnte, als sie zu trauen.

Rasend vor Wut und Eifersucht, schwor Arrigo Filippucci

Rache für seine abgewiesene Liebe und verletzte Ehre. Zwei Jahre lang gab er keine Ruhe. Als dann schließlich alle in Cepaluna dachten, er hätte sich abgefunden, und es sogar hieß, er würde eine reiche Witwe heiraten, beschloß er eines Tages, ins Kloster zu gehen, und keiner sah ihn je wieder oder hörte auch nur von ihm.

Die Liebe der Eheleute hingegen wuchs im Laufe der Jahre immer mehr, trotz der negativen Einstellung von Ginevras Familie. Ihre Liebe war wie eine große lodernde Flamme, die die Familie wärmte, die sie bald gründen sollten.

Fünftes Kapitel

Lucrezia und Polissena schauten aus dem Fenster des Schuhzimmers auf die frierenden Soldaten und fragten sich, wie lange deren Folter noch dauern würde. Endlich rief die Garderobiere: »Ludovico, Lucrezio, schnell! Die braunen Stiefelchen! Die Prinzessin muß ihr Reitkleid mit den militärischen Orden anziehen.«

Als Isabella angekleidet war, begleiteten die Freundinnen das Gefolge die Treppe hinunter auf den Hof. Sie wollten Isabellas Ausgang nutzen, um im Stall nach den Tieren zu sehen. Während Polissena versuchte, sich jede Geste Isabellas einzuprägen, verbrachte Lucrezia jede freie Minute mit ihren Tieren. Sie kontrollierte, ob die Affen auch im wärmsten Teil des Stalls untergebracht waren, übte die schwierigen Nummern mit ihnen und machte mit Ramiro und Dimitri, die Bewegung brauchten, lange Märsche durch den Schnee. Längst kannten sie die Stallburschen und die Wachtposten. Besser gesagt, sie kannten »ihn«, denn als Page in Jungenkleidern wurde sie von allen Lucrezio genannt. Ein Stallbursche begrüßte sie jedesmal besonders freudig und versicherte ihr: »Du kannst ganz beruhigt dem Schmollgesicht die Schuhe zurechtstellen. Deinen Tieren geht es hier bestens. Dafür sorge ich.«

Am Fuß der Treppe stieg Isabella nun aufs Pferd, um dann, vom Regenten und zwei hohen Militärs begleitet, auf den Hof zu reiten und langsam an den aufgereihten Soldaten vorbeizuziehen. Die Soldaten mußten salutieren. Doch einer von ihnen wurde beim Anheben des Gewehrs totenblaß, verdrehte die Augen, schwankte und fiel stocksteif mit dem Gesicht in den Schnee.

Keiner der Anwesenden würdigte ihn eines Blickes, nicht einmal Isabella. Sie ritt über ihn hinweg und daß sie ihn nicht trat, war nur dem Pferd zu verdanken, das, an ähnliche Unfälle gewöhnt, vorsichtig seine Hufe setzte.

»Grausam und unsensibel wie ihr Vater«, murmelte Polissena empört. Doch Lucrezia packte sie am Arm: »Schau, ihre Augen!« flüsterte sie.

Isabella weinte. Sie saß nach wie vor gerade, mit erhobenem Kopf, die Hand zum Militärgruß an der Stirn. Doch ihre Augen waren voller Tränen. Tränen, die ihr die Wangen hinunterflossen und vom Kinn tropften. Auch der Regent hatte das bemerkt, und es schien ihn ziemlich zu ärgern.

Sie sahen ihn mit finster gerunzelter Stirn neben die Prinzessin reiten und ihr etwas zuflüstern. Sie schüttelte leicht den Kopf. Da plötzlich strauchelte sein Pferd.

»Biancofiore!« rief Polissena. Wie eine rosafarbene Kanonenkugel war das Schweinchen aus dem Stall geschossen und dem Pferd des Herrschers zwischen die Beine geraten. Das Pferd versuchte noch, ihm auszuweichen, aber es rutschte auf dem vereisten Pflaster und stürzte.

»Verflucht!« schimpfte der Regent. »Wache, schnell! Schirmt die Prinzessin ab. Das ist ein Attentat!«

»Ssst! Biancofiore, hierher, versteck dich!« zischte Polissena leise. Doch das Schweinchen lief direkt auf den im Schnee liegenden Soldaten zu und begann, ihm das Gesicht zu lecken. Dann wandte es sich in Richtung Stall und stieß einen Grunzlaut aus.

Die anderen Soldaten verharrten nach wie vor unbeweglich, doch ihre Mundwinkel zuckten unter ihren zu Eiszapfen gefrorenen Schnauzbärten.

»Verrat!« brüllte der Regent im Schnee, halb unter dem Pferd begraben. »Zu den Waffen! Beschützt die Prinzessin!«

»Herr Onkel! Es ist doch nur ein Schweinchen. Beruhigt Euch!« mahnte Isabella ernst. Lucrezia sah, daß sie nicht mehr weinte. Unter Mühen und mit Hilfe der Wachtposten erhob sich der Regent. In aller Öffentlichkeit eine so lächerliche Figur abzugeben, das war ihm noch nie passiert. Man brachte ein neues Pferd. Er wollte gerade aufsteigen, als ein zweites Geschoß, diesmal braun und pelzig, aus dem Stall stürzte.

»Ramiro!« rief Lucrezia. Die Sache begann, sie zu amüsieren.

Wieder stürzte der Regent zu Boden, allen anderen gelang es, dem rasenden Fellball auszuweichen. Jaulend und bellend stürmte Ramiro zu dem Bewußtlosen, schubste das Schweinchen zur Seite und schnupperte. Er leckte dem Soldaten über Nase und Mund und streckte sein Fäßchen am Hals direkt über ihn. (Zum Glück hatte Lucrezia, als sie im Palast angekommen waren, die Goldmünzen herausgenommen und wieder Schnaps hineingefüllt.)

Im Hof herrschte ein schreckliches Durcheinander. Die Pagen lachten. Die Wachtposten rannten aufgeregt hin und her, der Regent brüllte und fluchte.

»Herr Onkel, es ist nur ein Bergrettungshund! Beherrscht Euch!« sagte Isabella vorwurfsvoll. Dann wandte sie sich an die Umstehenden: »Wem gehören diese Tiere?«

»Mir!« riefen Lucrezia und Polissena wie aus einem Mund.

»Kommt bitte nach dem Essen in mein Zimmer«, sagte die Prinzessin freundlich, und an die Wachtposten gewandt: »Daß den Tieren kein Haar gekrümmt wird! Besser gesagt, keine Borste. Ich werde später selbst in den Stall kommen und nachschauen und wehe, ihr habt mir nicht gehorcht.«

Aber kaum war Isabella wieder in ihren Gemächern, bekam sie einen Weinkrampf, und schluchzend warf sie sich in einen Sessel. Ihre Dienerschaft brachte das nicht aus der Fassung. »Das passiert immer, wenn sie jemanden sieht, dem es schlecht geht, irgendeinen zerlumpten Bettler oder einen sterbenden Soldaten«, vertraute die Gouvernante Polissena in mißbilligendem Ton an. »Solange das Zeremoniell dauert, schafft sie es, sich zu kontrollieren. Doch gleich danach läßt sie sich vor der ganzen Dienerschaft in einer Weise gehen, die ihrem Rang nicht angemessen ist. Für eine Thronanwärterin hat sie viel zu schwache Nerven.«

Um Isabella herrschte geschäftiges Treiben, nicht um sie zu trösten, vielmehr um sie wieder herzurichten. Auf ihre Lider legte man mit Eiswasser getränkte Stofftücher.

»Königliche Hoheit«, sagte in noch eiskälterem Ton die Erzherzogin Teodora. »Ich erlaube mir, Euch daran zu erinnern, daß die Hofmaler Euch in zehn Minuten zur Portraitsitzung im Blauen Salon erwarten. Ihr könnt unmöglich mit geschwollenen Augen posieren. Deshalb fordere ich Euch auf, Euch zu beruhigen und Eure Beherrschung wiederzugewinnen.«

Isabella schluchzte bei diesen Worten erneut auf. Da trat Lucrezia zu ihr und flüsterte ihr ins Ohr: »Dem Soldaten geht es gut. Ich habe vom Fenster aus gesehen, daß er nach einem Schluck Schnaps wieder aufgestanden ist, er hat seinen Kameraden zugelächelt und ist in die Kaserne zurückgegangen. Es war nur ein Kälteanfall.«

»Danke«, flüsterte Isabella. Sie tastete nach Lucrezias Hand und drückte sie rasch. Dann ließ sie sich ergeben die Augen kühlen, das Kleid wechseln, frisieren, die Schuhe anziehen und den Schmuck anlegen. Die Schneiderin und die Friseuse begleiteten sie in den Blauen Salon und waren ihr dabei behilflich, in einem Sessel Platz zu nehmen, der auf einem Teppich mitten im Saal stand. Sie legten ihr Kleid richtig in Falten, rückten ihr die Ketten auf der Brust zurecht, legten letzte Hand an ihre mit Perlenschnüren geschmückten Haare.

Sieben Maler hatten schon damit begonnen, die Farben auf ihren Paletten anzumischen. Jeder hatte eine Staffelei vor sich, auf der das Portrait der Prinzessin vorerst nur grob skizziert war. Was hier stattfand, war kein Malwettbewerb. Da es damals noch keine Fotografien gab, mußten Portraits von der Prinzessin gemalt werden, und zwar viele, die die Botschafter dann an den Höfen den möglichen Anwärtern auf Isabellas Hand zeigen konnten.

Bald schon war es Zeit zum Mittagessen, das Isabella mit der Erzherzogin Teodora in ihren Gemächern einnahm. Die ließ ihr keine Sekunde Ruhe: Ununterbrochen kritisierte und belehrte sie die Prinzessin, wie sie ihr Besteck zu halten hatte, wie sie kauen und wie sie schlucken sollte, wie ihr Glas an den Mund heben und die Serviette benutzen ... selbst wie sie die Augenlider bewegen und wie sie atmen sollte. Dabei kannte sich Isabella nach so vielen Jahren als Prinzessin sehr wohl damit aus. Doch heute war sie so niedergeschlagen und müde, daß sie nur unter großen Mühen den Kopf gerade und die Ellbogen auf Höhe der Taille halten konnte, wie es die Erzherzogin unerbittlich verlangte. »Ich erlaube keine Ausflüchte«, sagte sie. »Eine königliche Hoheit muß unter allen Umständen die Etikette wahren.«

Endlich kam der einzige Moment des Tages, an dem Isabella eine halbe Stunde für sich allein hatte. Normalerweise verbrachte sie die auf ihrem Bett ausgestreckt, um Kräfte zu sammeln für die Verpflichtungen, die sie am Nachmittag und am Abend erwarteten. Diesmal aber rief sie die beiden neuen Pagen zu sich.

Sechstes Kapitel

»Macht die Tür zu und setzt euch zu mir auf die Bettkante«, sagte die Prinzessin zu den Freundinnen, die sich ihr ehrfurchtsvoll näherten.

»Entschuldigt, aber ich habe eure Namen vergessen. Ihr seid erst seit kurzem hier. Nicht wahr? Woher kommt ihr?«

»Aus dem Landkreis Cepaluna. Ich heiße Lucrezio, und das ist mein Vetter Ludovico. Ihr habt recht. Wir sind erst seit ein paar Tagen hier am Hofe.«

»Willkommen also! Warum habt ihr einen Hund und ein Schweinchen dabei? Und warum hat euch der Zeremonienmeister die Tiere behalten lassen? Normalerweise ist er nicht gerade großherzig mit den Bediensteten.«

»Ihr müßt wissen, königliche Hoheit, daß wir, als wir uns vorgestellt haben, keine Arbeit als Bedienstete suchten, denn eigentlich sind wir Künstler«, sagte Lucrezia stolz. »Die, die Ihr heute morgen gesehen habt, sind zwei von unseren akrobatischen Tieren.«

»Gibt es denn noch mehr?« fragte Isabella interessiert.

»Zwei Affen, einen Bären und eine Gans.«

»Oh, eine Gans! Wirklich? Darf ich sie mal sehen? Ich habe in meinem Leben noch nie eine Gans gesehen!« Dabei schlug sie begeistert in die Hände.

Polissena beobachtete sie mißtrauisch. Wollte Isabella sie

auf den Arm nehmen? Mit elf Jahren noch nie eine Gans gesehen? Meinetwegen keinen Affen oder Bären. Alle Dörfer und Dorfstraßen waren doch voller Gänse!

Isabella fuhr aufgeregt fort: »Und nicht einmal ein Schweinchen hatte ich bis heute morgen gesehen!« Als sie den ungläubigen Blick Lucrezias bemerkte, beteuerte sie: »Ich meine, ich habe noch nie eine lebende Gans und ein lebendes Schweinchen gesehen. Ich weiß, daß meine Untertanen auf dem Land jede Menge davon züchten. Aber ich bin noch nie aus Mirenài herausgekommen.«

»Dann kennt Ihr auch keine Affen«, sagte Polissena mitleidig.

»Die schon. Die unterschiedlichsten Arten. Der Fürst Priankijadi hat mir letztes Jahr fünfzehn aus Indien mitgebracht. Doch die Erzherzogin duldet keine Tiere im Palast, und so hat sie sie im Zwinger einsperren lassen, wohin sie schon die Leoparden, Paradiesvögel, Krokodile, Giraffen, Pinguine, Elefanten und Walfische hat bringen lassen. Alles Geschenke von Freiern, die um meine Hand anhalten.«

Lucrezias Augen leuchteten neugierig auf, als sie von all den exotischen Tieren hörte. Was für wunderbare Aufführungen hätte sie mit ihnen einstudieren können ... Die Stimme der Prinzessin unterbrach ihre Gedanken: »Doch verzeiht, ihr seid Künstler, warum habt ihr euch dann als Pagen engagieren lassen?«

»Wir hatten uns auf die Ausschreibung der Königin, Eurer Mutter, gemeldet ... Wir wollten Euch zum Lächeln bringen ...«

Bei diesen Worten warf sich Isabella schluchzend aufs Bett. »Ihr Unglücklichen! Ihr werdet im Gefängnis landen! Oh, wie mir das leid tut. Sie werden euch in diese schrecklich feuchten und dunklen Kerkerzellen werfen, die voller Spinnen und Ratten sind, unten in den Verliesen des Palastes ...«

»Warum seid Ihr so pessimistisch, Hoheit?« erwiderte Lucrezia. »Wir hoffen zu gewinnen. Würdet Ihr denn nicht gerne wieder lächeln?«

»Unmöglich! Unmöglich!« schluchzte die Prinzessin. Sie griff nach Polissenas Händen: »Versucht es nicht. Zieht eure Bewerbung zurück, bevor es zu spät ist.«

»Dann macht Ihr das also extra!« rief Lucrezia anklagend. »Dann handelt es sich nicht um eine Krankheit. Ihr versucht nicht einmal, ein kleines bißchen guten Willen aufzubringen. Es ist Eure Schuld, daß soviele arme Teufel im Gefängnis gelandet sind.«

»Das ist nicht wahr. Es ist nicht meine Schuld!« verteidigte sich Isabella. »Ich kann wirklich nicht mehr lächeln. Ich kann nichts dagegen machen.«

»Warum denn nur? Es muß doch einen Grund geben ...«

»Einen? Hunderte von Gründen ... Angefangen mit der Erzherzogin Teodora«, antwortete Isabella.

»Wieso lebt Ihr eigentlich mit ihr und nicht mit Eurer Mutter?« unterbrach sie Polissena. Sie hatte es sich in den Kopf gesetzt, daß die Königin, auch wenn sie nichts vom Tausch der Säuglinge ahnte, unbewußt gespürt haben mußte, daß Isabella eine Fremde war, eine Schwindlerin, und daß sie sie nicht richtig hatte liebhaben können. Sie hatte sich ausgemalt, daß das der Grund sein mußte, warum die Königin nicht bei der Prinzessin, sondern in einem anderen Trakt des Schloßes wohnte.

»Als mein Vater noch lebte«, erklärte Isabella mit trauriger Stimme, »wohnte ich bei der Königin. Ich schlief im Zimmer neben dem ihren, ich sah sie jeden Tag, wir aßen gemeinsam. Wenn wir die Botschafter empfingen oder auf den Balkon traten, um die Menschen zu begrüßen, hielt mich meine Mutter immer im Arm. Später, als ich dafür zu schwer wurde, nahm sie mich bei der Hand, eng an ihrer Seite. Auch wenn wir keine offiziellen Verpflichtungen hatten, waren wir immer zusammen. Sie kniete sich auf den Teppich, um mit mir zu spielen, sie erklärte mir die Dinge, sie brachte mich zum lachen, wir balgten miteinander, um uns dann wieder ganz fest in den Arm zu nehmen ...«

So wie es auch Ginevra Gentileschi mit ihren Kindern tat. Ohne zu merken, daß eines davon, das große, ein Kuckucksei war. »Was sind Mütter dumm«, dachte Polissena. »Egal ob sie Frauen von Kaufleuten sind oder Königinnen, wie leicht ist es doch, sie mit einem Kuß, mit einer Umarmung hinters Licht zu führen.«

»Meine Mutter betete mich an«, fuhr Isabella fort. »Wir hatten damals nicht viele offizielle Verpflichtungen. Zu den Militärparaden, Ministersitzungen, öffentlichen Amtshandlungen ging mein Vater. Und wenn er auf Reisen war, vertrat ihn sein Bruder, der derzeitige Regent.«

»Wie war Euer Vater?« fragte Polissena. Wie traurig, daß er tot war und daß sie ihn nie mehr kennenlernen würde. Vielleicht hätte er sich nicht so leicht von dieser Erbschleicherin täuschen lassen. »Liebte er Euch wie Eure Mutter?«

»Er war der König. Ich sah ihn nicht oft. Doch war er sehr stolz auf mich. Er war stolz darauf, daß ich die blauen Augen der Pischilloni geerbt hatte. Meine Mutter hat schwarze Augen. Er sagte mir immer, daß er mich gegen kein anderes Kind der Welt getauscht hätte, nicht einmal gegen einen männlichen Erben.«

»Er wußte nicht, daß du das falsche Kind warst. Daß der Tausch längst stattgefunden hatte ...«, dachte Polissena erbost.

»Und Euer Onkel, der Herrscher. Hatte auch er Euch lieb?« fragte sie scheinheilig.

»Sehr sogar. Er ist Witwer. Auch die einzige Tochter ist ihm gestorben. Sie war genau in meinem Alter. Meine Mama sagte immer, daß er mich so gern hat, weil ich ihn an seine verlorene Tochter erinnern würde.«

Was für ein Lügner! Bei der Vorstellung, was dieser Betrüger ihren Eltern angetan hatte, bebte Polissena vor Entrüstung. Wie geschickt er sie hinters Licht geführt hatte, auch Isabella. Sie hegte nicht den geringsten Verdacht!

»Als mein Vater starb«, fuhr die Prinzessin traurig fort, »wurde alles anders. Der Onkel wurde von den Ministern zum stellvertretenden Regenten ernannt, bis zu meinem zwanzigsten Lebensjahr bestimmt er in meinem Namen die Geschicke des Landes. Doch das Staatsoberhaupt bin offiziell ich. Daher muß ich einen eigenen Wohnsitz haben, meinen eigenen Hofstaat und eine Hofdame, die sich in der Etikette bestens auskennt und dafür sorgt, daß ich keine Fehler mache.«

»Konnte das nicht Eure Mutter übernehmen?«

»Nein, sie hat eine andere Aufgabe. Sie muß einen eigenen Hofstaat und eigene Gemächer haben. Sie wäre auch zu nachsichtig mit mir gewesen. Sie hat schrecklich geweint, als wir uns trennen mußten! Wir dürfen uns nur bei offiziellen Anlässen begegnen. Es sind mittlerweile drei Jahre vergangen, seit wir uns nicht mehr allein getroffen und miteinander geplaudert haben. Wenn sie mich besucht, was selten genug vorkommt, ist immer die Erzherzogin Teodora dabei, diese Hexe! Sie läßt mich nicht einen Augenblick allein. Sie kontrolliert sogar, wann ich auf die Toilette gehe, unter dem Vorwand, daß jemand einen Anschlag auf mein Leben planen könnte. Ich darf nicht einmal ohne ihre Erlaubnis atmen.«

»Ich verstehe das nicht«, rief Polissena entrüstet. »Ihr seid die Prinzessin, die Thronfolgerin. Ihr dürftet doch eigentlich niemandem gehorchen müssen. Ihr seid es, der gehorcht werden muß!«

Isabella seufzte. »Ich kenne die Etikette nicht gut genug. Der Herrscher sagt, daß ich der Erzherzogin bis zu meiner Heirat gehorchen muß. Und dann werde ich meinem Ehemann gehorchen müssen, nehme ich an, denn er wird ein mächtiger und bedeutender König sein. Und da wundert man sich noch, daß ich nicht mehr lächeln kann?«

»Ich könnte das alles nicht ertragen«, stellte Lucrezia empört fest. »Warum lehnt Ihr Euch nicht auf, Hoheit?«

Die Augen Isabellas füllten sich mit Tränen. »Als ich klein war, habe ich versucht, mich aufzulehnen«, sagte sie. »Doch die Erzherzogin hat mich das schnell bereuen gelehrt.«

»Hat sie Euch etwa geschlagen?« rief Polissena ungläubig.

»Aber nein! Kein Mensch auf der Welt darf die Hand gegen eine Prinzessin königlichen Blutes erheben. Das wäre undenkbar!«

»Ja dann? Was konnte sie Euch dann antun? Euch ohne Abendessen ins Bett schicken?«

»Wenn es nur das gewesen wäre! Manchmal liegen die Festbankette so schwer im Magen... Nein, die Erzherzogin hatte ein Mädchen in meinem Alter eingestellt, die Tochter eines Stallmeisters, die mit mir in meinen Gemächern leben sollte. Ihre ›Arbeit‹ bestand darin, daß sie jedes Mal ausgepeitscht wurde, wenn ich mich aufmüpfig benahm, nicht gehorchte oder wenn ich nicht alles richtig lernte. Man ließ mich Platz nehmen, rief dann das arme Mädchen herbei und peitschte es vor meinen Augen. Das konnte ich einfach nicht ertragen. Da hab ich sehr schnell gelernt, mich so zu benehmen, wie es die Erzherzogin verlangte. Jetzt arbeitet dieses Mädchen als Magd unten in der Küche, aber ich glaube, daß sie mich immer noch haßt für die Monate, die sie bei mir hat leben müssen.«

»Wie schrecklich. Was für eine Ungerechtigkeit!« Lucrezia zitterte vor Wut. »Doch verzeiht, Hoheit, konntet Ihr das nicht Eurem Onkel erzählen und ihn um Hilfe bitten?«

»Das habe ich getan. Doch es scheint, daß so etwas in Königshäusern üblich ist. Der Regent hat mir gesagt, daß eine Prinzessin Thronanwärterin lernen muß, sich zu beherrschen, daß sie keine Heulsuse sein darf, daß sie für ihre Fehler verantwortlich ist. Er ist sehr zufrieden mit der Erzherzogin. Er sagt, daß alles, was sie tut, nur für mein Wohl sei, daß ich ihr eines Tages dafür dankbar sein werde.«

»Er ist ein sehr harter Mann«, bemerkte Lucrezia.

»Oh nein. Im Gegenteil, er ist der einzige freundliche und liebevolle Mensch hier in diesem Palast. Er überhäuft mich mit Geschenken, lädt Gaukler ein, um mich zu unterhalten, spielt nach dem Abendessen Schach mit mir. Doch er will, daß ich tagsüber immer an seiner Seite bin, daß ich ihn überallhin begleite, selbst zu den Hinrichtungen. Habt ihr schon einmal zugesehen, wenn sie jemanden hängen? Ich versichere euch, das ist kein angenehmes Schauspiel. So wie es nicht angenehm ist, ständig von Leibwächtern umgeben zu sein, aus Angst vor einer Verschwörung oder einem Attentat. Und jeder Person mißtrauen zu müssen. Der Regent glaubt, daß der Palast voll von Verrätern ist, ich weiß nicht, warum. Auch deshalb läßt er mir keinen Augenblick Freiheit. Außer dieser halben Stunde ...«

Man hörte es an der Tür klopfen.

»... die offensichtlich zu Ende ist. Wo soll ich da die Lust zum Lächeln hernehmen?«

»Nur Mut, Hoheit! Bald wird alles anders werden«, versprach Lucrezia und umarmte sie.

»Ich wüßte nicht, wie ...«, murmelte Isabella bitter.

»Ich verspreche es Euch. Es wird sich etwas tun. Viel schneller, als Ihr Euch vorstellen könnt. Große Neuigkeiten warten auf Euch. Morgen müßt Ihr Euch aber alle Mühe geben und lächeln.«

Siebtes Kapitel

»Bist du dir immer noch sicher, daß du den Regenten überführen willst?« fragte Lucrezia die Freundin an diesem Abend. »Bist du sicher, daß du dich als die echte Prinzessin zu erkennen geben und den Platz von Isabella einnehmen willst?«

»Aber natürlich! Du wirst dich doch wohl nicht von dieser Heulsuse beeindrucken lassen! Ich versichere dir, wenn ich erst einmal dran bin, nehmen die Dinge einen anderen Lauf. Und entschuldige, soll ich etwa nicht nur auf den Thron, sondern auch darauf verzichten, meine Mutter kennenzulernen?«

Lucrezia seufzte. »Du hast recht.« Sie hatte große Lust, sich aus diesem Palast davonzumachen, womöglich zum Bauernhof von Pacuvio zurückzukehren und dort mit ihren Tieren zu überwintern, bis es wieder warm wurde.

Wenn sie allein waren, redete Polissena pausenlos davon, was sie machen wollte, wenn sie erst einmal Prinzessin geworden war:

»Ich werde das tun, jenes kaufen, den Befehl dazu geben, den bestrafen, das entscheiden, das auswählen.« Sie sagte schon »mein Reich«, »mein Palast«, »meine Untertanen«, »mein Pferd«, »meine Wachtposten«. Selbst »meine Kerker«.

»Den Regenten werde ich nackt ausziehen, ihn auf dem großen Platz auspeitschen und auf einen Thron aus glühendem Eisen setzen lassen, und dann werde ich ihn in mein dunkelstes und tiefstes Verlies werfen. Dort wird er den Rest seiner Tage bei Wasser und Brot verbringen.«

»Und Isabella?«

»Die kommt auch ins Gefängnis.«

»Bist du verrückt geworden? Was hat sie dir Böses getan?«

»Dann werde ich sie eben als Magd in die ›Grüne Eule‹ schicken.«

»Das versuch nur, da werde ich dir zwei Ohrfeigen geben, daß deine Ohren nur so brennen.«

»Dafür lasse ich dich von meinen Wachtposten verhaften!«

»Bis vor ein paar Tagen wolltest du mich noch zum Ersten Minister machen!«

»Das werde ich auch, wenn du dich gut benimmst und tust, was ich will.«

»Das glaubst du wohl! Ich habe nicht einmal Giraldi gehorcht, der mich ständig verprügelt hat.«

»Schluß jetzt, Lucrezia! Warum willst du streiten? Du bist die einzige Person hier, die mich gern hat. Natürlich wirst du Minister werden. Und du wirst immer an meiner Seite sein. Du wirst meine Beraterin. Ich werde dich von der Königin adoptieren lassen, du wirst meine kleine Schwester.«

Doch Lucrezia hatte längst einen Entschluß gefaßt. Sobald

die Königin zurückgekehrt und die ganze Geschichte auf die eine oder die anderen Art gelöst worden wäre, wollte sie Polissena ihrem neuen Schicksal überlassen und wieder ihren Beruf ausüben, und das in Gegenden, die sie gut kannte und wo die Leute sie gut kannten.

Die neun Mutigen, die in den Tagen zuvor versucht hatten, Isabella von ihrer Traurigkeit zu heilen, waren gescheitert. Die Prinzessin geriet nun regelrecht in Panik bei dem Gedanken, daß auch »Ludovico« und »Lucrezio« es nicht schaffen würden, und das machte alles noch schwieriger.

Beim letzten Bewerber hatte Isabella sogar versucht, ihre Lippen zu einem Lächeln zu zwingen, doch die Kontrollkommission, die aus dem Regenten, dem Zeremonienmeister, der Erzherzogin Teodora, drei Ministern, zwei Baronen, einem Philosophen, einem Arzt und einer Hebamme bestand, hatte sich nicht täuschen lassen.

»Das ist nicht fair, königliche Hoheit!« hatte der Arzt protestiert. »Wenn ein Lächeln spontan kommt, dann bleibt es nicht nur auf den Lippen. Vielmehr breitet es sich über Nase und Augen bis hinauf zur Stirn und zu den Ohren aus.«

»Vor allem über die Augen, sie sind die Fenster der Seele«, fügte der Philosoph hinzu. »Wenn ein Lächeln echt ist, lächelt die ganze Seele.«

Endlich war es soweit. Die Truppe Ramusio und ihre akrobatischen Tieren kamen an die Reihe.

Lucrezia und Polissena hatten die ganze Nacht im Stall mit den Tieren verbracht und eine Nummer einstudiert. Eine ganz neue Nummer, die mit dem zu tun hatte, was ihnen von Isabella anvertraut worden war. Obwohl die Zeit so kurz gewesen war, beherrschten die Tiere ihre Rollen perfekt. Fast schien es, als spürten sie die Bedeutung dieses Auftritts.

Als sich die Truppe Ramusio vollzählig im Türkisen Saal vorstellte, waren die Freundinnen ruhig und entspannt. Sie trugen beide ein Gauklerkostüm, blau das von Lucrezia, gelb das von Polissena, mit einem spitzen Hütchen und goldenen

Schellen. Jedes Tier war so angezogen, daß es an einen der anwesenden Palastbewohner erinnerte.

Lucrezia und Polissena schenkten den verzweifelten Blikken Isabellas auf dem Thron keine Beachtung. Sie stellten sich neben einen mit goldgelbem Samt bezogenen Hocker, die erste stimmte eine Mandoline an, die zweite eine Zither.

Bei den ersten Tönen sprang das Äffchen Casilda, das ein ähnliches Kleid wie Isabella trug und ein Krönchen auf dem Kopf hatte, mit einem Satz auf den Hocker, setzte sich gerade und ordentlich hin und bedeckte seine Augen mit den Händen – ein trauriger Anblick. Lucrezia kniete sich feierlich vor das Äffchen hin und sang:

»Prinzessin, so einsam und stumm,
was sitzt du dort so triste?
Sag mir doch nur, warum?
Sag's mir, damit ich dich tröste.«

Auf diese Frage hin schürzte Casilda die Lippen, schnalzte, wie nur Affen es können, und streckte seine Zunge heraus. Einer der Pagen brach in Lachen aus, womit er sich eine Kopfnuß von seiten der Erzherzogin einhandelte. Polissena sang für das Äffchen die Anwort:

»Meine Lippen, so frisch und rot,
haben zu lächeln vergessen.
Ich wein' und seufze in Not –
einen Bräutigam will man mir geben,
mit dem ich nicht kann leben.«

Nun traten Dimitri, gekleidet wie ein Botschafter, eine Pergamentrolle in der Pfote, und Lancillotto in einem reich geschmückten Anzug und mit einer Krone auf dem Kopf hervor.

Beide knieten vor Casilda nieder, während Lucrezia sang:

»Da ist er, der eitle Bräutigam
mit seinem gräßlichen Diener.
Wen wundert's, daß keine andre ihn nahm:
Ein grober Kerl, dumm, häßlich und rund,
dazu noch riecht er aus dem Mund.«

Bei diesen Worten riß Lancillotto sein Maul auf, worauf das Äffchen entsetzt zurücksprang und sich hinter der Rükkenlehne des Hockers versteckte. Sofort erschien flügelschlagend und schnatternd die Gans Apollonia, um den Hals einen steifen Kragen und auf dem Kopf einen federgeschmückten Turban, genau wie ihn die Erzherzogin trug. Die Hebamme fing an zu kichern. Schnell hielt sie die Hand vor den Mund. Die Hofdame sah sie empört an. Polissena sang für Apollonia:

»Was sind das für Flausen?
Hältst alle für Banausen?
Gehorsam muß sein!
Wer sich nicht benimmt,
kommt vier Wochen in den Spind.«

Während Polissena sang, zwickte die Gans Casilda mit dem Schnabel. Sie trieb das Äffchen hinter dem Hocker hervor und schubste es vor den Heiratskandidaten. Lancillotto kniete wieder nieder und versuchte, Casilda auf die Schnauze zu küssen. Die sprang fluchtartig auf und rettete sich mit einem Satz zwischen die Kerzen des Leuchters. Nun erschien Ramiro in einen Umhang im selben Rot wie der des Regenten, lief unter den Leuchter, hob die Schnauze und bellte zu Casilda hinauf. Lucrezia sang:

»Du wagst es, dich wegzudrehen?
Du wagst es, ihn zu verschmähen?
Du wagst es zu widersprechen?
Des Onkels Gebot zu brechen?

So wisse, was nun dich ereilt:
die Strafe, mach dich bereit.«

Jetzt kam das Schweinchen in schnellem Galopp, ganz nackt und rosig, nur mit einer weißen Nelke am Ringelschwanz. Es blieb vor Ramiro stehen, warf ihm einen herausfordernden Blick zu und schaute dann nach oben zu Casilda auf dem Leuchter. Polissena und Lucrezia sangen abwechselnd für Schweinchen und Äffchen:

»Da kommt ein Ritter pfeilgeschwind:
– Ich komme dich zu retten!
– Wie kann ich dir danken?
– Sag Lebwohl zu den Tanten,
spring auf meinen Rappen,
wir geh'n ihnen durch die Lappen.«

Nun grunzte das Schweinchen vorwurfsvoll Gans, Hund, Bär und Schimpansen an, die furchtsam zu zittern begannen. Einer der jüngeren Pagen lachte. Die Erzherzogin schlug sich nervös mit dem Fächer auf ihr Knie.

»Wirklich dreist«, murmelte ein Baron.

Da stampfte das Schweinchen herausfordernd mit den Hufen auf, und mit gesenktem Kopf ging es auf seine Feinde los, die ängstlich davonstoben. Der Hund jaulte, der Schimpanse zog sich in gespielter Verzweiflung an den Haaren, die Gans schnatterte. Und Lucrezia sang sanft:

»Der Ritter greift an!
Es rette sich, wer kann.
Sie fürchtet nicht Schreien und Hiebe:
Er ist ihre große Liebe.«

Casilda sprang vom Leuchter und landete genau auf dem Rükken des Schweinchens. Es legte ihm die Arme fest um den

Hals, und in wilder Jagd setzte Biancofiore den Peinigern der Prinzessin nach, derweil ihn das Äffchen mit Küssen überschüttete.

Das Publikum war peinlich berührt, aber einige hätten gern geschmunzelt. Zu offensichtlich waren die Ähnlichkeiten mit dem Regenten und seinen Hofschranzen.

Achtes Kapitel

Isabella hatte das Spektakel mit großem Interesse verfolgt.

Ein paar Mal war in ihren Augen ein Funke von Heiterkeit aufgeleuchtet, der allerdings nie den Rest ihres Gesichtes und noch weniger ihre Lippen anzustecken vermochte.

Doch die Tiere und Ludovico waren noch nicht am Ende. Die »Höflinge« rannten immer noch wild im Kreis, schlugen Purzelbäume, schubsten sich, und einer stolperte über den anderen. Casilda auf Biancofiores Rücken bewarf sie mit Nüssen aus ihrer Jackentasche.

Und Lucrezia griff wieder in die Saiten ihrer Mandoline. Nun rannte das Schweinchen den echten Höflingen zwischen den Beinen hindurch. Die Damen stießen spitze Schreie aus, und die Herren fluchten wüst. Casilda bekam den Zipfel der Uniformjacke des Regenten zu fassen, kletterte an ihm hoch, warf ihm ihre haarigen Ärmchen um den Hals und bedeckte sein Gesicht mit Küssen. Und Lancillotto holte einen Apfel aus seiner Tasche und warf ihn nach der Erzherzogin Teodora.

Der gefiederte Turban der Herzogin geriet ins Rutschen, riß die Perücke mit, und zum Vorschein kam ein völlig kahler Schädel. Bei diesem Anblick spürte Isabella eine Hitzewelle durch ihren Körper fahren, ein Kitzeln in der Nase, und sie dachte: »Jetzt muß ich niesen.«

Doch sie brach in Gelächter aus. In ein so heftiges Gelächter, daß sie fast vom Thron gefallen wäre. Sie lachte und lachte und konnte nicht mehr aufhören. Nicht einmal, als sie einen Schluckauf bekam und sich ihre Augen mit Tränen füllten. Vor lauter Lachen mußte sie sich den Bauch halten.

»Welch eigenartiger Sitz für die Seele unserer Prinzessin«, dachte der Philosoph verwundert.

Der Regent war außer sich. »Das gilt nicht!« schrie er und versuchte, Casildas Arme von seinem Hals zu zerren. »Das gilt nicht! Hier ist Majestätsbeleidigung begangen worden. Ein Verbrechen. Wache, nehmt diese Betrüger fest.«

Isabella hörte auf der Stelle auf zu lachen, setzte sich wieder hin und sagte sehr bestimmt: »Herr Onkel, wie Ihr gesehen habt, bin ich wieder gesund. Das war die einzige Bedingung, die in dem Aufruf gestellt wurde. Nicht, daß man sich nach den Regeln der Erzherzogin zu benehmen habe. Ich befehle Euch, die Vereinbarungen zu respektieren und meine Retter in den Grafenstand zu erheben.«

»Sie haben es nicht geschafft«, beharrte der Regent. »Die Königin, Eure Mutter, sprach in ihrem Aufruf nur davon, daß Ihr wieder lächeln sollt, nicht daß Ihr Euch vor Lachen derart schamlos ausschüttet, wie Ihr es gerade getan habt. Welche Schande!«

»Hier habt Ihr auch das Lächeln«, sagte die Prinzessin. Sie atmete tief durch, um sich zu beruhigen, hob den Kopf, damit alle sie sehen konnten, und langsam breitete sich auf ihrem Gesicht ein strahlendes Lächeln aus, Kinn, Wangen, Nase, Augen, Augenbrauen, Stirn und selbst der Haaransatz lächelten mit.

»Seht Ihr?« sagte sie. »Herr Onkel, ich bitte Euch, Ihr müßt das Versprechen einlösen.«

»Nie und nimmer!« wiederholte der Regent böse und verschränkte die Arme vor der Brust.

Da nahm Isabella ihr Schwert. Eigentlich war es eine Art Spielzeugschwert, nicht einmal Butter hätte man mit ihm schneiden können.

»Lucrezio, Ludovico, kommt bitte mit euren Tieren zu

mir«, befahl sie. Sie knieten alle vor ihr nieder, und Isabella schlug sie zu Grafen.

Der Regent schäumte vor Wut. »Nun gut! Sie haben zwar gewonnen und die versprochene Belohnung verdient. Dennoch müssen sie ins Gefängnis, und alle ihre Besitztümer, die sie gerade gewonnen haben, werden einbehalten. Majestätsbeleidung ist das schlimmste Verbrechen! Wache, nehmt sie fest und werft sie in den Kerker!« schrie er.

»Wache! Ich befehle euch, sie nicht anzurühren!« schrie Isabella.

»Sei still, du ungehörige Göre! Was ist heute in dich gefahren? Ich bin es, der die Befehle erteilt. Verstanden?« Und er versetzte ihr eine schallende Ohrfeige.

»Wenn das keine Majestätsbeleidigung ist …«, flüsterte der Philosoph verstört der Hebamme zu. Doch wer waren die beiden schon, daß sie es hätten wagen dürfen, Kritik zu äußern.

Den Wachen gelang es nur, Lucrezia, Polissena und das Schweinchen gefangenzunehmen. Die anderen Tiere konnten entwischen.

»Keine Sorge! Ich werde sie wiederfinden und ins Warme bringen. Und sobald meine Mutter zurückkommt, werde ich euch befreien lassen!« schrie Isabella den dreien nach, als sie in Ketten abgeführt wurden.

»Jetzt fang bloß nicht an zu heulen«, schärfte Lucrezia Polissena ein. Sie stiegen schon die Treppen in die Verliese des Palastes hinab. »Wenn es wahr ist, daß du königliches Blut in den Adern hast, dann verhalte dich auch danach!«

VII.
In den Verliesen des Palastes

Erstes Kapitel

»Wir sind da!« rief der Wachtposten und steckte den Schlüssel in das Schloß einer mächtigen Eisentür, die sich ächzend und knirschend öffnete.

Lucrezia drückte der Freundin die Hand, um ihr Mut zu machen, doch Polissena zitterte vor Angst und Ekel.

Die winzige Zelle war in den Felsen gehauen, auf dem der Königspalast stand. Schimmel bedeckte die vor Feuchtigkeit glänzenden Wände. Drinnen lag nur ein Haufen dreckigen Strohs, der sowohl als Bett wie auch zum Sitzen diente. Durch ein kleines, vergittertes Fenster hoch oben in der Wand fiel ein schwacher Lichtstrahl auf den Boden aus festgetretener Erde und Dreck, auf dem es vor Spinnen, Mäusen und Käfern nur so wimmelte.

Lucrezia war schon häufiger im Gefängnis gewesen. Als sie noch mit dem alten Giraldi herumgezogen war, hatte es immer wieder Gendarme gegeben, die ihrer Kunst und der Bravour der akrobatischen Tiere nichts abgewinnen konnten und sie wegen Landstreicherei und Bettelei verhafteten. Auch dieses Mal hätte sie den Kerker gelassen hingenommen. Wäre da nicht die Sorge um ihre Freundin gewesen. Seit sie ihr schönes Zuhause in Cepaluna verlassen hatte, war Polissena noch nie in eine derart scheußliche Lage geraten. Das

Schlimmste, was sie bislang erlebt hatte, waren die Tage im Haus des Fischers gewesen. Doch die Armut, der Schmutz und selbst die Brutalität der Stiefmutter waren nichts im Vergleich zu diesem Kerkerverlies, wo es zudem sehr kalt war und furchtbar stank.

»Nur Mut, hinein mit euch!« sagte der Wachtposten mit ruppiger Freundlichkeit. »Ich habe euch in der besten Zelle untergebracht. Ich tue das für die Prinzessin. Das ist das mindeste, wenn ich schon nichts gegen eure Verhaftung unternehmen konnte.«

»Die beste Zelle!« rief Polissena entsetzt. »Wie werden dann die anderen sein!«

Lucrezia kniff sie, um sie zum Schweigen zu bringen, und schubste sie hinein.

»Vielen Dank,« sagte sie zu dem Wachtposten. »Hoffentlich werden wir uns eines Tages erkenntlich zeigen können!«

»Das hoff' ich auch«, zischte die Freundin böse.

Als der Mann die Tür wieder verschlossen hatte und fortgegangen war, ließ sich Polissena, immer noch das Schweinchen fest im Arm, auf den Strohhaufen fallen und zog die Füße so nah wie möglich an sich. Sie fürchtete, eine Maus könnte sie berühren.

»Bist du völlig übergeschnappt?« wandte sie sich an Lucrezia. »Die sperren uns in dieses stinkende Loch, und du sagst auch noch Dankeschön.«

»Dieses stinkende Loch hat ein Fenster, falls du das noch nicht bemerkt haben solltest!«

»Na und?«

»Man sieht, daß du keine Ahnung von Gefängnissen hast. Ich habe die Stufen gezählt, während wir nach unten stiegen. Wir befinden uns nur wenige Meter unter dem Erdboden. Die anderen Zellen müssen sehr viel tiefer liegen, in den Eingeweiden der Erde. Da gibt es keine Luft, kein Licht. Kein Laut dringt dorthin. Als sei man lebendig begraben.«

Polissena erschauerte. Doch die Vorstellung, daß es sie

noch schlimmer hätte treffen können, tröstete sie überhaupt nicht. »Mir ist kalt! » beklagte sie sich. »Und ich muß mal. Aber wo?«

Lucrezia schaute sich um. Der Wachtposten hatte den Eimer zum Leeren fortgetragen. »Ich fürchte, du mußt auf den Boden in eine Ecke machen«, sagte sie.

»Damit mir die Mäuse den Hintern anknabbern? Niemals!« Schließlich war sie eine Prinzessin mit königlichem Blut in den Adern! Ein goldener Nachttopf hätte ihr zugestanden!

»Mach, was du willst!« sagte Lucrezia und kümmerte sich nicht weiter um sie. Sie hatte vom Boden einen rostigen Nagel aufgehoben und begann, damit auf dem oberen Türbalken kleine Kreuze einzuritzen. »Das sind die Tage bis zur Rückkehr der Königin«, sagte sie. »Wenn du glaubst, es bis dahin aufhalten zu können ...«

Polissena preßte ihre Beine zusammen und fing an zu heulen. Biancofiore rückte nah an sie heran, um sie zu trösten.

Die lange Wartezeit bereitete Lucrezia aus ganz anderen Gründen wirkliche Sorgen. Zwar hatte Isabella versprochen, sich um die Tiere zu kümmern, doch würde sie nicht auf die Idee kommen, die Korbtruhe vom Karren herunterzunehmen und zu verstecken. Warum sollte sie dergleichen tun? Sie wußte nichts von Polissenas Geheimnis.

Lucrezia beunruhigte die Vorstellung, der Regent könnte ihr Gepäck durchsuchen lassen. Was, wenn er die golddurchwirkten Windeln und die beiden Spangen fände? Würde er sie wiedererkennen? Was würde er tun, um sein Geheimnis zu schützen? Sie konnten nicht auf die Rückkehr der Königin warten, sie mußten versuchen, so schnell wie möglich aus dem Kerker zu entfliehen.

Der einzige Weg war das kleine Fenster. Es war zu hoch, als daß sie es ohne die Hilfe einer Leiter oder eines Seils hätten erreichen können. Auch machten die Eisengitter einen sehr robusten Eindruck. Mutlos warf sich Lucrezia neben Polissena ins Stroh.

»Großartig, was es mir eingebracht hat, eine echte Prinzessin zu sein«, jammerte die. »Wie eine Verbrecherin eingekerkert, ich, die Thronerbin!«

»Oh, denk daran, daß ich Gräfin bin und Biancofiore ein Graf«, sagte Lucrezia.

Polissena schaute sie von oben herab an. »Ich glaube nicht, daß eure Titel von Wert sind«, meinte sie skeptisch.

»Und warum nicht?«

»Weil Isabella sie euch verliehen hat. Und sie ist eine Betrügerin. Eine falsche Prinzessin kann auch nur falsche Titel verleihen.«

Lucrezia zuckte mit den Achseln. Was sollte sie schon mit einem Adelstitel anfangen, egal ob falsch oder vollbürtig?

Der einzige, der seine gute Laune nicht verloren hatte, war Biancofiore. Nachdem er vergeblich versucht hatte, seine Herrin zu trösten, hatte er sich aus ihrem Arm befreit und erforschte nun Zelle und Zellenboden. Die Mäuse und Spinnen machten ihm keine Angst, und die Käfer knackte er wie Nüßchen.

Die Zeit verging sehr langsam. Das Licht aus dem hohen Fensterchen wurde immer schwächer. Der Wachtposten hatte den geleerten, allerdings nicht gereinigten Eimer zurückgebracht, dazu einen großen Laib Brot und einen Krug mit Wasser.

»Das muß eine Weile reichen, denn ich komme erst in drei Tagen wieder«, mahnte er. Sein Blick fiel auf Biancofiore. »Zum Glück habt ihr nette Gesellschaft«, lachte er. »Ihr werdet euch nicht langweilen. Ihr könnt eurem Freund ein paar neue Kunststückchen beibringen. Ich habe einen Gefangenen erlebt, der es sich zum Zeitvertreib in den Kopf gesetzt hatte, eine Spinne zu dressieren.«

Lucrezia durchzuckte es wie elektrisiert. Kaum hatte der Mann die Zelle verlassen, kaum waren seine Schritte verhallt, hüpfte sie auf und packte die Freundin am Arm. »Wieso haben wir nicht gleich daran gedacht: ›Ludovico, die Spinne‹.

Du kommst doch selbst die glatteste Mauer hoch. Los, hinauf mit dir! Versuch, das Fensterchen zu erreichen!«

Polissena sprang auf die Füße, die Mäuse machten ihr plötzlich keine Angst mehr. Sie zog sich Schuhe und Strümpfe aus, spuckte in die Hände und ... Genau in diesem Moment hörten sie ein seltsames Geräusch, das von unterhalb des Bodens zu kommen schien: ein Kratzen und Schaben, zwischendurch kleine Schläge, als klopfe jemand mit einem Metallgegenstand an Felsen.

»Halt!« flüsterte Lucrezia und hielt die Freundin am Gürtel fest. Polissena versteifte sich. »Still!«

Doch das Schweinchen hatte sich schon in die Ecke gestürzt, aus der die Geräusche kamen, und fing mit seinen Vorderhufen und seinem Rüssel wie wild an zu graben. Die Geräusche wurden immer deutlicher und schienen näherzukommen.

Die Freundinnen schauten angespannt zu, wie die Erde zu beiden Seiten des Schweinchens emporspritzte und das Loch unter ihm immer größer wurde.

Plötzlich brach der Boden durch. Staub wirbelte hoch, und ein Loch tat sich auf, das groß genug war, einen Mann durchzulassen.

Und tatsächlich tauchte jemand von unten auf: zuerst ein Kopf mit struppigen, weißen, langen Haaren voller Erdstaub und Spinnweben, dann eine dürre, hagere Hand, die am brüchigen Rand des Erdlochs Halt suchte, eine scharfe Adlernase, ein dichter, ungepflegter Bart, noch weißer als die Haare ... Biancofiore war außer sich vor Neugier, aufgeregt schnuppernd schwänzelte er um den Fremden herum. Vom Rüssel des Schweinchens gekitzelt, mußte der Unbekannte schrecklich niesen.

»Gesundheit!« sagte Polissena höflich.

Mit einer letzten Kraftanstrengung zog sich der Mann aus dem Loch hervor. Er blinzelte und brach völlig unerwartet in ein verzweifeltes Schluchzen aus.

Er war ein sehr alter und erschreckend dünner Mann, barfuß und nur notdürftig von einem Kittel undefinierbarer Farbe bedeckt, der in Fetzen an ihm herabhing und in der Taille von einer zerfaserten Kordel gehalten wurde. Die schlohweißen Haare fielen ihm über den ganzen Rücken, und der Bart reichte bis zum Bauchnabel. Er war totenblaß, und seine dunklen Augen glänzten fiebrig unter den struppigen Brauen. An seinem Gürtel hing ein kleines Bündel, und in der rechten Hand hielt er einen Blechlöffel.

Er hockte auf dem Boden, drückte mit seinen mageren Armen seine mageren Knie an die Brust und weinte fassungslos.

Lucrezia näherte sich ihm und legte ihm sanft eine Hand auf die Schulter. »Warum weint Ihr, Herr?« fragte sie.

»Ich bin Doktor«, stammelte der Unbekannte und schluchzte erneut.

»Warum weint Ihr, Herr Doktor?« wiederholte Lucrezia ihre Frage.

»Weil mein Plan gescheitert ist«, antwortete er und zog die Nase hoch. »Nach meinen Berechnungen hätte ich unter einem kleinen Lorbeerbaumwäldchen herauskommen müssen, der sich hinter dem Königspalast ausbreitet. Statt dessen bin ich in einer weiteren Kerkerzelle gelandet. Alles umsonst.« Und erneut strömten ihm die Tränen über das hagere Gesicht.

»Nur Mut, Ihr dürft nicht verzweifeln«, sagte nun Polissena, die es nicht mitansehen konnte, wenn ein Erwachsener weinte. »Auch wir wollen ausbrechen. Zusammen schaffen wir es.«

Der Unbekannte hörte auf zu schluchzen und trocknete sich die Tränen mit dem Ende seines Bartes. »Wirklich?« Seine Miene hellte sich ein klein wenig auf. »Und wie?«

Lucrezia deutete auf das Fensterchen.

»Habt ihr eine Leiter?« fragte der Alte.

»Nein. Doch mein Vetter ist ein wahrer Kletterkünstler, und das mit bloßen Händen. Er klettert hinauf und läßt für uns eine Kordel herunter.«

»Lucrezia!« unterbrach Polissena sie erschreckt. »Wir haben ja gar keine Kordel!«

»Die habe ich!« rief der Alte zufrieden und knüpfte sich den Gürtel auf. »Aber das Gitter!« fügte er hinzu. »Wie sollen wir das durchsägen? Habt ihr eine Feile?«

Nein, die hatten sie nicht. Ratlos schauten sie sich an. Schließlich angelte Lucrezia aus ihrem Ausschnitt die Kette mit den Anhängern hervor. »Ich habe eine Schere, mit der ich den Affen die Nägel schneide«, sagte sie wenig überzeugt.

»Die wird nichts nützen«, befand der Alte. Dann untersuchte er aufmerksam die Zelle, ihre Mauern und alles, was sie enthielt. »Habt ihr in den Brotlaib geschaut?« rief er aufgeregt.

Nur mit Mühe ließ sich das Brot brechen, so hart war es. Doch in seinem Innern lag ein kleines Stoffbündel.

»Ein Taschentuch Isabellas!« rief Polissena, die die gestickte Krone entdeckt hatte. In das Tachentuch war eine lange Feile eingehüllt. Und auf dem Batisttuch stand in goldener Tinte geschrieben: »Die Stalltür ist nachts nicht verschlossen. Viel Glück!«

»Was hat es mit dem Stall auf sich? Wollt ihr zu Pferd fliehen?« fragte der Alte.

»Wir müssen unsere akrobatischen Tiere dort herausholen«, erklärte Lucrezia. »Die Prinzessin glaubt, daß wir so schnell wie möglich fliehen wollen. Sie weiß nicht, daß wir uns in der Stadt verstecken müssen, um auf die Ankunft der Königin zu warten.«

»Und warum das?«

Die Mädchen tauschten einen Blick. Konnten sie dem Gefangenen trauen?

»Wir müssen ihr ein Anliegen vortragen«, antwortete Lucrezia vorsichtig.

»Auch ich würde sie gerne treffen«, seufzte der Alte. »Ich

habe ihr so viel zu erzählen! Doch darf ich nicht riskieren, daß mich der Regent entdeckt.« Allein bei dem Gedanken erzitterte er. »Er würde mich töten lassen«, flüsterte er. Dann fing er sich wieder. »Es ist ein großes Glück, daß es der Prinzessin gelungen ist, euch die Feile zu schicken. Laßt uns keine weitere Zeit verlieren.«

Trotz seines gebrechlichen Aussehens war er erstaunlich gelenkig und behende geblieben.

Er gab die Kordel »Ludovico, der Spinne«, bot ihm seine ineinander verhakten Hände als Steigbügel und seine Schultern als Trittbrett zum Weiterklettern dar. Polissena hatte blitzschnell das Fensterchen erreicht und setzte sich auf den Sims.

»Was siehst du?« fragte der Alte mit der Gier eines Ausgehungerten.

»Füße, die vorbeigehen ... ein paar strohgefütterte Holzpantinen. Schnee auf der Straße. Zwei Militärstiefel. Spangenschuhe, die Hufe eines Pferdes ...«

»Es ist zehn Jahre her, daß ich ein Pferd gesehen habe!« seufzte der Alte. Er befahl »Ludovico«, die Kordel fest an einen Gitterstab zu binden. »Sehr gut. Jetzt kannst du herunterkommen. Ich werde das Gitter durchsägen.«

Er zog sich an der Kordel zum Sims hinauf, und für einen kurzen Moment schaute er wie verzückt dem Treiben auf der Straße zu. »Zehn Jahre ...«, wiederholte er immer wieder mit bewegter Stimme. »Zehn Jahre, daß ich nicht das Licht der Sonne gesehen habe.«

Dann begann er zu feilen, sehr vorsichtig und so geräuschlos wie möglich. Er war geschickt, schon nach zwanzig Minuten hatte er eine Öffnung aufgesägt.

»Zum Glück bin ich mager«, sagte er leise, »und ihr seid jung. Die Öffnung ist sehr schmal, doch wir werden durchpassen.«

»Steigen wir hoch?« fragte Lucrezia und ergriff die Kordel. Polissena hatte schon das Schweinchen unter dem Arm.

»Nein, draußen ist noch zu hell, und es ist noch zuviel Leben auf den Straßen. Jemand könnte uns sehen und Alarm schlagen. Laßt uns die Nacht abwarten.«

Er seilte sich auf den Zellenboden ab. »Wir sollten uns ein wenig ausruhen. Wir brauchen alle Kräfte für die Flucht«, sagte er und legte sich auf das Stroh. Polissena schaute ihn fasziniert an. Sie hatte noch nie jemanden mit derart weißer Haut gesehen.

»Seid Ihr wirklich über zehn Jahre dort unten eingesperrt gewesen?« fragte sie. »Ihr müßt ja ein sehr gefährlicher Verbrecher gewesen sein.«

Der Alte lächelte bitter und trocknete sich eine Träne im Augenwinkel.

»Seid Ihr ein Mörder?« wollte Lucrezia wissen. Die Vorstellung machte ihr keine Angst, denn sie wußte, daß selbst der grausamste Mörder nach zehn Jahren Haft ein anderer Mensch geworden sein konnte, und dieser Alte schien ihr völlig ungefährlich.

»Ich bin ein Doktor!« antwortete er stolz. »Meine Aufgabe war es, gegen den Tod zu kämpfen, nicht, ihn herbeizuführen. Nie in meinem Leben habe ich jemanden getötet.«

»Und wieso seid Ihr dann im Gefängnis gelandet? Habt Ihr gestohlen? Habt Ihr wie wir Euch der Majestätsbeleidigung schuldig gemacht?«

»Das einzige Verbrechen, das ich in meinem Leben begangen habe, wenn es sich überhaupt um ein Verbrechen handelt, ist bis heute von niemandem aufgedeckt worden. Es ist ein Geheimnis, das auf meinem Gewissen lastet, doch niemand außer mir weiß, was ich getan habe. Ins Gefängnis hat man mich aus einem anderen Grund geworfen: um mich für immer zum Schweigen zu bringen. Um das Verbrechen eines anderen zu vertuschen, den alle für unschuldig halten.«

»Wer ist das?« fragte Polissena. Der Ton, in dem der Alte sprach, erschreckte sie. Der Arzt schaute sich furchtsam um und flüsterte dann: »Der Regent. Er ist es gewesen, der mich hat einsperren lassen in der Zelle, die am tiefsten unter der

Erde liegt. Er hatte sogar befohlen, mich einzumauern, und keiner der Wachtposten, die mir durch eine Luke Wasser und Brot reichten, durften je ein Wort mit mir sprechen. Zehn Jahre lang habe ich nicht ein Mal den Klang einer menschlichen Stimme gehört, und wenn ich mir nicht selbst alle Verse, Reime und Gedichte, die ich auswendig kannte, immer wieder laut aufgesagt hätte, wäre ich wohl verrückt geworden.«

»Warum hat der Regent Euch zu einer so harten Kerkerstrafe verurteilt?« fragte Lucrezia.

»Weil ich der einzige war, der das schreckliche Geheimnis kannte. Ihr seid zu jung. Ihr könnt euch nicht einmal vorstellen, was sich hier am Hofe vor zehn Jahren zugetragen hat. Die königliche Prinzessin, die heute auf dem Thron sitzt, eure Freundin Isabella ...«

»... ist nicht die wirkliche Tochter des gestorbenen Königs, sondern seine Nichte, die Tochter des Regenten!« rief Polissena aus.

Der Alte schaute sie erstaunt an. »Woher weißt du das, mein Junge?«

»Weil die echte Pinzessin ...«, begann Polissena und wollte sagen: »... ich bin!«, doch Lucrezia versetzte ihr einen gutgezielten Tritt, um sie zum Schweigen zu bringen. Die Worte des Alten hatten sie beunruhigt. Wieso wußte er Dinge, die, soweit ihnen bekannt war, einzig ein Geheimnis zwischen dem Regenten und Frau Aspra waren?

»Herr Doktor«, sagte Lucrezia, »wie Ihr gemerkt habt, wissen auch wir von dieser alten Intrige, wenn auch nur bruchstückhaft. Und auch wir müssen befürchten, daß uns der Herrscher ein für allemal zum Schweigen bringen will. Bitte erzählen Sie uns Ihre Geschichte, die vermutlich lang und verzwickt sein wird. Im Anschluß erzählen wir Ihnen, was wir wissen. Es läßt sich in wenigen Worten zusammenfassen.«

»Einverstanden«, antwortete der Alte. Er machte es sich auf dem Stroh bequem und nahm einen langen Schluck aus dem

Wasserkrug. »Damit können wir uns die Zeit vertreiben, bis die Dunkelheit hereinbricht. Ich spüre, daß ihr mein Vertrauen nicht mißbrauchen werdet.«

Die Freundinnen setzten sich ihm zu Füßen auf das Stroh und erwarteten neugierig seine Erzählung.

Drittes Kapitel

»Zunächst scheint es mir angebracht«, begann der Alte, »daß ihr erfahrt, wer ich bin. Ihr seid zu jung, um zu wissen, daß Samuele Varotari den Ruf hatte, der beste Arzt im ganzen Reich zu sein. Deshalb ließ mich der verstorbene König Medardo an den Hof rufen, damit ich mich persönlich um die Gesundheit des Thronerben kümmerte, dessen Geburt man jeden Tag erwartete.

Am Hofe lebte auch der jüngere Bruder des Königs, Uggeri, Graf von Belvì, der einige Monate zuvor Witwer geworden war. Seine Frau war bei der Geburt eines Mädchens gestorben. Der Vater vergötterte die kleine Tochter, die Glinda hieß.

Bei meiner Ankunft bat mich Graf Uggeri in seine Wohngemächer, um einen Blick auf seine Tochter zu werfen. Es war ein kräftiges Mädchen von sieben Kilo, mit kastanienbraunen Haaren, friedlichem Gemüt, gesund wie ein Fisch. Die meiste Zeit lag sie an der Brust der Amme, weshalb ihre Nase ein klein wenig nach oben gebogen war. Nachdem ich sie sorgfältig untersucht hatte, befand ich, daß sie keiner besonderen Fürsorge bedurfte, daß die Kinderfrau sie offenbar gut pflegte und daß ich alle zwei Wochen nach ihr schauen würde.

Einige Tage später gebar die Frau des Königs eine kleine Prinzessin. Sie wog zwei Kilo und dreihundert Gramm, und sie wurde auf den Namen Isabella getauft. Dieses Neugeborene war im Gegensatz zur Kusine sehr zart und feingliedrig, mit kahlem Kopf und von sehr weißer Haut. Nicht einen Moment hielt es still, ständig versuchte es, den Kopf zu heben, zu strampeln, sich aus den Armen der Kinderfrau zu winden. Vor allem farbige Gegenstände zogen die Kleine unwiderstehlich an. Schon in den allerersten Monaten wurde deutlich, daß die Prinzessin einen ganz anderen Charakter hatte als ihre Kusine, die kleine Gräfin Glinda.

Als ihr persönlicher Kinderarzt beobachtete ich aus nächster Nähe ihre Ernährung und ihre Entwicklung, ich wog sie und kontrollierte jeden ihrer Fortschritte, in körperlicher wie geistiger Hinsicht. Kurz gesagt, ich war neben der Kinderfrau sicherlich die Person, die die Prinzessin in den ersten Monaten ihres Lebens am besten kennenlernte.«

»Auch besser als ihre Mutter und ihr Vater?« fragte Polissena.

»Der König war, im Gegensatz zu seinem Bruder Uggeri, an seinem Töchterchen überhaupt nicht interessiert. Erst später sollte er ein sehr liebevoller Vater werden, doch mit einem Säugling konnte er offenbar nichts anfangen. Die Königin war nach der Entbindung sehr krank geworden, ein scheußlicher Husten hatte sie befallen, und ich selbst hatte ihr nahegelegt, sich von dem Baby fernzuhalten, bis sie wieder ganz gesund sein würde. Die Kinderfrau brachte ihr das in Windeln und Spitzen gewickelte Kind bis auf die Türschwelle, und die arme Mutter warf ihm von weitem Kußhände zu. Dann wurde der Husten immer schlimmer, und die Königin mußte auf das hoch in den Bergen gelegene Schloß

Lula ziehen. Nach sechs Monaten kehrte sie völlig gesund zurück. Doch da war es längst zu spät.«

»Jetzt kann ich mir erklären, warum meine Mutter nicht gemerkt hat, daß an meiner Statt ein anderes Kind dort war«, flüsterte Polissena Lucrezia zu. Ihr war einen Stein vom Herzen gefallen. Es war also nicht Gleichgültigkeit, und sie hatte auch nicht, noch schlimmer, mit dem Regenten unter einer Decke gesteckt, wie Polissena schon heimlich befürchtet hatte. Ihre Mama war weit weg gewesen, schwer krank. Wie sollte sie den Tausch bemerken, wenn sie ihr Kind nie von nahem gesehen, es nie geküßt, nie gebadet, nie gestillt hatte?

»Sst!« machte Lucrezia und wandte sich wieder dem Alten zu. »Was war während der Abwesenheit der Königin geschehen?« Sie wußte es ja ungefähr von dem, was Frau Aspra ausgeplaudert hatte, aber sie wollte die Geschichte aus dem Mund des Doktors hören. Er war Augenzeuge gewesen und kannte alle Einzelheiten.

»Am Hof brach eine furchtbare Epidemie aus«, nahm er den Faden wieder auf. »Eine Tropenkrankheit, die die vom Sultan des Punjab geschenkten Papageien eingeschleppt hatten. Die ersten, die erkrankten, waren die alten Leute und die Kinder. Wir Ärzte versuchten unser Bestes, doch wir kannten die Krankheit nicht, und die herkömmlichen Arzneimittel richteten nichts gegen sie aus. Wir waren auch zu wenige, denn die Kranken wurden von Tag zu Tag mehr.

König Medardo ließ mich rufen und sagte sehr ernst: ›Die Königin ist von zarter Gesundheit und wird mir keine Erben mehr schenken. Meine ganze Hoffnung liegt auf der kleinen Isabella. Ihr Leben ist sehr kostbar. Ich versichere Ihnen, Doktor, sollte mein Töchterchen sterben, werden Sie noch am selben Tag hingerichtet und ihr ins Grab folgen.‹ Ihr könnt euch mein Erschrecken vorstellen, als ich auf dem Gesichtchen der Prinzessin die ersten Anzeichen der Krankheit entdeckte... Tag und Nacht wich ich nicht von ihrer Seite und versuchte alles, um sie zu heilen. Doch ihr Zustand verschlechterte sich von Tag zu Tag. Auch ihre Amme erkrankte, und als sie starb, war ich mit der Prinzessin allein.

Schlimme Nachrichten kamen auch aus den Wohngemächern des Grafen Belvì. Die Epidemie hatte die kleine Glinda, ihre Amme und das Dienstpersonal angesteckt. Ich wunderte mich, daß der Graf mich nicht ans Krankenlager seiner Tochter rufen ließ, doch dachte ich damals, der König hätte es ihm verboten, um meine Aufmerksamkeit nicht von der kleinen Thronerbin abzulenken. Dann wurde mir eines Tages furchtbar schwindlig. Ich konnte gerade noch denken: Jetzt hat es mich auch erwischt, bevor ich das Bewußtsein verlor und neben der Wiege zu Boden stürzte.

Als ich wieder zu mir kam, waren zehn Tage vergangen. Ich hatte hohes Fieber und war immer noch so schwach, daß der Kollege, der mich pflegte, mir einen Monat lang nicht erlaubte, das Bett zu verlassen. Doch man versicherte mir, daß die Prinzessin in der Zwischenzeit vollständig genesen sei. Das hätte mich eigentlich stutzig machen müssen, doch der Zustand Neugeborener ist oft unberechenbar. Auch war die Kleine einer neuen Kinderfrau anvertraut worden, die frisch vom Land gekommen war. Das Töchterchen des Grafen Belvì hingegen war gestorben und neben der Mutter in der Kathedrale begraben worden. Auch ihre Kinderfrau war tot, ebenso das gesamte Dienstpersonal des Grafen. Es hieß, er irre verzweifelt durch die leeren Gemächer und jammere, daß das Leben für ihn keinen Sinn mehr hätte, daß man ihm das Schwert oder Gift geben sollte, damit er sich zu seiner armen kleinen Glinda in die Erde legen könne.

Noch nie hat jemand so gut die Rolle des Trauernden gespielt. Der Graf hatte keinen Grund zur Trauer! Im Gegenteil, in seinem Herzen jubelte er, dieser Heuchler, denn er hatte diese Tage der Verzweiflung und Krankheit dazu genutzt, den größten Handstreich seines Lebens einzufädeln.

Er hatte verbreiten lassen, daß die kleine Glinda krank sei, obwohl es ihr in Wirklichkeit besser als allen anderen ging.

So konnte er ihr Verschwinden rechtfertigen. Er war heimlich in das Gemach der Prinzessin gegangen, das unbewacht war, hatte Isabella aus der Wiege genommen und an ihrer Stelle Glinda hineingelegt. Er vertraute darauf, daß beide Ammen gestorben waren und keiner mehr in der Lage gewesen wäre, die erheblichen Unterschiede zwischen den beiden Kindern zu bemerken.

Dann ließ er bekanntmachen, Glinda sei gestorben, und spielte die Rolle des verzweifelten Vaters.

Was aus dem anderen Kind wurde, weiß ich nicht. Ich hoffe, man hat es nicht anstelle der Tochter des Grafen begraben. Soweit ich weiß, war es nämlich nicht gestorben, sondern vielmehr von bester Gesundheit ...«

Polissena öffnete den Mund, um zu sagen: »Es ist gerettet worden. Ich bin gerettet worden. Ich bin Isabella!«, aber Lucrezia verbot es ihr mit grimmigen Blicken.

»Wir haben erfahren, daß der Regent die Prinzessin der Wirtshausbesitzerin der ›Grünen Eule‹ mit dem Auftrag anvertraut hatte, sie zu beseitigen«, sagte sie.

»Die arme Kleine«, seufzte der Alte. »Und alles nur wegen der verfluchten Machtgier des Grafen. Er ertrug es nicht, der Zweitgeborene zu sein, schon von klein an hatte er immer gehofft, daß der große Bruder sterben würde, damit er den Thron besteigen könnte. Als schließlich Isabella geboren wurde, begriff er, daß daraus niemals etwas würde. So dachte er sich diesen Betrug aus, um wenigstens seine Tochter zur Königin zu machen.

Es gab eine einzige Person, die ihm auf die Schliche kommen konnte: ich. Ich, der ich beide Kinder viele Male genauestens untersucht hatte. Mit geschlossenen Augen hätte ich sie unterscheiden können, obwohl sie doch so klein waren: das aufgestülpte Näschen Glindas und ihre Grübchen, die Form ihrer Ohren und Füße. So wie ich die Formen der anderen genau kannte, ihre Art zu weinen und wie sie an den Fingern lutschte ...

Da er mich nicht mehr in der Nähe der Wiege Isabellas gesehen hatte, dachte der Graf, auch ich sei der schrecklichen Krankheit zum Opfer gefallen. Als er aber erfuhr, daß ich überlebt hatte, sah er in mir eine große Gefahr. Wenn ich ihn anzeigte, hätte ihn der König zum Tode verurteilt, und Glinda wäre in ein Kloster gesperrt worden. Alle seine Träume wären zerstört.

Er konnte nicht wissen, daß ich keinerlei Interesse daran hatte, ihn zu entlarven. Denn ich selbst hatte etwas getan, was ich niemals zugeben konnte.

Er ließ mich festnehmen und hier unten im tiefsten Verlies einkerkern. Dort habe ich zehn Jahre lang gelebt. Vor drei Monaten faßte ich den Entschluß auszubrechen. Mit meinem Löffel habe ich Tag für Tag an dem Tunnel gegraben, der mich in die Freiheit bringen sollte und mich statt dessen in diese Zelle geführt hat. Erst vor wenigen Tagen erfuhr ich von einem neuen Wachtposten, der sich zu sehr langweilte, als daß er das Verbot, nicht mit mir zu sprechen, einhalten konnte, daß bis heute niemand hinter den Betrug des Grafen gekommen ist.

In all den Jahren hat niemand den Tausch bemerkt. Der König und die Königin haben Glinda in der Überzeugung aufgezogen, sie sei ihr Töchterchen. Und der wahre Vater hat nicht einmal auf sie verzichten müssen, er hat sie als Onkel und Regent ungehindert lieben und herzen können und ist zudem seit dem Tod König Medardos stets in ihrer Nähe. Und die Adligen haben den Grafen ahnungslos zum Regenten ernannt.

Somit ist Graf Uggeri nunmehr die höchste Autorität im Lande, und bald wird seine Tochter Glinda mit dem Segen der Königin auf den Thron steigen.«

»Wenn nicht jemand den Tausch der Kinder aufdeckt«, sagte Polissena.

»Mit welchem Ziel?« fragte der Doktor resigniert. »Diese neue Isabella – oder Glinda, wie ihr wollt – scheint kein böses Mädchen zu sein. Und nicht einmal so machthungrig wie ihr Vater. Der Wachtposten erzählte, sie sei freundlich und warmherzig. Sie hat euch die Feile geschickt, und sie kümmert sich um eure Tiere. Warum sollte man ihr Dinge vorwerfen, an denen sie keine Schuld trägt? Warum soll man sie demütigen und vom Thron stoßen?«

»Aus welchem Grund?« platzte nun Polissena heraus. »Um für Gerechtigkeit zu sorgen! Um die echte Isabella auf den Thron zu setzen!«

»Das ist nicht mehr möglich«, sagte der Alte traurig. »Die echte Isabella ist tot.«

»Und wenn sie nun wieder auftaucht? Wenn sie beweisen könnte, daß sie die echte Isaebella ist? »

»Das ist nicht möglich«, wiederholte der Arzt und schüttelte den Kopf. »Die kleine Isabella, die echte, ist in ihrer Wiege gestorben. Ich habe sie mit eigenen Augen dahinsiechen sehen. Ich habe sie in den kleinen Sarg gelegt und dem Totengräber übergeben, der sie auf einem Friedhof draußen auf dem Land begraben sollte.«

»Aber was sagt Ihr da, Herr Doktor? Seid Ihr verrückt geworden?« protestierte Lucrezia. »Nach den vielen Jahren im dunklen Kerker könnt Ihr nicht mehr zwischen Alptraum und Wirklichkeit unterscheiden. Ein Friedhof irgendwo auf dem Lande ... Wenn die königliche Prinzessin gestorben wäre, hätte man sie im Familiengrab der Dynastie der Pischilloni in der Kathedrale beigesetzt. Außerdem wissen wir genau, daß sie nicht gestorben ist.«

»Wir haben die Beweise, daß Isabella noch am Leben ist«, beharrte Polissena. »Wir haben die golddurchwirkten Windeln, die kostbaren Windelspangen mit dem Smaragd ...«

»Und das Geständnis der Frau Aspra, die Berichte des Kochs und der Küchenmädchen, die bezeugen, sie lebend gesehen zu haben. Und ...«

»Dem Herrgott sei gedankt!« rief der Arzt. »Ich bin glücklich, daß sich die arme Kleine retten konnte! Mir fällt ein

Stein vom Herzen. Die arme Kreatur hatte es nicht verdient, den brüderlichen Rivalitäten der Pischilloni zum Opfer zu fallen. Doch wenn sie wieder auftauchen würde, hätte sie keinerlei Anrecht auf den Thron.«

»Das verstehe ich nicht... Warum hätte sie kein Recht? Was wollt Ihr damit sagen?« fragte Lucrezia verwirrt.

»Ich will damit sagen, daß das Kind, das Graf Uggeri von Belvì aus der königlichen Wiege nahm und der Wirtin der ›Grünen Eule‹ übergab, nicht die Tochter des Königs war. Sie war nicht die kleine Prinzessin Isabella.«

Viertes Kapitel

Nicht Prinzessin Isabella? Polissena zwinkerte ungläubig mit den Augen, schüttelte den Kopf und schaute Lucrezia fragend an. Hatte sie richtig gehört? Versuchte der Alte, sie in die Irre zu führen, oder war er nicht mehr ganz bei Sinnen?

»Wenn es nicht Isabella war, wer dann?« fragte sie herausfordernd.

»Ich weiß es nicht«, antwortete der Arzt. »Ein Findelkind, nehme ich an. Ich fand das kleine Mädchen in einem Wald, in einem sehr düsteren Wald. Man hatte es unter einem Baum ausgesetzt. Ein wahres Wunder, daß die Wölfe sie nicht gerissen hatten, die arme Kleine.«

»Entschuldigt, Herr Doktor, ich kann Ihnen nicht mehr folgen«, sagte nun Lucrezia. »In Ihrer Geschichte geht alles durcheinander. Zunächst waren da zwei Säuglinge, Glinda und Isabella, die vertauscht wurden. Isabella war die Thronerbin, man hat sie aber verschwinden lassen und an ihrer Stelle die Kusine in die Wiege gelegt. Stimmt bis hierhin alles?«

»Das ist das, was der Regent glaubt«, seufzte der Alte. »Dabei gibt es in dieser Geschichte noch einen dritten Säugling, von dessen Existenz nie jemand gewußt hat. Das ist mein ganz persönliches Geheimnis, und in all den Jahren habe ich es keiner Menschenseele anvertraut. Ihr beiden Jungs seid die ersten, die es erfahren ...«

»Was erfahren? Wir haben immer noch nicht verstanden. Erklärt bitte deutlicher«, drängte Polissena mit tränenerstickter Stimme.

»Erzählt uns die Geschichte von Anfang an, die Geschichte dieses mysteriösen Findelkinds«, bat Lucrezia. Sie ahnte, daß nun etwas zutage kommen würde, was ihrer Freundin überhaupt nicht gefiel.

»Gut«, sagte der Alte. »Ich muß noch einmal auf die Epidemie zurückkommen. König Medardo drohte, mich hinrichten zu lassen, wenn ich nicht das Leben der Prinzessin rettete. Schon wenige Tage später mußte ich feststellen, daß die kleine Isabella angesteckt worden war. Ich konnte nicht mitansehen, wie sich Isabellas Gesundheitszustand von Tag zu Tag verschlechterte. Und so stieg ich eines Nachts heimlich aufs Pferd und verließ die Stadt, um meinen einstigen Lehrmeister aufzusuchen, einen uralten Arzt, der zurückgezogen und allein in einem Bergdorf lebte.

Doch auch er machte mir keine Hoffnung. An den Symptomen, die ich ihm beschrieb, erkannte er, daß die Krankheit der Prinzessin bereits zu weit fortgeschritten war und daß keine Therapie mehr wirken würde. Isabella würde in wenigen Tagen sterben. Vielleicht würde ich sie schon bei meiner Rückkehr in den Palast in den letzten Atemzügen finden.

Ihr könnt euch meine Verzweiflung vorstellen, als ich mich auf den Weg zurück in die Hauptstadt machte. Ich war versucht, nicht mehr zurückzukehren, ich faßte Fluchtpläne, wollte einen anderen Namen annehmen, damit König Medardo mich nicht mehr aufspüren konnte, mich irgendwo einschiffen und nach Amerika fliehen ... Auf der anderen Seite konnte ich das weder mit meinem Gewissen vereinbaren noch mit meiner beruflichen Verantwortung und auch nicht mit meiner Liebe zu der kleinen Isabella. So floh ich nicht, sondern beschloß, die Prinzessin bis zuletzt zu pflegen.

Ich war so in meine Gedanken versunken, daß ich automatisch den kürzesten Weg einschlug, der durch den Wald von Tarros führt, der voller hungriger Wölfe ist. Auf dem Hinweg war ich in großem Bogen um den Wald herumgeritten, doch jetzt schwirrten so viele Sorgen in meinem Kopf, daß ich jede Vorsicht vergaß.

Beim Ritt durch diesen gefährlichen Wald riß mich plötzlich ein ungewöhnliches Geräusch aus meinen düsteren Gedanken: ein klägliches Wimmern, das von den Wurzeln einer großen Eiche zu kommen schien. Der Morgen dämmerte schon, und zu Füßen des Baumes konnte ich ein helles Bündel ausmachen, das sich bewegte, ein kleines Kind! Tausend Gedanken rasten durch meinen Kopf. Hätte ich es dort liegengelassen, wäre es sicherlich gestorben. Es grenzte schon an ein Wunder, daß die Wölfe es noch nicht zerrissen hatten. Ich brachte das Pferd zum Stehen, stieg ab und näherte mich dem Säugling, um ihn aufzunehmen, als ich ein lautes Rascheln hörte. ›Das ist das Ende!‹ dachte ich. Ich war nicht bewaffnet und wäre nicht in der Lage gewesen, gegen einen vor Hunger rasenden Wolf zu kämpfen. Vor Schreck wie gelähmt, bereitete ich mich darauf vor, einem schrecklichen Schauspiel beiwohnen zu müssen. Doch aus den Büschen brach eine große Wildsau hervor. Auch das war nicht gerade beruhigend, schon oft hatte ich von Wildschweinen gehört, die Neugeborene in den Häusern der Bauern angriffen. Dennoch schien mir dieser Gegner weniger furchterregend. Ich suchte einen spitzen Stein, um ihn nach dem Tier zu werfen.

Doch legte sich die Sau vorsichtig neben das Baby, drehte ihm ihren Bauch zu, schob ihm die Zitzen hin, bis eine in die Nähe des schreienden Mündchens kam. Das schnappte danach und saugte sofort heftig. Rot vor Gier war das Kind, die kleinen Fäuste geballt, doch langsam beruhigte es sich.

Die Sau wartete geduldig, bis es satt war, dann erhob sie

sich und trottete von dannen. Jetzt endlich konnte ich mich nähern und das Kleine hochnehmen, das zufrieden eingeschlafen war. Ich untersuchte es sorgfältig. Es machte keinen heruntergekommenen Eindruck, war gesund und kräftig und schien ungefähr dasselbe Alter wie Prinzessin Isabella zu haben. Als ich die Windeln öffnete, stellte ich fest, daß es ein Mädchen war. ›Ein Zeichen des Himmels‹, dachte ich, denn schlagartig war mir die Idee gekommen, die Kinder zu vertauschen.

Ich weiß, eigentlich hätte ich nicht einmal daran denken dürfen, den König und die arme Königin hinters Licht zu führen. Doch ihre Tochter war nicht mehr zu retten, und damit war auch mein Leben in höchster Gefahr. Und der Plan, der langsam in meinem Hirn Gestalt annahm, barg keinerlei Risiko.

Seit Beginn der Krankheit hatte sich niemand am Hofe dem Kind genähert außer der Amme, die aber mittlerweile auch erkrankt war. Zudem wäre es ein leichtes gewesen, sie zur Komplizin zu gewinnen, denn der König hatte ihr dasselbe Schicksal wie mir angedroht.

Nun war aber die Prinzessin, die zwar noch sehr wenig Haare hatte, blond wie ihre Mutter, mit blauen Augen. Das kleine Findelkind hingegen hatte dunkles Haar und Augen schwarz wie zwei Kohlestückchen. Doch ist es bekannt, daß vielen Kindern die Haare, mit denen sie geboren werden, nach einiger Zeit ausgehen und die, die nachwachsen, in der Regel viel dunkler sind. Wie auch im Laufe des ersten Lebensjahres oft die Augenfarbe wechselt. König Medardo war zudem braunhaarig und hatte dunkle Augen. So würde er sich nicht über seine Tochter wundern, wenn er sich endlich dazu herabließe, sie auf den Schoß zu nehmen.

Ich versteckte also das schlafende Findelkind unter meinem Mantel und kehrte ein wenig erleichtert in den Palast zurück. Ich hoffte immer noch, daß meine Entscheidung nicht endgültig wäre. Daß Isabella wie durch ein Wunder doch noch gesund würde. In jedem Fall war es meine Pflicht, diese Kleine aus dem Wald zu schaffen. Das kleine Ferkelchen, wie ich sie bei mir nannte.

Im Palast lag die Kinderfrau mit hohem Fieber im Delirium, Isabella atmete röchelnd in ihrer Wiege, die die Form eines Schwans hatte. Ich versuchte, beiden mit meinen Arzneimitteln ein wenig Erleichterung zu verschaffen, doch in derselben Nacht starb die Kinderfrau. Die Prinzessin siechte noch einige Tage dahin.

Ich mußte mir eine Ziege besorgen, um Milch für die beiden, die Prinzessin und das Findelkind, zu haben; letzteres hielt ich im verborgenen, seifte der Kleinen jeden Tag den Kopf ein und rasierte ihr vorsichtig die Haare ab, so daß ihr Kopf glatt wie die Innenfläche einer Hand wurde. Ich hatte auch ihren Körper mit großer Aufmerksamkeit untersucht, um zu sehen, ob sie irgendwelche Zeichen hatte, einen Leberfleck, eine Narbe, die sie hätten verraten können, denn die Prinzessin hatte keine besonderen Merkmale.

Als Isabella dann schließlich allen meinen Bemühungen zum Trotz ihren letzten Atemzug tat, zog ich ihr das schönste Kleid, das sie besaß, an, aus rosa Brokat und mit kleinen Perlen bestickt, und ich legte sie in einen winzigen Sarg, der allerdings schlicht und einfach sein mußte.

In jener Zeit gab es im Palast täglich vier bis fünf Begräbnisse, und die Totengräber gingen ein und aus. Einem von ihnen vertraute ich den kleinen Sarg an, sagte ihm, daß der kleine Tote – ich tat so, als sei es ein Junge, um jeden Verdacht zu zerstreuen – die Waise einer Garderobiere sei, die ebenfalls vor kurzem gestorben war und niemanden auf der Welt hatte. Mit etwas Geld schickte ich ihn in das Dorf, das ich mir als ihren Geburtsort ausgedacht hatte und das weit von der Hauptstadt entfernt lag. Ich durfte nicht riskieren, daß der Körper der Prinzessin gefunden würde.

In die Schwanenwiege legte ich das Findelkind, dem ich die Kleider der Prinzessin angezogen hatte: Hemdchen aus

Seide und Spitze, golddurchwirkte Windeln, goldene Windelspangen mit Smaragden ... Niemand bemerkte den Tausch. Auch nicht der Graf von Belvì, der längst an seinem verbrecherischen Plan arbeitete und schon über den nahen Tod seiner Tochter jammerte.

Wie ich schon erzählt habe, erkrankte bald auch ich, und die Wiege der Prinzessin blieb einen Tag lang unbewacht. Das war der Moment, auf den der Graf gewartet hatte! Nicht wissend, daß ein erster Tausch schon stattgefunden hatte, schlich er in die Gemächer der Prinzessin, nahm das Kind aus der Wiege, das er für seine Nichte hielt, und legte seine Tochter Glinda hinein. Auch ihr hatte man den Kopf rasiert, damit sie der Prinzessin so weit wie möglich ähnelte.

Den Rest kennt ihr. Ihr wißt noch mehr als ich, nämlich daß mein kleines Findelkind gerettet worden ist. Wo befindet es sich nun?«

»Hier«, antwortete Polissena traurig. »Ich bin Euer Findelkind.«

»Aber wie ist das möglich? Du bist ein Junge!« rief der Alte verdutzt. »Hast du nicht gesagt, daß du dich ›Ludovico, die Spinne‹ nennst? Jenes Kind war ein Mädchen, dessen bin ich völlig sicher!«

»Auch sie ist ein Mädchen«, erklärte Lucrezia. »Wir dachten, es sei sicherer, wenn wir als Jungen verkleidet reisen würden.« Und sie erzählte den Teil der Geschichte, den der Alte noch nicht kannte, vom Geständnis der Frau Aspra bis zu ihrer Ankunft am Hof.

Fünftes Kapitel

Als sie geendet hatte, blieb der Alte eine Weile stumm und fuhr sich mit den dreckigen Fingern durch den langen Bart.

»So ist das also ... du bist das Kind aus dem Wald ...«, murmelte er. »Es scheint, daß ich dich immer in Gesellschaft eines

Schweinchens antreffe. Wenn ich mich nicht geirrt hätte mit meinem Fluchttunnel und nicht hier in diese Zelle geraten wäre, hättest du weiterhin geglaubt, die echte Prinzessin zu sein ... und vielleicht wäre es dir sogar gelungen, die Königin zu überzeugen ...«

Polissena weinte still vor sich hin.

»Es tut mir leid, daß ich deine Träume zerstört habe«, sagte er und kratzte sich am Kopf. »Wir könnten so tun, als wären wir uns nie begegnet«, meinte er nachdenklich. »Als ich den Entschluß faßte auszubrechen, geschah das nicht, um als Rächer zurückzukehren. Mein einziger Wunsch ist, hier herauszukommen und irgendwo auf dem Land friedlich als Bienenzüchter zu leben. Es ist mir ganz egal, wer auf dem Thron sitzt.«

»Seid Ihr etwa bereit, die Wahrheit zu verschweigen und zuzulassen, daß auch Polissena eine Thronschwindlerin wird?« rief Lucrezia empört.

Der Alte zuckte mit den Schultern. »Macht, was ihr wollt. Ich für meinen Teil werde mich, sobald ich hier heraus bin, in die Berge zurückziehen, hinter den Wald von Tarros, und nie mehr möchte ich etwas mit Mirenài zu tun haben.«

Polissena weinte immer noch.

»Nun hör schon auf!« sagte Lucrezia ungeduldig. »War es dir denn wirklich so wichtig, Prinzessin zu sein?«

»Es geht nicht um den Thron ...«, schluchzte Polissena. »Aber ich dachte, daß ich endlich meine Familie gefunden hätte, meine Mutter ... und statt dessen ...«

»Statt dessen müssen wir uns einfach wieder auf den Weg machen und weitersuchen, weil alles, was wir bislang gedacht haben, nicht mehr stimmt«, sagte Lucrezia. Sie wandte sich an den Arzt. »Wie war meine Freundin gekleidet, als Ihr sie im Wald gefunden habt? Hatte sie etwas Besonderes bei sich? Ein Medaillon? Einen Brief? Ein Schmuckstück?«

Der Alte schüttelte den Kopf. »Sie trug ganz normale Windeln und Babysachen, gepflegte, gute Sachen, aber nichts Außergewöhnliches. Und keinerlei Erkennungszeichen. Wer sie dort abgelegt hatte, wollte sie offenbar niemals wiederfinden, das könnt ihr mir glauben.«

Polissena heulte immer heftiger.

»Da kommt mir etwas in den Sinn«, sagte er plötzlich, »ein ganz schwaches Indiz vielleicht ... das Kind war in ein Männerhemd gehüllt, ein Hemd aus feinstem Batiststoff, auf das, wenn ich mich recht erinnere, Initialen gestickt waren.«

»Habt Ihr es aufgehoben?« fragte Lucrezia.

»Erinnert Ihr Euch, was das für Initialen waren?« fragte Polissena und wischte sich mit dem Handrücken über die Tränen.

Der Doktor zögerte. »Ja, ich habe es aufgehoben«, sagte er schließlich. »Aber nicht, um eines Tages das Findelkind zu identifizieren. Im Gegenteil, ich hatte ja jedes Interesse daran, alle Beweise zu zerstören. Ich schäme mich ein bißchen, das zugeben zu müssen, aber ich war ein eitler Mann, und dieses Hemd war sehr schön. Ich trug es sogar an dem Tag, als man mich ins Gefängnis warf.«

»Was waren es für Initialen?« wiederholte Polissena.

»Nur mit der Ruhe, ich will einmal schauen ...«, sagte der Alte. Aus seinem kleinen Lumpenbündel, das er am Gürtel getragen hatte, holte er ein Büchlein heraus, in dem er fieberhaft zu blättern begann.

»Es ist zu dunkel. Ich kann nichts sehen ...«, murmelte er.

»Warum habt Ihr sie aufgeschrieben?« fragte Lucrezia verwundert.

»Ich habe sie nicht aufgeschrieben. Sie sind hier auf eine der Seiten gestickt, doch ich kann sie nicht finden.«

Unter den verwunderten Blicken der Mädchen erklärte der Doktor, daß er nach einigen Monaten Gefängnis das dringende Bedürfnis verspürt hatte, ein Tagebuch zu schreiben. Dazu hatte er das Hemd in viele kleine Quadrate zerschnitten und daraus ein kleines Buch zusammengelegt, in das er jeden Tag seine Gedanken und Zukunftspläne eintrug.

»Und die Tinte?« fragte Lucrezia neugierig.

»Mit Spucke vermischter Ruß aus der Lampe. Als Stift benutzte ich ein Stöckchen oder einen Nagel, falls der Kerkermeister ihn mir nicht weggenommen hatte.«

»Die Initialen«, drängte Polissena.

Endlich fand sie der Alte. Doch es war mittlerweile viel zu dunkel, um sie lesen zu können. Er fuhr mehrere Male mit dem Finger darüber. »Zum Glück sind sie gestickt. Man kann sie fühlen. Ich glaube, der erste ist ein A und dann ein E ... Ja, mir scheint, ein E. Sagt dir das irgend etwas?«

Polissena schüttelte enttäuscht den Kopf. »A. E.« Sie kannte niemanden, dessen Name mit diesen Buchstaben begann.

»Ich kann dir das Tagebuch nicht geben«, entschuldigte sich der Doktor, »es stehen zehn Jahre meines Lebens darin. Doch die Seite mit den Initialen wohl, die schenk' ich dir. Oder besser gesagt, ich gebe sie dir zurück. Ich hoffe sehr, daß sie dir nützlich sein werden.«

Während all dieser Erzählungen und Gesprächen war es sehr spät geworden. Polissena kletterte zum Fenster hinauf und sah, daß die Straße mittlerweile leer war. Die Turmuhr schlug zehnmal. »Wir brechen auf.«

Lucrezia stieg als letzte hinauf, unter dem Arm hatte sie das Schweinchen und vor sich den Doktor, dem sie beim Klettern half. Die Aussicht auf Freiheit hatte ihn benommen gemacht.

Vorsichtig stießen sie das zersägte Gitter auf und krochen auf die Straße. Der Alte lehnte sich an die Mauer. »Wenn ihr wüßtest, wie oft ich diesen Moment erträumt habe!« seufzte er. Polissena schaute ihn mitleidig an. Zehn Jahre in einer dunklen Zelle unter der Erde! Sie war nur einen halben Tag eingesperrt gewesen, und schon erschien es ihr, als hätte sie eine Ewigkeit im Gefängnis gesessen.

»Ich danke euch vielmals! Lebt wohl und viel Glück«, flüsterte der Alte und drückte beiden die Hand.

»Wartet einen Augenblick! Ihr könnt nicht so herumlaufen«, hielt ihn Lucrezia auf. »Barfuß und in einen Sack gehüllt! Ihr werdet erfrieren! Und die langen Haare und der lange Bart! Man wird sofort denken, Ihr seid ein entlaufener Häftling, und Euch gleich wieder einsperren. Versteckt Euch dort hinter der Statue. Nur ein paar Minuten. Polissena wird Euch Gesellschaft leisten. Ich bin gleich wieder da.«

Leise wie ein Schatten schlich sie an der Mauer des Palastes entlang zum Stall. Wie Isabella versprochen hatte, war die Tür angelehnt und ließ sich geräuschlos öffnen. Offenbar war sie frisch geölt. »Still!« zischte sie den akrobatischen Tieren zu, noch bevor die sie fröhlich begrüßen konnten. »Alle auf den Karren! Wir ziehen weiter!«

Als der alte Doktor die Truppe auftauchen sah, glaubte er , seinen Augen nicht zu trauen. »Dann war das Schweinchen also nur eine kleine Kostprobe.«

Doch Lucrezia wollte keine Zeit mit Konversation verlieren. Aus der Korbtruhe zog sie die Winterkleidung des alten Giraldi, die sie aufgehoben hatte, dazu dessen gefütterte Stiefel und gab sie dem Alten. Der Ärmste war derart mager, daß ihm die Kleidung am Körper schlotterte. Doch verspürte er ein wohliges Gefühl von Wärme und Schutz. »Wer weiß, ob ich überhaupt noch in der Lage bin, in Schuhen zu laufen«, sagte er.

»Und nun kommen Bart und Haare dran!« entschied Lucrezia und kramte die Schere hervor, mit der sie normalerweise die Tiere schor. Strähne für Strähne schnitt sie die langen, weißen Haare ab. Weil es so dunkel war, wurde der Schnitt ein bißchen unregelmäßig.

»Das macht nichts«, sagte der Doktor. »Ich werde sowieso immer den Hut tragen. Den Bart jedoch, wenn du erlaubst, den schneide ich mir selbst, und auch nicht so kurz, wie du es gern hättest.«

Als er das erledigt hatte, schien er wie verwandelt.

»Nun müssen wir uns wirklich verabschieden. Noch einmal vielen Dank! Und solltet ihr in die Gegend um Pramontel kommen, müßt ihr mich besuchen. Ihr braucht nur den Bienen zu folgen.«

Sie umarmten sich, und er verschwand in der Dunkelheit.

»Und wir, in welche Richtung gehen wir?« fragte Polissena.

Da sie nun keine Prinzessin mehr war, machte es ihr nichts aus, sich wieder ganz der Freundin anzuvertrauen.

»Es gibt keinen Grund, die Rückkehr der Königin abzuwarten. Wir sollten uns so schnell wie möglich so weit wie möglich von Mirenài entfernen, bevor die Kerkermeister merken, daß wir entflohen sind. Egal wohin, nur möglichst weit weg.«

Lucrezia beugte sich zu Ramiro hinunter und streichelte ihm den Kopf. »Entscheide du, mein Lieber! Nimm die sicherste und bequemste Straße.«

Der Hund schnupperte in die Luft, und ohne zu zögern wandte er sich Richtung Süden. »Jetzt führt er uns wieder zurück«, sagte Polissena. Doch da sie ohne Ziel waren, hatten Worte wie »zurück« oder »vorwärts« jede Bedeutung verloren.

VIII.
Der Eremit und die Urgroßmutter

Erstes Kapitel

Die Nacht war pechschwarz. Es hatte zu schneien aufgehört, doch wehte ein eisiger Wind, kroch unter die Kleider und stach die Haut wie mit tausend feinsten Eisnadeln. Auf der spiegelglatten Straße mußte sich der arme Ramiro vor dem Karren doppelt mühen: Mit angespannten Muskeln versuchte er zu verhindern, daß die Fuhre ins Schleudern geriet oder von der Fahrbahn rutschte.

Der Karren war zu alledem vollbeladen, denn Lucrezia hatte außer den beiden Affen auch die Gans und das Schweinchen aufsteigen lassen und schließlich sogar Polissena, deren Stirn vor Fieber glühte. Die Aufregungen dieses Tages, der Kerker, die Begegnung mit dem Doktor, die Enttäuschung infolge der neuen Entdeckungen hatten ihr so zugesetzt, daß sie jetzt, wo alles überstanden war, Fieber bekommen hatte.

Lucrezia machte sich Sorgen. Auch um Casilda und Lancillotto. Sie wußte, daß die Umstände ihrer Reise für die Affen riskant waren, obwohl sie sie in die wärmsten Decken eingewickelt hatte. Immer wieder fühlte Lucrezia an ihren Ohren und befürchtete, bald einen ersten Husten zu hören.

Die einzigen der Truppe, die in ihrem Element zu sein schienen, waren der Bär Dimitri, der hinter dem Karren ging und, um Ramiro zu helfen, je nach Bedarf schob oder bremste, sowie natürlich Ramiro selbst. Als Lawinenhund war er mit seinem dicken Fell und seinen starken Muskeln gegen alle Widrigkeiten bestens gewappnet. Lucrezia fühlte sich für alle verantwortlich, und als sie nach vielen Stunden Marsch in der Dunkelheit die Umrisse eines einsames Heuschobers auf einer Wiese ausmachte, war sie sehr erleichtert.

»Dort werden wir die Nacht verbringen!« bedeutete sie ihren Gefährten. »Wir werden ein Feuer machen, an dem wir die Kleider trocknen können, und uns etwas Warmes zu essen kochen. Und wir werden in trockenem Heu schlafen.« Bei diesen Worten fühlten sich alle gleich besser. Angesichts ihrer Begeisterung bei der Aussicht auf die Nacht im Heuschober konnte man es kaum mehr für möglich halten, daß sie noch tags zuvor im Königspalast mit all seinem Luxus und seinen Bequemlichkeiten gelebt hatten. Ramiro legte sich noch einmal mächtig ins Zeug, und im Handumdrehen waren sie an ihrem Zufluchtsort angelangt.

Glücklicherweise hatten sich die Affen nicht unterkühlt. Auch Polissenas Fieber war wohl eher Ausdruck der Aufregungen und mit einem guten Schlaf zu überwinden.

Lucrezia wußte nach den Wanderjahren mit dem alten Giraldi die Symptome einer Lungenentzündung von denen einer leichten Erkältung sehr wohl zu unterscheiden. Nachdem sie alle Tiere gut versorgt hatte, kümmerte sie sich um die Freundin, setzte sich zu ihr und nahm ihre Hände in die ihren.

»Fühlst du dich ein bißchen besser?«

Polissena jammerte: »Lucrezia, hilf mir! Ich will nicht sterben, bis ich nicht meine wahren Eltern wiedergefunden habe.«

»Red keinen Blödsinn. Morgen wirst du wieder wohlauf sein«, antwortete Lucrezia und versuchte, ihrer Stimme einen brummigen Ton zu geben. Polissena durfte sich jetzt nicht gehenlassen. Sie mußte bei Besinnung bleiben. Wie sollten sie sich sonst weiter durchschlagen, allein in einer fremden Gegend, die Häscher des Regenten auf den Fersen?

»Versuch zu schlafen. Bist du gut zugedeckt?«

Polissena drückte ihr die Hand: »Lucrezia ...«

»Ja?«

»Die Seite des Tagebuchs ... die mit den gestickten Initialen. Du hast sie, nicht wahr? Kannst du sie mir noch einmal zeigen?«

Lucrezia zog den Stoffetzen aus der Tasche und hielt ihn ihr hin. Polissena drückte ihn fest an ihre Wange: »Mama ...«, murmelte sie. »Mama ... Wie soll ich dich wiederfinden?«

»Ich hätte eine Idee«, sagte nun Lucrezia. »Nichts Umwerfendes, aber mir fällt nichts Besseres ein.«

»Sag's mir.«

»Kannst du dich noch an die alte Bäuerin erinnern, die der Mutter von Pacuvio beim Wäschewaschen half? Die mit der Kittelschürze, auf die Klatschmohn und Tulpen gestickt waren? Ich habe sie mehrere Male von einem heiligen Einsiedler erzählen hören, der nah bei ihrem Geburtsort Osùbez in einer einsamen Gegend lebt und von dem man sagt, er könne jedes Problem lösen.«

»Meinst du so einen Heiligen, der Wunder vollbringen kann?« fragte Polissena.

»Nicht eigentlich Wunder. Es heißt, daß er durch ständiges Gebet, Fasten und Selbstgeißelung eine so tiefe Weisheit erreicht hat, daß er in den Herzen der Menschen lesen kann und auf jede Frage eine Antwort findet. Wir könnten ihn aufsuchen. Womöglich kann er uns nicht die Namen deiner Eltern sagen, aber vielleicht wird er uns raten, wie wir weiter nach ihnen suchen sollen, wir haben ja noch diese letzte Spur, diese verdammten Initialen A. E.!«

»Sag nicht verdammt!« protestierte Polissena. »Vielleicht sind das die Initialen meines Papas!«

»Oder die desjenigen, der dich ermorden wollte.«

Polissena brach in Tränen aus.

»Hör auf, sonst steigt dein Fieber! Wenn du einen besseren Vorschlag hast, dann heraus damit. Ich bin müde und will schlafen.«

»Wo ist dieses Dorf Osùbez?« fragte Polissena und zog die Nase hoch.

»Auf halbem Weg zwischen Pacuvios Hof und Paludis«, sagte Lucrezia. »Ich weiß, das ist weit, und es ist nicht gerade die beste Jahreszeit zum Reisen, doch wir haben keine andere Wahl.«

Als Polissena, mit Tränen an den Wimpern, eingeschlafen war, legte Lucrezia Holz nach und öffnete dann die Korbtruhe auf dem Karren. Sie wollte nachsehen, ob alles noch an seinem Platz war. Sie atmete erleichtert auf, als sie die golddurchwirkten Windeln und die Smaragdspangen fand. Jetzt war sie sicher, daß der Regent keinen Verdacht hegte. Also würde er auch nicht versuchen, ihrer wieder habhaft zu werden, um sie zum Schweigen zu bringen.

Wie sehr doch das Leben der Menschen vom Zufall abhing ... Hätte der alte Doktor seinen Fluchttunnel nicht in die falsche Richtung gegraben, wer weiß, ob Polissena dann nicht in bestem Glauben den Thron als einzige legitime Erbin der Dynastie Pischilloni bestiegen hätte und königliche Prinzessin geworden wäre.

Und wer weiß, was passiert wäre, wenn ein neugieriger Page in der Korbtruhe herumgekramt und Windeln und Spangen entdeckt hätte. Obwohl Polissena jeden Anspruch auf den Thron verloren hatte, wäre sie vielleicht als gefährliche Rivalin ermordet worden. Und wenn die Königin ...

Plötzlich stockte Lucrezia vor Schreck der Atem: Mit dem Inhalt der Korbtruhe stimmte etwas nicht. Irgend jemand hatte darin herumgestöbert. Die Kostüme der Tiere waren anders gestapelt als vorher, die Blechteller und Becher, die sie von Giraldi übernommen hatte, verschwunden. Wer konnte sie genommen haben? Sie waren alt und zerbeult gewesen! Ihr Hände zitterten, als sie den Korb durchwühlte. Da entdeckte sie etwas, das nicht ihr gehörte, ein großes Bündel und einen Lederbeutel. Er war voller Goldmünzen. Und das dicke Bündel enthielt zwei Teller und zwei Becher aus Silber mit entsprechendem Besteck, dazu reichlich Proviant, von dem sich die gesamte Truppe vier oder fünf Tage ernähren konnte.

»Isabella!« murmelte Lucrezia gerührt. »Wer weiß, ob wir eines Tages Gelegenheit haben werden, uns für ihre Freundschaft zu bedanken.«

Sie schlief leichten Herzens ein. Am nächsten Morgen berichtete sie Polissena, daß sie sich dank der Großzügigkeit der Prinzessin eine Kutsche und damit eine bequeme und schnelle Reise leisten konnten.

Zweites Kapitel

Das Klima wurde milder, je mehr sie sich von der Hauptstadt entfernten und sich der Küste näherten. Es war fast schon Mitte Dezember, doch morgens klärte sich der Himmel auf, und die Sonne wärmte derart, daß man in der Kutsche bei offenen Fenstern reisen konnte. Diesmal brauchten sich die Tiere nicht zu verkleiden. Es gab keine anderen Passagiere, und angesichts des erklecklichen Haufens Goldmünzen, den Lucrezia dem Kutscher unter die Nase gehalten hatte, verbeugte sich dieser tief vor ihr, rief »Zu Befehl!« und verlor kein Wort über die seltsame Reisegesellschaft.

Sie kamen rasch voran. An jeder Poststation wurden die

Pferde gewechselt, und so brauchten sie des Nachts nicht anzuhalten. Sie schliefen auf den Bänken der Kutsche, und Lucrezia löste jeden Morgen den Kutscher ab, damit der sich ausruhen konnte.

Lucrezia freute sich, daß ihre Suche sie in die Nähe Cepalunas zurückführte. Sie wollte das Meer wiedersehen, die alten Freunde und die Plätze, auf denen die Truppe Giraldi häufig aufgetreten war. Sie wollte Pacuvio wiedersehen und die dreizehn Piraten von Roccabrumosa. Und auch wenn sie es Polissena nicht eingestand, wollte sie auch die Familie Gentileschi wiedersehen und insbesondere ihre Freundin Ippolita. Sehr oft auf ihrer Reise hatte sie daran gedacht, der Familie ein Briefchen zu schreiben: »Macht euch keine Sorgen um Polissena. Es geht ihr gut, und ich passe Tag und Nacht auf sie auf.« Doch sie hatte es nie getan, denn sie wußte, daß ihre Freundin das nicht gewollt hätte.

Polissena hatte sich noch nicht von der Enttäuschung erholt, keine Prinzessin zu sein. Sie war schlecht gelaunt, unfreundlich, mürrisch, aggressiv. Nur Biancofiore duldete sie in ihrer Nähe. Alle anderen Tiere rückten in der Kutsche so weit wie möglich von ihr ab, und Ramiro hatte sie sogar einmal angebellt.

Bei Tageslicht hatte Polissena das Stück Stoff des Batisthemdes genau untersucht und festgestellt, daß die Anfangsbuchstaben »A. F.« lauteten und nicht »A. E.«. Aber das half ihr nicht weiter. Dafür hatte sie nun einen Grund, auf den alten Doktor und dessen Verblödung zu schimpfen.

Lucrezia tat so, als hörte sie nicht. Zwar juckte es ihr manchmal gehörig in den Fingern, dieser Jammersuse ein paar schallende Ohrfeigen zu verpassen, doch sie hielt sich zurück und übte sich in Geduld.

Schließlich erreichten sie Osùbez, ein Hirtendorf, das einsam mitten in steinigem Land lag, auf dem nichts wuchs als rauhes Gras, von dem sich allenfalls Schafe und Ziegen ernähren konnten.

Sie bezogen Quartier im einzigen Gasthaus, einer bescheidenen Herberge, von deren Mauern der Putz blätterte. Der Wind pfiff durch notdürftig geflickte Fenster in die kargen Zimmer. Polissena seufzte, der Luxus der »Grünen Eule« kam ihr in den Sinn.

»Ja, meine Liebe, man kann nicht alles im Leben haben! Aber wenigstens sind hier die Besitzer nicht so hochnäsig und scheinen ehrlich zu sein«, sagte Lucrezia.

»Aber wir sind immerhin Grafen und hätten ein komfortableres, eleganteres Gasthaus verdient ...« Polissena war zwar keine Prinzessin mehr, doch Gräfin war immer noch besser als gar nichts.

Lucrezia fing an zu lachen. »Was? Du hast doch selbst gesagt, als wir im Gefängnis saßen, daß die Adelstitel, die eine Betrügerin erteilt, wertlos sind.«

»Nun ja, da nun die echte Isabella tot ist, wird die falsche, ihre Kusine, in gewissem Sinn zu ihrer rechtmäßigen Erbin ...«

»Aber was schert dich das! Ist es dir wirklich so wichtig, eine Aristokratin zu sein? Willst du wirklich Leuten wie dem Regenten oder der Erzherzogin Teodora ähneln? Und nicht lieber jemandem wie Pacuvio oder einer so freundlichen und intelligenten Frau wie Ginev ...«

Lucrezia bemerkte Polissenas verstörte Miene. Das hätte sie nicht sagen dürfen.

»Verzeih, verzeih!« bat sie. »Wenn du möchtest, kannst du auch meinen Anteil am Titel haben.«

»Du bist und bleibst eine Spielverderberin«, gab die Freundin beleidigt zurück.

Sie erkundigten sich nach dem heiligen Einsiedler. Natürlich kannten ihn die Wirtsleute. Er war die Attraktion der Gegend. In der Sommerzeit herrschte ein Kommen und Gehen von Pilgern, die von überall herkamen, um ihn um Rat zu fragen. »Und für uns sind das gute Geschäfte«, gab die Wirtsfrau offen zu. »Nur wenn zuviel Andrang ist«, fügte sie hinzu, »verliert der Einsiedler seine Geduld und zieht sich in eine Höhle zurück, wo er niemanden sehen will. Doch im Winter kommen nur wenige Leute. Er wird er euch sicherlich empfangen.«

Lucrezia bat den Kutscher, im Wirtshaus auf sie zu warten. Sie fand es nicht höflich, sich zu dem heiligen Mann hinkutschen zu lassen, der ein Leben des Verzichts und der Einschränkungen gewählt hatte.

Sie bürstete die Tiere, zog selbst ihr bestes Kleid an, das mit den wenigsten Flicken und Flecken und kämmte sich sorgfältig.

Polissena hatte sich längst wieder als Ludovico verkleidet. Die Haare waren ihr mittlerweile bis über die Ohren gewachsen, doch immer noch zu kurz, um eine richtige Frisur daraus zu machen und Mädchenkleider zu tragen, ohne verwunderte Blicke auf sich zu ziehen.

Sie aßen eine heiße Suppe im Wirtshaus und zogen los. Es war ein wunderbarer Tag, fast wie im Frühling. Das von der Sonne gewärmte Gras verströmte einen starken, bitteren Duft. Ein paar Schmetterlinge flatterten durch die klare Luft.

Schon bald hatten sie die letzten Häuser hinter sich gelassen und gelangten in das felsige und karge, völlig verlassene Land. Sie liefen und liefen, und nach einer Stunde konnten sie am Horizont etwas Langes und Dünnes erkennen, das zum Himmel zeigte. Es sah aus wie ein Maibaum mit Blütenkrone auf der Spitze.

»Jetzt fällt es mir wieder ein«, rief Lucrezia, »die Alte auf dem Hof von Pacuvio hat mir erzählt, der heilige Mann sei ein Stylit, ein sogenannter Säulenheiliger.«

»Ein ... was?« fragte Polissena.

»Einer, der den ganzen Tag auf der Spitze einer sehr hohen Säule sitzt und betet, hoch über dem Elend auf der Erde und dem Himmel nah. Stylos ist ein griechisches Wort und bedeutet langer, dünner Stab. Und eine Säule ist ein langer Stab aus Marmor ...«

»Woher willst du denn all diese Dinge wissen, Griechisch,

Einsiedler, du hast doch nie einen Fuß in eine Schule gesetzt!« fragte Polissena neidisch.

»Wenn man reist und viel mit den Leuten spricht, erfährt man jede Menge«, erwiderte Lucrezia bescheiden.

Als sie näherkamen, zeigte sich, daß sie recht hatte.

Zwischen den Felsen tat sich eine Grotte auf, ganz wie die Höhle eines wilden Tieres. Ein Dornenbusch verdeckte den Eingang. Drinnen war es kahl und leer, es gab keine Feuerstelle, kein Lager, auch keinerlei Behälter mit Wasser oder Nahrungsmitteln. Vor der Grotte erhob sich eine Säule aus Stein, die ungefähr drei Meter hoch war und auf ihrer Spitze eine kleine quadratische Plattform trug. Darauf stand ein Mann auf einem Bein, denn für zwei Füße war die Plattform nicht groß genug. Ein sehr magerer Mann, der bis auf einen Lumpen um die Lenden völlig nackt war. Der Wind fuhr ihm durch die langen Haare und den langen Bart, und er schwankte unter dem Ansturm der Böen.

Die Arme zum Himmel erhoben, betete er mit lauter Stimme. Zu den Mädchen nach unten drang nur undeutliches Gemurmel.

Im Vergleich zu dem Einsiedler wirkte der alte Doktor fast wie ein Kavalier, der sich für einen Ball feingemacht hat.

Die Mädchen und Tiere versammelte sich um den Fuß der Säule. Der Einsiedler hatte sie nicht kommen sehen, denn sein Blick war starr nach oben gerichtet. So zuckte er vor Überraschung zusammen, als Polissena ihn anrief. Fast hätte er sein Gleichgewicht verloren und wäre hinabgestürzt.

»Herr Einsiedler, entschuldigt, könnt Ihr nicht einen Moment herunterkommen? Wir müssen Euch etwas fragen«, rief Polissena.

»Nein, ich kann nicht herunterkommen. Ich habe ein Gelübde abgelegt, daß ich bis zum Sonnenuntergang hier oben bleiben muß.«

»Jeden Tag?« schrie Lucrezia zu ihm hinauf.

»Jeden Tag. Egal ob es regnet, schneit, windet. Wenn der

Wind weht, wird es hier sehr ungemütlich, wie ihr seht, dann ist es sehr schwer, auf einem Fuß das Gleichgewicht zu halten.«

»Immer auf demselben Fuß?« fragte Lucrezia.

»Nein. Manchmal wechsle ich sie ab. Doch dazu muß ich einen Hüpfsprung machen, und das ist sehr riskant.«

»Warum müßt Ihr in dieser unbequemen Stellung beten?« Polissena konnte sich diese Frage nicht verkneifen.

»Um für meine Sünden zu büßen. Und auch für die der Leute, die den ganzen Tag nur Blödsinn treiben, Leute wie ihr.«

»Wir machen keinen Blödsinn! Uns ist alles Erdenkliche widerfahren, doch haben wir uns immer um Ehrlichkeit bemüht«, protestierte Polissena. »Ich zum Beispiel hätte nur ein klein bißchen zu lügen brauchen, und ich wäre Königin dieses Landes geworden, ohne daß der Schwindel jemals herausgekommen wäre. Ich habe aber nicht gelogen.«

Sie mußte beim Sprechen den Kopf in den Nacken legen und in den Wind schreien, was sehr unangenehm war. Lucrezia störte am meisten, daß der heilige Mann sie beim Sprechen nicht anschaute, die ganze Zeit hielt er das Gesicht zum Himmel gewandt. Giraldi hatte ihr beigebracht, daß man nie einem Menschen trauen durfte, der einem nicht gerade ins Gesicht blicken konnte.

»Schaut doch bitte zu uns herunter«, rief sie. »Wir müssen Euch ein Stück Stoff mit zwei Initialen zeigen.«

Der Einsiedler richtete den Blick nach unten. »Was machen denn all diese Tiere bei euch, niedere Geschöpfe ohne Seele?« fragte er in strengem Ton.

»Das sind meine Künstler. Und sie sind keine niederen Geschöpfe. Sie sind mutiger und liebevoller als viele Leute, die ich kenne!« erwiderte Lucrezia gereizt.

»Künstler, hast du gesagt? Seid ihr etwa Theaterschauspieler?«

»Wir sind Akrobaten. Lucrezia, Ludovico und die akrobatischen Tiere«, antwortete Lucrezia stolz.

Da brüllte es oben von der Säule: »Gaukler? Das ist ja noch schlimmer! Verfluchtes Pack, wenn ihr sterbt, wird man euch draußen vor den Mauern des Friedhofs begraben, wußtet ihr das? Ihr dürft nicht in geweihter Erde liegen.«

Das wußte Lucrezia, denn der alte Giraldi hatte ihr das oft gesagt und dabei fürchterlich auf die Priester geschimpft. Wo man sie nach ihrem Tod verscharren würde, war ihr egal; auch schien ihr der Tod noch in weiter Ferne. Aber Polissena erwiderte aufgebracht: »Besser draußen als drinnen, wenn man drinnen neben den schlimmsten Verbrechern liegen muß, die in letzter Minute noch heucheln, daß sie bereuen!«

Der Einsiedler schaute erstaunt von seiner Säule herunter. Wer wagte, so respektlos mit ihm zu reden? »He du, junges Weib, warum trägst du Männerkleidung?« bellte er und richtete seinen knochigen Finger auf Polissena. »Weißt du nicht, daß das eine Todsünde ist?«

»Wie habt Ihr erkannt, daß sie kein Junge ist?« wunderte sich Lucrezia. Und um die Freundin zu verteidigen, rief sie laut: »Sie muß sich so verkleiden, um ihren Feinden zu entkommen. Und es ist nicht wahr, daß das eine Sünde ist. Es tut niemandem weh. Sünde ist Lügen, Töten, Müttern ihre Kinder rauben ...«

Bei diesen Worten stieß der Einsiedler einen hohen, schrillen Schrei aus und begann, fürchterlich zu weinen und sich das Gesicht zu zerkratzen.

»Ich glaube, der ist verrückt. Meinst du, wir können ihm vertrauen?« fragte Polissena bestürzt. »Ich habe Angst, daß wir den ganzen Weg hierher umsonst gemacht haben.«

»Versuchen wir es«, antwortete Lucrezia. Sie hielt dem Einsiedler das Stück Batiststoff hin und rief: »Es ist zehn Jahre her, daß ein Säugling im Wald von Tarros gefunden wurde. Er war in ein Männerhemd gehüllt. Wir haben nur diese beiden Initialen des Hemdes, um den zu finden, der es ausgesetzt hat.«

»Wie lauten die Initialen?« schrie der Einsiedler, der plötzlich sehr an dieser Geschichte interessiert zu sein schien und mit seinem Gejammer aufgehört hatte.

»A wie Apfelkuchen und F wie Frikadelle«, antwortete Polissena, der der Magen knurrte. Schließlich war Mittagessenzeit.

Der Einsiedler ließ ein lautes Geheul hören, fuchtelte mit dem freien Fuß in der Luft herum, verlor das Gleichgewicht und fiel die Säule herunter. Dimitri und Ramiro sprangen hinzu, um ihn aufzufangen oder wenigstens den Sturz abzuschwächen. Doch sie waren nicht rechtzeitig zur Stelle. Der heilige Mann schlug mit dem Kopf auf den harten Felsboden auf. Mit geschlossenen Augen blieb er reglos liegen. Sein skelettartiger Körper war leichenblaß.

»Er ist tot. Der Arme! Schau nur, was für einen friedlichen Gesichtsausdruck er nun hat«, sagte Polissena. »Nun kann er allerdings nicht mehr auf unsere Frage antworten«, fügte sie enttäuscht hinzu.

Drittes Kapitel

»Er ist nicht tot. Er ist nur bewußtlos«, stellte Lucrezia fest. »Er atmet noch. Hilf mir, ihn in die Höhle zu tragen.«

Sie hoben ihn ohne Mühen auf, denn er war leicht wie ein Kind, und trugen ihn hinein. Das einzige, was die Grotte bot, war Schutz gegen den Wind. Vergebens schauten sie sich nach einer Matte, einem Stück Stoff, einem Lumpen um, auf den sie den Mann hätten betten können. Nur eine Peitsche entdeckten sie, die an einem Nagel hing.

»Ramiro«, rief Lucrezia. »Leg dich bitte hier in die Ecke. Du wirst ihm als Kissen dienen, damit sein Kopf weich liegt.«

Sie nahm dem Hund das Halsband mit dem Schnapsfäßchen ab und versuchte, dem Einsiedler ein paar Tropfen zwischen die Lippen zu träufeln.

Der Mann hustete, sein Atem wurde hastiger. Durch den

mageren Körper ging ein Zittern, und die Augen rollten unter den geschlossenen Lidern. Die Lippen bewegten sich lautlos.

»Man müßte ihn warm zudecken«, bemerkte Polissena. »Wenn wir wenigstens den Karren hier hätten. Wir brauchen eine Decke.«

»Dimitri!« rief Lucrezia. »Komm her, mein Lieber! Leg dich hier neben diesen armen Mann und umarme ihn. Ganz vorsichtig, daß du ihn nicht erdrückst. Und ihr, Casilda und Lancillotto, könnt ihm die Füße massieren, die sind eiskalt.«

Diese Behandlung zeigte schon nach wenigen Minuten Wirkung. Der Einsiedler öffnete die Augen und versuchte, sich aufzusetzen.

»Wie fühlt Ihr Euch?« fragte Lucrezia. »Liegt Ihr bequem? Ist irgend etwas gebrochen? Sollen wir ins Dorf gehen und einen Doktor holen?«

Der Einsiedler antworte nicht. Er betrachtete mit großem Interesse die beiden Affen, die ihm energisch die Füße und die Beine massierten.

»Seid Ihr in der Lage zu sprechen? Schmerzt Euch der Kopf? Erinnert Ihr Euch, daß wir Euch eine Frage gestellt haben? Könnt Ihr antworten? Für mich ist das sehr wichtig«, sagte Polissena, die an seiner Seite kniete und ihm die Hand hielt. Der Einsiedler starrte sie mit leerem Blick an.

»Er sieht dich nicht. Und er hört dich nicht«, flüsterte Lucrezia. »Er ist im Delirium.«

»Ich bin also im Paradies?« rief der Mann erstaunt. »Ich habe mich von der Spitze der Säule zum Flug aufgeschwungen, bin höher und höher durch Wolken und den Himmel geflogen ... ins Paradies! Dabei hätte ich es verdient, in die Hölle zu kommen«, seufzte er und berührte die Schnauze des Bären, der ihm liebevoll die Finger leckte. »Was sind das für seltsame Kreaturen, die sich um einen armen Sünder kümmern?« fuhr er fort. »Engel? Ich hatte sie mir anders vorgestellt. Doch es müssen Engel sein. Die Teufel hätten mich längst ausgepeitscht, mich gedemütigt, mich mit ihrem Dreizack in den Teich kochender Jauche geworfen ... Danke, danke, ihr lieben Engel, für eure Sanftmut! Mir ist also verziehen worden? Habe ich meine Schuld gebüßt? Ein Neugeborenes den Wölfen zum Fraß vorzuwerfen, nur weil es nicht meine Tochter war. Nur weil seine Mutter einen anderen meiner Liebe vorgezogen hat ...«

»Er ist es gewesen!« murmelte Polissena und fühlte, wie ihr schwarz vor Augen wurde. Sie war hergekommen, um einen Rat zu erbitten. Mit einer Beichte hatte sie zuallerletzt gerechnet.

»Warte! Die Ähnlichkeit mit deiner Geschichte könnte reiner Zufall sein«, bat Lucrezia. »Es muß sich nicht um ein und dasselbe Kind handeln. Leider wird sich viel öfter an Kindern vergangen, als wir ahnen.«

»Ich muß die Wahrheit wissen«, beharrte Polissena.

»Laß mich das machen.«

Lucrezia setzte sich vor dem Einsiedler in Positur und sprach mit lauter, strenger Stimme: »Ich bin der Wachengel vor dem Tor zum Paradies. Ich werde dich nur hineinlassen, wenn du mir deine Sünden beichtest.«

»... in allen Einzelheiten«, flüsterte Polissena ihr zu. »Mit Namen und Daten.«

»In allen Einzelheiten, Namen und Daten.«

Der Mann bewegte die Lider, offenbar versuchte er, diese neue Erscheinung zu erfassen. Lucrezia saß mit dem Rücken zum Eingang, das hereinfallende Licht ließ ihre blonden Haare in der Dunkelheit der Höhle wie ein Strahlkranz leuchten.

»Ja, du bist ein Engel. Ich erkenne dich. So habe ich dich auf die Mauern der Kirchen gemalt gesehen. Oh, du schöner Himmelsbote, warum bist du mir in all den Jahren meiner Qualen niemals erschienen?«

»Gestehe deine Sünden«, wiederholte Lucrezia.

»Du kennst sie, herrlicher Engel. Doch wenn du willst, daß ich mich dir zu Füßen demütige, indem ich mein Verbrechen beschreibe, werde ich das tun. Du weißt, schöner Engel, daß ich in meiner Jugend der reichste und begehrteste Kavalier des ganzen Kreises Cepaluna war.«

»Siehst du? Der Ort stimmt schon mal«, bemerkte Polissena aufgeregt.

»Ich glaubte in meinem Hochmut, daß keine Frau mir widerstehen könnte«, fuhr der Einsiedler fort. »Und ich wählte unter den Mädchen der Stadt das schönste, frischste, heiterste, die junge Frau, die am anmutigsten tanzen konnte und mit so schöner, sanfter Stimme sang, daß sie die Steine zum Weinen brachte. Ich hielt um ihre Hand an, und ihr Vater versprach sie mir. Doch die freche Schöne machte sich einen Spaß aus meiner Liebe. Sie ließ mich hoffen, machte mich zu ihrem Sklaven, brüstete sich vor anderen damit, daß sie mich erobert hatte, doch verweigerte sie mir das geringste Zeichen ihrer Liebe. Und kurz vor der Hochzeit verstieß sie mich. Verrückt vor Schmerz, versuchte ich alles, um sie zurückzuerobern, doch die Undankbare ließ mir mitteilen, daß sie einen anderen liebte. Und nach wenigen Monaten erfuhr ich, daß sie geheiratet hatte.

In meiner Wut verwandelte sich meine Liebe in Haß, und ich träumte von nichts anderem als Rache. Der Teufel gab mir ein, ihr das Liebste zu zerstören. Nein, nicht den Ehemann, vielmehr ihr gerade geborenes Töchterchen.

Ich plante alles so, daß mich niemand verdächtigen konnte. Ich raubte die Kleine aus ihrer Wiege und brachte sie so weit wie möglich von Cepaluna fort. Das alles, lieber Engel, geschah, und du weißt das gut, vor ungefähr zehn Jahren.«

»Auch der Zeitraum stimmt«, murmelte Polissena.

»Ich brachte sie in einen finsteren Wald voller Wölfe und legte sie am Fuße eines Baumes ab. Du weißt aber auch, daß mich schon nach weniger als einer Stunde die Reue überfiel und ich zurückkehrte, um das kleine, unschuldige Kind wieder an mich zu nehmen und der Mutter zurückzubringen. Doch es war zu spät. Die Wölfe hatten es längst verschlungen. Es war spurlos verschwunden.«

»Zum Glück war statt der Wölfe der Hofarzt vorbeigekommen.«

»Da begriff ich, was ich Schreckliches getan hatte, und ich wußte, daß mein Leben nicht ausreichen würde, diese Schuld zu büßen. Ich kehrte nie wieder nach Cepaluna zurück. Ich verschenkte meine Reichtümer an die Armen und zog mich zurück in diese Wüste. Du weißt, mein lieber Engel, wie ich in all den Jahren hier gelebt habe, wie ich mich von bitteren Kräutern, Eidechsen und Heuschrecken ernährte, das in den Steinen stehende Regenwasser trank, auf der nackten Erde schlief, nackt auch ich, und mich an jedem Freitag geißelte. Du hast mich auf der Säule beten, den Pilgern Ratschläge geben und die Sünder ermahnen sehen. Du, der du mich heute ins Paradies eingelassen und mich die paradiesischen Freuden hast kosten lassen, jag mich nicht wieder davon, ich bitte dich. Es wäre ein zu grausamer Scherz.«

»Es wäre nur die gerechte Strafe«, rief Polissena empört. Der Einsiedler bemerkte ihre Anwesenheit, auch weil sich Biancofiore genähert hatte und seine Herrin stubste, um auf den Arm genommen zu werden.

»Engel, wer ist sie?« fragte der Mann, der trotz Delirium und Polissenas Verkleidung »fühlte«, daß sie kein Junge war.

»Sie? Eine Heilige«, antworte Lucrezia prompt. »Die Heilige Polissena.«

»Die Heilige Polissena mit dem Schweinchen! Du schöne, barmherzige Heilige, laß uns zusammen beten, daß ich nicht aus dem Paradies verjagt werde!« flehte der Einsiedler. Tränen standen ihm in den Augen.

»Ich werde für dich beten, wenn du mir sagst, wie du heißt und wie die Frau hieß, der du soviel Leid zugefügt hast.«

»Der gute Engel weiß beide Namen. Ich hatte mir geschworen, mich selbst und auch diese grausame Frau zu vergessen.«

»Du wirst sie sogleich vergessen dürfen«, sagte Lucrezia. »Jetzt aber mußt du alles beichten. Sonst sehe ich mich gezwungen, dich zu verjagen.«

Der Einsiedler schöpfte Atem. Polissena war totenbleich und starrte ihn gebannt an.

»Mein Name ist Arrigo Filippucci. A wie Apfelkuchen, F wie Frikadelle. Und der Name der Frau ist ...«

Beim Namen der Frau schrie Polissena laut auf und stürzte ohnmächtig zu Boden.

Viertes Kapitel

Du, liebe Leserin oder lieber Leser, wirst längst begriffen haben, daß die »grausame Frau« keine andere war als Ginevra Assarotti, die Frau des Kaufmanns! Und Polissena ihre echte, erstgeborene Tochter!

Schon in der Kutsche wirst du Verdacht geschöpft haben, als sich die Initialen auf dem Batistfetzen als A. F. herausstellten. Warum sonst hätte die Autorin soviel Zeit damit verloren, die Geschichte des ersten Verlobten der schönen Ginevra zu erzählen?

Lucrezia allerdings war ziemlich durcheinander. Verwirrt, aber auch sehr froh für ihre Freundin, denn von Beginn ihres gemeinsamen Abenteuers an war sie davon überzeugt gewesen, daß es für Polissena keine bessere Familie geben konnte als die, in der sie aufgewachsen war.

Der Einsiedler, der nicht ahnte, was seine Worte ausgelöst hatten, schaute Lucrezia weiter bittend an und zupfte an ihrer Jacke. »Darf ich jetzt, nachdem ich meine Sünden gebeichtet habe, lieber Engel, im Paradies bleiben? Ich bin so müde.«

Lucrezia legte ihm mitleidig eine Hand auf die Stirn.

»Niemand wird dich fortjagen, Arrigo Filippucci. Schlaf jetzt. Ruh dich aus.«

Seufzend vor Glückseligkeit, ließ sich der Einsiedler in die Arme des Bären sinken und schloß die Augen.

Biancofiore dagegen sprang aufgeregt um Polissena herum, zupfte an ihren Haaren, stubste sie, schnüffelte an ihr, leckte ihr über Nase und Augen und grunzte jämmerlich bei dem Versuch, sie wieder zu sich zu bringen.

Lucrezia kniete sich neben die Freundin und schlug sie leicht auf die Wangen. Auch ein paar Tropfen Schnaps flößte sie ihr ein. »Polissena, wach auf! Polissena, wir haben es geschafft!«

Die andere öffnete die Augen und hob den Kopf. »Wo bin ich?«

»Jetzt fang du nicht auch noch an! Du bist NICHT im Paradies. Du bist in der Höhle des Einsiedlers. Und du hast gerade erfahren, daß deine Mutter keine andere ist als deine Mutter, die Frau des Kaufmanns. Und daß Vieri Gentileschi niemand anderes ist als dein Vater, und daß Ippolita und Petronilla deine echten Schwestern sind. Bist du nicht froh?«

Sie half ihr aufzustehen. Polissena war wie vor den Kopf geschlagen. »Das ist doch absurd! Lucrezia, begreifst du denn nicht, daß wir all die Monate nichts anderes getan haben, als uns im Kreis zu drehen? So viele Abenteuer, Mühen und Gefahren, nur um zum Ausgangspunkt zurückzukehren!«

»Was ist daran so seltsam?« erwiderte Lucrezia. »Wir Schausteller machen jedes Jahr dieselbe Runde und kehren immer an dieselben Orte zurück. Doch jedesmal haben wir neue Geschichten zu erzählen. Es wäre nicht halb so schön, die alten Freunde zu treffen, wenn man in der Zwischenzeit nichts erlebt hätte. Denk nur an die Menschen, die du auf dieser Reise kennengelernt hast, die dir nun so nutzlos erscheint. An die Orte, die du gesehen hast, die Dinge, die du gelernt hast. Denk nur daran, wie sehr du dich verändert hast.«

»Das stimmt! Jetzt wüßte ich, wie ich der blöden Serafina antworten würde.«

»Siehst du! Laß uns nach Osubèz zurückkehren, hier haben wir nichts mehr verloren. Kannst du laufen?«

»Mir geht es prächtig. Du glaubst gar nicht, wie schnell es mich jetzt nach Hause treibt.«

Dann fiel ihr Blick auf den schlafenden Einsiedler. »Und was machen wir mit Arrigo Filippucci? Nehmen wir ihn mit? Oder fesseln wir ihn, damit ihn die Gendarmen holen können?«

»Welche Gendarmen? Du willst ihn doch wohl nicht anzeigen?«

»Warum nicht? Er ist ein Kinderdieb. Er wollte mich umbringen. Denk doch nur, was er meinen Eltern angetan hat!«

»Was das betrifft, faß dich an die eigene Nase! Seit sechs Monaten haben sie keine Nachricht von dir!«

Polissena wurde rot. »Das ist etwas ganz anderes. Was hat das damit zu tun? Ich bin weggegangen, weil ich glaubte ...«

»Ich will nichts hören«, unterbrach sie Lucrezia. »Als du ohnmächtig warst, habe ich ihm auch in deinem Namen verziehen. Denk an das Leben, das er zehn lange Jahre geführt hat ... und das er weiterhin führen muß, wenn wir gegangen sind. Glaubst du denn, daß es im Gefängnis schlimmer sein kann?«

Polissena kam die Zelle im Palast in den Sinn, die feuchten

Wänden, das verfaulte Stroh, der Gestank, die Mäuse und Käfer. »Gut. Lassen wir ihn hier«, gab sie nach. »Doch sollte er aufwachen, solange wir noch da sind, werde ich ihn auf die Nase boxen.«

Aber der Einsiedler erwachte nicht. Bevor sie aufbrachen, stellte Lucrezia die Schnapsflasche neben ihn, außerdem ein frisches Ei von Apollonia. Dann zupfte sie der Gans, nachdem sie sie um Entschuldigung gebeten hatte, eine weiche Flaumfeder aus der Brust und schob die dem Mann zwischen die Finger.

Arrigo Filippucci kam erst nach Sonnenuntergang wieder zu sich. Die Freundinnen und ihre Tiere waren längst im Gasthaus in Osùbez. In seiner Erinnerung herrschte großes Durcheinander. Erst dachte er, er hätte alles nur geträumt. Doch als er zwischen seinen Fingern etwas Weiches, die Flaumfeder, fühlte, glaubte er wirklich, daß ein Engel vom Himmel gekommen sei, um ihn zu trösten und ihm einen Vorgeschmack auf das zu geben, was ihn als Lohn für seine Buße erwarten würde.

Sehr zufrieden machte er sich aus dem Schnaps und dem Ei eine Zabaione und genoß dieses Geschenk des Himmels in vollen Zügen. Von dem außergewöhnlichen Genuß gestärkt, ging er hinaus in die Dunkelheit, kletterte die Säule hinauf und fing wieder an zu beten.

Von diesem Tag an räumte er in seinen Fürbitten der Heiligen Polissena mit dem Schweinchen einen ganz besonderen Platz ein. Denn sie hatte sich erbarmt und war mit einer Engelsschar vom Himmel herabgekommen, um ihm in seiner Höhle einen ganz persönlichen Besuch abzustatten.

Der Kutscher hatte die Abwesenheit der Freundinnen dazu genutzt, sich von der Wirtin ein heißes Bad im Waschzuber zubereiten zu lassen. Dann hatten ihm zwei stämmige Mägde den Rücken massiert, und schließlich war er in den Laken des besten Bettes des Wirtshaus in einen tiefen, langen Schlaf gefallen - endlich, nach den vielen durchwachten Nächten auf dem Kutschbock, die Zügel in der Hand, den Blick unablässig auf die dunkle Straße gerichtet.

Die beiden Pferde im Stall hatten sich sattgefressen und konnten nun ausruhen. Und sie waren sauber gestriegelt worden.

So stießen Lucrezia und Polissena auf keinen Widerspruch, als sie zum raschen Aufbruch drängten. Polissena konnte es kaum mehr erwarten, nach Cepaluna zurückzukehren. Sie freute sich darauf, Eltern und Schwestern umarmen zu können. Und sie suchte Antwort auf die letzten Ungewißheiten, auf Fragen, die die Erzählung des Einsiedlers nicht hatte klären können.

Warum hatten ihre Eltern, nachdem sie ihr erstes Kind verloren hatten, nicht die Geburt eines weiteren Kindes abgewartet? Ippolita war ja bald darauf auf die Welt gekommen. Warum hatten sie ein Findelkind aus dem Kloster zur Krippe Bethlehems geholt? Und warum hatten sie ausgerechnet sie gewählt?

Hatten sie Polissena womöglich wie unter einer Eingebung wiedererkannt? Warum hatten sie dann weder ihr noch ihren Schwestern von ihrem Verschwinden erzählt, wenn sich doch schließlich alles zum Guten gewendet hatte? Warum hatten sie der Oberin im Kloster nie gesagt, daß sie ihr Töchterchen wiedergefunden hatten?

Oder hatten sie sie in dem Glauben adoptiert, sie sei wer weiß wessen Kind? Wußten sie etwa nicht, daß diese Polissena, die sie aufgenommen und wie eine Tochter aufgezogen hatten – und die an einem Tag des letzten Sommers fortgegangen war –, eben nicht irgendein Findelkind, sondern ihre eigene erstgeborene Tochter war, nach vielen Abenteuern zu Wasser und zu Land zurückgekehrt nach Cepaluna?

»Es nützt nichts, sich den Kopf mit all diesen Fragen zu zerbrechen«, sagte Lucrezia. »In wenigen Tagen wirst du die Antworten bekommen. Und letztendlich, ist das alles so wichtig? Sie haben dich immer geliebt, und du hast sie geliebt. Reicht das nicht?«

Die Kutsche fuhr und fuhr, sie machte nur zum Pferdewechsel Halt. An den Fenstern zogen mittlerweile Orte vorbei, die sie kannten: die Weinberge von Pacuvio, die Küste, Roccabrumosa, der Strand von Tempestàl.

Es war Heiligabend, als Cepaluna endlich in Sicht kam.

Lucrezia, die auf dem Kutschbock neben dem Kutscher saß, erkannte in der Ferne den Kirchturm, dann den Park des Grafen, den Platz mit dem Brunnen und inmitten der rotbraunen Ziegeldächer das Haus der Gentileschi. Sie griff in die Zügel und ließ die Kutsche am Straßenrand anhalten. Dann stieg sie ab und klopfte ans Fenster.

»Polissena! Wir sind da!«

Polissena hatte vor Aufregung weiche Knie. Wie würde man sie aufnehmen? Und was würde Agnese sagen? Würde man sie für ihren Ungehorsam, ihre Undankbarkeit ausschimpfen? Sie bestrafen?

Plötzlich überkam sie ein furchtbarer Gedanke. Wenn sie nun niemanden im Haus antreffen würde? Wenn alle in der Zwischenzeit gestorben waren? Sechs Monate waren eine lange Zeit, in der alles mögliche passieren konnte: Seuchen, ein Brand ...

Womöglich waren die Eltern wegen ihres Verschwindens an gebrochenem Herzen gestorben, und die beiden Schwestern, nunmehr Waisen, hatte man bei den Großeltern Assarotti untergebracht oder gar in einem Waisenhaus. Bei dieser Vorstellung traten ihr die Tränen in die Augen.

Lucrezia hatte schon das Ledersäckchen mit den Goldmünzen geöffnet und zählte, was ihnen vom Geschenk Isabellas geblieben war. Sie teilte es in drei Häufchen. »Mit diesen Münzen wird der Kutscher bezahlt. Den Rest habe ich für uns genau geteilt. Bist du damit einverstanden?«

Polissena schaute sie verständnislos an. Was mußten sie jetzt hier diese Abrechnung machen? Die Kasse hatte immer Lucrezia verwaltet, ohne daß sie ihr jedesmal vorgerechnet hätte, was sie ausgaben.

»Der Moment der Trennung ist gekommen«, erklärte ihr die Freundin bewegt. »Jetzt brauchst du meine Hilfe nicht mehr. Die Kutsche wird dich bis vors Haus bringen. Siehst du, du kehrst in einer Kutsche heim, wie du es dir immer erträumt hast«, sagte sie mit gezwungenem Lächeln.

»Und du, was machst du?« fragte Polissena verstört.

»Ich werde den Winter in Roccabrumosa verbringen bei meinen alten Piraten. Oder auf Pacuvios Bauernhof.«

Damit hatte Polissena nicht gerechnet. Sie brach in Tränen aus. »Du kannst mich doch jetzt nicht einfach allein lassen! Du mußt mit mir kommen. Du mußt mir helfen, alles meiner Mutter zu erklären. Sonst wird man mir nicht glauben!«

Lucrezia seufzte. »Na gut, dir muß man ja selbst den Brei noch vorkauen. Hör auf zu heulen, ich komme mit«, versprach sie. Sie freute sich, ihre Freundin Ippolita wiederzusehen.

Sie ließ die Tiere aussteigen, lud den Karren ab und bezahlte den Kutscher. »Vielen Dank und gute Reise!« wünschte sie.

Die Tiere waren froh, sich endlich wieder frei bewegen zu können und tollten und sprangen über die Wiese neben der Straße. Lucrezia ließ sie sich austoben. Schließlich rief sie Ramiro herbei und spannte ihn vor den Handkarren.

»Truppe Ramusio! Los, marsch! » befahl sie.

Es war dunkel, als sie die Stadt erreichten. Die Straßen lagen ausgestorben, denn alle Menschen waren in ihren Häusern und feierten Heiligabend. Viele Familien hatten die Fensterläden nicht geschlossen, so daß man durch die Scheiben in die Zimmer schauen konnte. Man sah Menschen, die beisammensaßen, aßen, tranken, tanzten und sangen oder einander am Kaminfeuer etwas erzählten. Das Licht der Kerzen warf glänzende Schimmer auf die Girlanden aus Silberpapier, auf die Tannenzweige, die roten Beeren der Stechpalmen und die weißen Beeren der Mistelzweige.

Polissena überkam eine fast schmerzliche Sehnsucht nach Zuhause, nach Zärtlichkeit und Vertrautheit. Ihr Herz schmolz wie ein Stück Butter auf heißem Toast. Und schon sah sie sich an der eleganten, üppigen Tafel in ihrem Haus sitzen. Agnese war immer eine ausgezeichnete Köchin gewesen, und ihre Mutter wurde im ganzen Ort für ihre raffinierten Tischdekorationen gerühmt.

Es war wie ein Schlag, als sie sah, daß das Haus Gentileschi das einzige in der ganzen Stadt war, dessen Fenster nicht erleuchtet waren. Nicht einmal ein Tannenzweig hing über der Tür.

Die Fenster zur Straße hin waren verschlossen, die Tür mit einem schweren Riegel zugesperrt. »Und wenn sie alle tot sind?« Dieser unerträgliche Gedanke tauchte wieder in Polissenas Kopf auf. Doch Lucrezia hatte schon das Haus umrundet und entdeckt, daß durch die Küchenfenster ein schwaches Licht fiel.

»Komm!« rief sie leise.

Durch einen Spalt im Fensterladen erhaschten sie einen Blick ins Innere. Kein Licht erhellte den großen Wohnraum, nur im Kamin flackerte ein müdes Feuer.

Agnese erschien, krumm und gealtert. Sie räumte die Reste eines einfachen Abendessens vom Tisch. Die Familie, einschließlich der Großeltern Assarotti, saß, die Hände im Schoß, auf einer Bank neben der Feuerstelle. Bei ihnen ein unbekannter Mann mittleren Alters, der mit den Großeltern sehr vertraut schien.

Papa, Mama, Ippolita und Petronilla waren schwarz gekleidet. Als Polissena begriff, daß sie wegen ihres Verschwindens Trauer trugen, stieg eine Welle der Genugtuung in ihr auf. Sofort bereute sie das, denn sie sah, wie mager und blaß ihre Mutter geworden war. Sie hatte feuchte Augen und konnte die Tränen nur mühsam zurückhalten.

»Sollen wir klopfen?« fragte Lucrezia.

»Sst! Laß uns erst hören, was sie sagen.«

Mit gespitzten Ohren, dicht ans Fenster gedrückt, konnten sie das Gespräch in der Küche verstehen.

»Uns ist einfach nicht danach, dieses Weihnachten, das wir zum ersten Mal ohne sie feiern, festlich zu begehen«, entschuldigte sich der Kaufmann gerade bei dem Unbekannten. Petronilla fing an zu weinen und verbarg ihr Gesicht im Schoß der Großmutter. Polissena fühlte sich wie ein elender Wurm. Und gleichzeitig war sie auch sehr zufrieden darüber, wie alle unter ihrem Verschwinden litten.

»Ich habe gehört, daß sie aus eigenen Stücken davongelaufen ist. Lohnt es sich denn, sich derart für ein so undankbares Mädchen zu quälen?« fragte der Gast. »Es ist nicht gerade ein Zeichen von Dankbarkeit für die Familie, die sie wie eine Tochter aufgenommen und aufgezogen hat.«

»Also wissen alle, daß man mich aus dem Kloster geholt hat!« dachte Polissena aufgebracht. »Nur mir hat man nie etwas gesagt.«

»Sie ist nicht undankbar! Sie ist ein sehr sensibles Mädchen«, widersprach ihr Vater gerade. »Und wenn sie fortgelaufen ist, dann nur, weil sie völlig verstört war. Es ist unsere Schuld. Wir hätten ihr von Anfang an die Wahrheit sagen müssen ...«

Die Mutter weinte still und drückte Ippolita fest an sich.

»Die arme Ginevra! Man muß sie verstehen. Es ist die zweite Tochter, die sie verliert«, bemerkte Großvater Assarotti.

»Die zweite? Ich wußte nicht, daß ein Kind gestorben war«, sagte der Gast verwundert.

Polissenas Herz machte einen Satz. Die zweite! Dann wußten sie also tatsächlich nicht, daß ihre geraubte Tochter und das Findelkind aus dem Kloster ein und dieselbe Person waren.

»Es war vor vielen Jahren«, begann der Kaufmann. »Wir waren gerade verheiratet und hatten ein kleines Mädchen von zwei Monaten. Sie war unsere ganze Freude. Doch eines Tages verschwand sie spurlos aus ihrer Wiege. Trotz aller Suche haben wir sie nie wiedergefunden. Möglicherweise ist sie von einem wilden Tier geraubt und verschlungen worden.«

Bei diesen Worten schluchzte Ginevra erneut auf.

Polissena und Lucrezia hielten den Atem an.

»Meine Tochter wurde krank vor Schmerz«, erzählte nun die Großmutter. »Sie weinte den ganzen Tag, aß nichts mehr ... Sie starb langsam dahin.«

»Ich wußte nicht, wie ich sie trösten sollte«, fügte der Kaufmann hinzu. »Es war fast ein Jahr vergangen, und Ginevra war ein Schatten ihrer selbst, ein Schatten des Mädchens, das ich geheiratet hatte. Sie lag den ganzen Tag im Bett, auch wenn sie nicht schlief, sie sprach nicht und wollte niemanden sehen.«

»Es erschien mir alles ohne Sinn«, erklärte die Mama traurig. »So wie jetzt.«

Ippolita nahm ihre Hand und küßte sie. »Nicht weinen, Mama, du wirst sehen, Polissena kommt wieder.«

»Sie muß wiederkommen!« rief Petronilla voller Gewißheit. »Ich will ihr zeigen, daß ich reiten gelernt habe ... Sie hat doch immer gesagt, ich würde das nie können.«

Draußen im Dunkeln lächelte Polissena gerührt.

»So standen die Dinge, als ich eines Tages beim Kloster zu Bethlehem vorbeikam«, fuhr der Kaufmann fort. »Ich mußte dort zwei Dutzend Tischdecken, die von den Nonnen bestickt worden waren, abholen, die ich auf einer großen Messe feilbieten wollte. Ich wußte, daß die Nonnen Findelkinder, die nachts auf das Drehbrett gelegt wurden, aufnahmen und aufzogen. Doch ich dachte nicht, daß mich das etwas angehen würde.

Diesmal jedoch ließ mich die Oberin rufen und sagte: ›Signore Vieri, Ihr wißt, daß dies ein Jahr der Hungersnot ist. Auf dem Land wächst die Zahl der Waisenkinder und damit jede Nacht auch die Zahl unserer Schützlinge. Ich habe erfahren, daß Ihre Frau untröstlich ist über den Verlust ihres Töchterchens. Es wäre von großer Barmherzigkeit, wenn Sie ihr sogleich ein weiteres Kind zeugen würden, das sie ablenkt und ihre Gedanken aufheitert. Doch von noch größerer Barmherzigkeit wäre es, eines dieser kleinen unglückseligen Kreaturen aufzunehmen, die schon auf der Welt sind, die niemandem etwas Böses getan haben und dennoch einem Schicksal voller Entbehrungen und Demütigungen entgegensehen müssen.‹

Ich war verwirrt. Schon oft hatte ich Ginevra vorgeschlagen, ein weiteres Kind zu zeugen, das sie hätte trösten können, doch jedesmal hatte sie abgewehrt. ›Niemand wird mir je meine kleine Polissena ersetzen!‹ sagte sie immer.

Ohne meinen Bedenken Beachtung zu schenken, führte mich die Oberin in den Garten im Kreuzgang des Klosters, wo sich die Kinder befanden, die von den jüngeren Nonnen betreut wurden. Es waren ungefähr zwanzig, doch meine Aufmerksamkeit wurde sofort von einem kleinen Mädchen angezogen, das sich kaum auf den Beinen halten konnte. Ich schaute sie an, und sie schaute vertrauensvoll zurück. Sie hatte Augen wie zwei Sterne.

Ich nahm sie auf den Arm, und sie zeigte überhaupt keine Furcht, zog an meinem Bart, zupfte am Knopf meiner Jacke. Sie war auch nicht so blaß und schwächlich wie die anderen Kinder. Die braungebrannten Wangen zeigten, daß sie einst viel an der frischen Luft gewesen war, vielleicht in einem Ort am Meer gelebt hatte.

Entgegen allen meinen Erwartungen – zugegebenermaßen hatte ich nie großes Interesse an Säuglingen gehabt, auch nicht an meinem eigenen – eroberte dieses Kind mein Herz. Doch war ich überzeugt, daß meine Frau nie eine fremde Kreatur akzeptiert hätte. So mußte ich die Kleine der Nonne zurückgeben. Sie weinte nicht, warf mir nur einen traurigen Blick zu, der mir schier das Herz brach.

Wieder zu Hause, erzählte ich Ginevra nichts von meiner Begegnung. Das Findelkind aber war immer in meinen Gedanken, als wäre ich verliebt.«

»Ich merkte, daß er traurig und niedergedrückt war«, fiel hier Ginevra ein, »aber ich dachte, er würde wie ich um unser verlorenes Kind trauern. Dazu kam, daß unser Schmerz, anstatt uns enger zusammenzuschließen, uns von Tag zu Tag mehr voneinander entfernte. So sehr, daß ich unsere Ehe auflösen wollte. Vieri widersetzte sich dem nicht, er bat mich nur, mich vor einer solch schwerwiegenden Entscheidung eine Zeitlang ins Kloster zurückzuziehen, um in Ruhe nachdenken und beten zu können. Ich fand das einen vernünftigen Vorschlag und stimmte zu.

Im Kloster traf ich die Nonnen in hellster Aufregung an. Unter den Kindern war eine Scharlach-Epidemie ausgebrochen. Einigen der Kleinen ging es sehr schlecht, und man bat mich, bei ihrer Pflege zu helfen.

Als ich in den Schlafsaal trat, fühlte ich mich, wie vor mir Vieri, von einem Gesichtchen angezogen. Die Kleine schien vor Fieber zu glühen, konnte mit ihrem geschwollenen Mund nur schwer atmen, und ihre braunen Locken waren schweißnaß. Der Apotheker hatte gesagt, daß das Kind die Nacht nicht überleben würde. Ich weiß nicht, aus was für einem unerklärlichen Grund ich sofort entschlossen war, mit allen Mitteln um sein Leben zu kämpfen. Ich verbrachte fünf Tage an seinem Bettchen, ohne auch nur einen Moment auszuruhen. Und ich legte ein Gelübde ab. Sollte das Kind wieder gesund werden, würde ich es zu mir nehmen. Ich wäre zu meinem Mann nach Hause zurückgekehrt, und wenn er es nicht hätte aufnehmen wollen, wäre ich zu meinen Eltern gegangen. Ich war zu allem entschlossen; selbst um Almosen bettelnd wäre ich durchs Land gezogen, nur um mich nie wieder von diesem Geschöpf trennen zu müssen.

Es waren schlimme Tage. Einige der Kleinen starben, doch sie wurde gesund. Als der Apotheker sagte, daß sie an die frische Luft könne, wickelte ich sie in einen dicken Schal, und mit dem Segen der Mutter Oberin kehrte ich mit ihr nach Hause zurück. Alles mögliche hätte ich mir ausmalen können, nur nicht, daß sie dasselbe Kind war, weswegen mein Mann seit einem Monat still vor sich hin litt.«

»Ihr könnt euch meine Freude vorstellen«, erzählte der Vater weiter, »als ich die beiden kommen sah. Ich hatte schon befürchtet, auch meine Frau verloren zu haben. Und statt dessen ...! Wir adoptierten das kleine Mädchen und nannten sie Polissena wie die arme Kleine, die wir verloren hatten. Und sie brachte soviel Lebensfreude und Liebe ins Haus, daß schon im nächsten Jahr Ippolita geboren wurde. Doch in unseren Herzen hat es nie einen Unterschied gegeben, auch nicht, als Petronilla kam. Ja, Polissena war geradezu unser Lieblingskind. Deshalb haben wir ihr nie von ihrer Herkunft erzählt. Und das war ein Fehler.«

»Ich bin sicher, daß sie zurückkommt!« wiederholte Ippolita dickköpfig. »Und wir werden auch nicht mehr lange darauf warten müssen.«

»Daß der Herrgott dich erhören möge«, seufzte die Großmutter.

»Klopfen wir?« flüsterte nun Lucrezia. Sie malte sich die Überraschung ihrer Freundin Ippolita aus, wenn sich ihre Voraussage so prompt erfüllen würde.

»Warte!« hielt Polissena sie zurück.

Sie sahen, wie der Unbekannte aufstand und aus einer Ekke ein großes, flaches, rechteckiges Paket herbeiholte, das er auf den leergeräumten Tisch legte.

»Was ist das?« fragte Petronilla und näherte sich neugierig.

»Ein Bild«, erklärte der Großvater. »Dieser Herr hat ein Maleratelier in Pontelucar, und er ist ein ausgezeichneter Restaurator alter Gemälde. Vor zwei Monaten haben deine Großmutter und ich auf dem Dachboden dieses alte Bild gefunden. Es war so verdreckt, daß man nicht genau erkennen konnte, was es darstellte. Doch auf dem Rahmen befand sich eine Aufschrift mit den Namen: ›Orlando und Eugenia Vittoria Lanzi‹. Weißt du, wer das war, Petronilla?«

»Nein«, sagte das Kind.

»Deine Urgroßmutter und ihr Zwillingsbruder. Eugenia Vittoria war die Mutter der Großmutter Assarotti. Dem Datum der Aufschrift nach müssen die beiden zur Zeit des Portraits elf oder zwölf Jahre alt gewesen sein.«

Petronilla starrte die Großmutter ungläubig an. Schon daß diese alte, krumme Frau mit den weißen Haaren und den vielen Falten einmal ein Kind gewesen sein sollte, schien ihr fast unvorstellbar. Daß sie nun aber auch noch eine Mutter gehabt hatte, die ebenfalls ein Kind gewesen war, überstieg ihre Vorstellungskraft.

Der Großvater fuhr inzwischen mit dem Erzählen fort: »Polissena (›Ja ... die Großmutter Assarotti hieß Polissena wie ihre beiden Enkelinnen, die echte und die adoptierte‹, dachte Ippolita) ... Polissena hat nie das Gesicht ihrer Mutter gesehen, die, wie ihr wißt, bei ihrer Geburt gestorben war. Und ihr Onkel Orlando war nach Amerika ausgewandert, noch bevor sie auf die Welt kam. Natürlich war sie nun sehr neugierig auf dieses Bild, das zeigen würde, wie ihre Mutter ausgesehen hat. Und so hat sie mich gebeten, es ins Maleratelier nach Pontelucar zu bringen und von diesem Herrn restaurieren zu lassen.«

»Habt Ihr es reinigen können?« fragte die Großmutter. »Kann man nun etwas erkennen?«

»Es ist wie neu«, antwortete der Restaurator. »Es ist ein sehr schönes Gemälde, auch von großem Wert, denn der Maler Lapo Lapi war bekannt dafür, besonders lebensechte Portraits zu malen.«

»Los, laßt es uns auspacken!« schlug Ippolita ungeduldig vor.

Polissena am Fenster war ein bißchen enttäuscht, daß sich die allgemeine Aufmerksamkeit von ihrem Verschwinden auf das Portrait der seit langer Zeit toten Urgroßmutter gerichtet hatte. Doch konnte sie verstehen, daß ihre Mutter und ihre Großmutter gern das Kindergesicht der Großmutter beziehungsweise Mutter sehen wollten, die sie nie kennengelernt hatten.

Sie verfolgte also ungeduldig die Gesten des Großvaters und des Restaurators, die das Bild aus seiner Verpackung wikkelten. Ihr schien es, daß sie es viel zu langsam und vorsichtig machten ... Alle Augen waren auf das Bild gerichtet, jeden Augenblick würde es gänzlich von seiner Verpackung befreit sein.

»Hol bitte ein Licht«, wandte sich die Mutter an Agnese.

Der Kaufmann zündete zwei Kerzenhalter auf dem Kaminsims an. Endlich war die letzte Papierschicht aufgeschlagen.

»Schaut her!« Stolz hob der Restaurator das Bild hoch und hielt es ins Licht. Ginevra wurde totenblaß und stieß einen erstickten Schrei aus. Hilfesuchend griff sie nach der Hand ihres Mannes, der neben ihr saß.

»Aber das ist ja Polissena!« ließ sich Petronilla vernehmen.

»Aber wie ist das möglich?« sagte die Großmutter mit tonloser Stimme. »Polissena ist ein Adoptivkind. Niemand weiß, wer ihre Eltern, ihre Vorfahren waren ...«

Tatsächlich ähnelte das Kind auf dem Bild, Eugenia Vittorio Lanzi, auf geradezu verblüffende Weise Polissena, einmal abgesehen von den Kleidern, die man vor über achtzig Jahren getragen hatte. Derselbe Schnitt der Augen, derselbe Blick, dieselben Augenbrauen, dieselben Ohren, derselbe Haaransatz, derselbe Mund, dasselbe Grübchen, wenn auch nur eines auf der rechten Wange ... dieselbe Nase, dasselbe Kinn, dieselbe Art, den Kopf leicht zur Seite zu legen. Der Ringfinger der rechten Hand war genausolang wie der Mittelfinger ... Vom Herd kam die quengelige Stimme Agneses: »Ich habe es ja immer gesagt, daß Polissena ganz dem mütter-lichen Zweig der Familie ähnelt.«

»Agnese! Was für ein Unsinn!« protestierte der Kaufmann. »Du weißt doch selbst ... du warst doch schon bei uns, als wir sie aus dem Kloster hier ins Haus geholt haben.«

Ippolita und Petronilla interessierten sich überhaupt nicht für die seltsamen Gespräche der Erwachsenen. Sie hatten sich dem Bild genähert und untersuchten es sehr aufmerksam. Man hatte die Zwillinge stehend dargestellt, vor einem Fenster, durch dessen halboffene Gardinen ein Garten zu sehen war. Sie hielten sich an der Hand und schauten sich mit liebevoller Verschworenheit an. Das Mädchen trug ein dunkelrotes Kleid mit einer silbernen Borte um den Halsausschnitt. Der Junge war grün angezogen, mit einer enganliegenden Weste und Pumphosen über gestreiften Strümpfen.

»Wenn Orlando nicht kurze Haare gehabt hätte, hätten sie genau gleich ausgesehen«, sagte Ippolita.

Da geschah etwas Seltsames. Jemand klopfte heftig an die Fensterscheibe, und als Agnese öffnete, schwang sich ein Junge mit einem Satz über die Fensterbank, sprang in den Raum und stellte sich neben das Portrait.

»Orlando!« schrie Petronilla.

»Aber wie ist das möglich?« stotterte die Großmutter immer verwirrter. »Das kann nicht Orlando sein. Wenn mein Onkel noch lebte, wäre er heute fast hundert Jahre alt ...«

Der Junge auf dem Bild und der Junge aus Fleisch und Blut glichen einander wie zwei Wassertropfen.

In der allgemeinen Verwirrung zeigte Ippolita als einzige Geistesgegenwart.

»Aber das ist ja Polissena, Mama! Polissena mit kurzen Haaren! Ich habe doch gesagt, daß sie zurückkommen wird«, schrie sie und rannte ihrer großen Schwester in die Arme, Petronilla tat es ihr sofort nach.

Die Eltern sahen völlig entgeistert aus, als wäre ihnen ein Gespenst erschienen.

»Papa! Mama! Ich bin Polissena, wirklich! Ich bin's. Ich bin nach Hause zurückgekehrt. Zum zweiten Mal!«

Die Eltern und die Großeltern konnten es immer noch nicht fassen. Doch tatsächlich, sie war es. Trotz der Haare und der Jungenkleidung. Jetzt, da sie ihre Stimme hörten, gab es keinen Zweifel mehr. Aber was hatte sie gerade gesagt? Zum zweiten Mal?

»Mama!« rief Polissena aufgeregt. »Ich bin auch das Kind, das man dir vor zwölf Jahren geraubt hat. Siehst du nicht, wie ich der Urgroßmutter und ihrem Zwillingsbruder ähnele? Es war Arrigo Filippucci, der mich entführt hat. Doch bin ich nicht gestorben. Ich habe nur eine Reise durch die halbe Welt gemacht, und nach sechs Monaten hat mich jemand im Kloster abgegeben. Ihr dachtet, irgendein Findelkind zu adoptieren, dabei war es euer eigenes....«

»Meine Güte!« rief ihr Vater und mußte sich setzen.

»Im Juli, als ich weggelaufen bin, habe ich das natürlich nicht gewußt«, fuhr Polissena fort. »In den langen Monaten auf der Suche nach meiner Herkunft habe ich dieselbe Reise zurückgelegt wie damals als geraubtes Baby, nur diesmal genau in entgegengesetzter Richtung. Dabei habe ich herausgefunden, daß die Eltern des armen Findelkindes aus dem Kloster niemand anders seid als ihr!«

Da riß die Mutter, das Gesicht von Tränen überströmt, die Arme weit auf, und Polissena stürzte hinein.

Alle in der Küche redeten nun wild durcheinander, so daß keiner mehr den anderen verstand. Petronilla rannte aufgeregt hin und her, bis sie plötzlich stolperte und hinfiel: Ein Schweinchen war ihr zwischen die Beine gelaufen.

»Biancofiore!« rief Polissena. Da fiel ihr ein, daß Lucrezia noch draußen in der Kälte vor dem Fenster stand und sich möglicherweise aus Schüchternheit nicht traute einzutreten.

Sie lief hinaus. Aber ihre Freundin war verschwunden. Ohne sich zu verabschieden, hatte sie sich mit ihren Tieren still und leise davongemacht und war spurlos in der schwarzen Nacht untergetaucht. Einzig ein Häufchen Goldmünzen lag auf dem Marmor des Fenstersimses.

»Ihr habe ich es zu verdanken, daß ich heil und gesund nach Hause zurückgefunden habe...«, schluchzte Polissena.

»Sei nicht traurig. Zu Ostern wird sie wiederkommen wie jedes Jahr«, tröstete sie Ippolita.

Achtes Kapitel

Polissena wollte sich nicht gedulden und bis zum Frühjahr warten. Nachdem sie ihren Eltern von ihren Abenteuern erzählt hatte, waren auch sie der Meinung, daß man Lucrezia unbedingt ausfindig machen mußte, um ihr für ihre Hilfe zu danken. Und um sie zu beschützen, denn im Grunde war sie doch noch ein Kind und konnte nicht einfach allein durch die Weltgeschichte ziehen, ohne daß sich jemand um sie kümmerte.

Noch bevor Polissena den Mut fand, den Vater darum zu bitten, schlug dieser von sich aus vor: »Da deine Freundin ein Waisenkind ist, könnten wir sie adoptieren. Natürlich nur, wenn deine Mutter damit einverstanden ist.«

»Mir ist das recht«, antwortete Ginevra. »Sie wird unser

viertes Kind sein. Wenn auch Petronilla und Ippolita einverstanden sind.«

Als wenn Ippolita etwas dagegen haben konnte! Im Gegenteil, sie freute sich. Schließlich hatte sie Lucrezia schon vor dieser ganzen Geschichte besonders gern gehabt, sie war ihre allerbeste Freundin. Auch Petronilla war sofort dafür, denn mit Lucrezia würden auch ihre Tiere zur Familie gehören.

Die einzige, die schimpfte, war Agnese. »Verlangt bloß nicht von mir, daß ich diese Lumpengöre respektiere«, murrte sie beleidigt.

Doch all das waren Träume. Lucrezia schien sich in Luft aufgelöst zu haben.

Vieri Gentileschi ließ sie durch seine Vertreter und Geschäftspartner überall suchen, zunächst in Roccabrumosa und auf dem Bauernhof von Pacuvio, dann in Tempestàl, in Paludis, in Pratale und in Pontelucar – von Lucrezia keine Spur. Schließlich stellte er demjenigen eine üppige Belohnung in Aussicht, der ihm etwas über den Verbleib der Akrobatin und ihrer Tiere sagen konnte. Ohne Ergebnis.

Der Winter verging. Polissena nahm ihr altes Leben wieder auf. Und als sie Serafina zum ersten Mal wiedertraf, verpaßte sie ihr nicht, wie sie eigentlich vorgehabt hatte, eine kräftige Ohrfeige. Sie lud sie nach Hause ein und zeigte ihr das Portrait der Zwillinge.

»Du Dumme dachtest, ich sei irgendein x-beliebiges Findelkind!«

Angesichts der auffallenden Ähnlichkeit konnte Serafina nur stammeln: »Du gleichst deinen Vorfahren tatsächlich aufs Haar. Verzeih mir.«

Polissena hatte das Bild in ihrem Zimmer aufhängen lassen. Sie war sehr froh darüber, daß doch noch ein handfester Beweis ihrer Herkunft aufgetaucht war. Ein Beweis, der die Worte Arrigo Filippuccis bestätigte und der ohne den geringsten Zweifel ihre Verwandtschaft mit den Familien Gentileschi und Assarotti besiegelte.

»Mama, bist du nicht glücklich zu wissen, daß ich wirklich deine Tochter bin?«

Die Mutter schaute sie nachdenklich an. »Um die Wahrheit zu sagen, ich habe dich vom ersten Moment an, als ich dich krank im Kloster sah, sehr lieb gehabt. Ich habe dich immer geliebt, als ob du meine Tochter wärst. Auch jetzt hat sich für mich nichts an meiner Liebe zu dir geändert. Ich habe dich immer sehr geliebt – mehr kann ich dich gar nicht lieben.«

Agnese konnte das Schweinchen Biancofiore nicht im Haus ertragen, immer lief es ihr vor den Füßen herum, und so hatte sie vorgeschlagen, es aufs Land in den Eichenhain bringen zu lassen, wo auch die anderen Schweine der Familie lebten. Doch Petronilla hatte schreiend protestiert. Das Schweinchen war ihr Liebling geworden, und obwohl es mittlerweile ziemlich groß war, trennte sie sich nie von ihm.

Alle Mädchen von Cepaluna beneideten Polissena um ihre kurzen Haare und drängten ihre Mütter, ihnen zu erlauben, sich ebenfalls die Zöpfe abschneiden zu lassen.

Ippolita und Petronilla wurden nie müde, sich immer wieder von der Schwester ihre Abenteuer erzählen zu lassen. Unter den Episoden, die sie am meisten faszinierten, waren der Überfall der Piraten auf das Gasthaus »Zur Grünen Eule«, der Schiffbruch der »Blutrünstigen« und der Tag im Kerker des Palastes.

Jedes Mal, wenn die Mutter davon hörte, erschauderte sie bei dem Gedanken an die Gefahren, die ihre Tochter hatte durchstehen müssen – damals, als sie noch in Windeln lag, wie auch auf ihrer zweiten Reise.

»Im letzten Jahr war Lucrezia bei dir«, seufzte sie.« Doch damals warst du ganz allein und schutzlos und noch so klein. Durch wieviele Hände bist du gegangen, während ich hier saß und weinte! Und jedes Mal hätte dir etwas Entsetzliches zustoßen können. Ich bin davon überzeugt, daß du heil und gesund nach Hause zurückgekehrt bist, weil dein Schutzengel dich nie aus den Augen verloren hat.«

Das, was Ippolitas und Petronillas Phantasie am meisten beschäftigte, war die Tatsache, daß die ältere Schwester zweimal kurz davor gewesen war, Prinzessin zu werden und den Thron zu besteigen.

Jedesmal, wenn sie daran dachten, schauten sie Polissena mit besonderem Respekt an. »Tut es dir wirklich nicht leid, daß du auf die Krone verzichten mußtest? Tut es dir wirklich kein bißchen leid, zu uns nach Hause zurückgekehrt zu sein?« fragten sie Polissena immer wieder.

Doch Polissena hatte keinerlei Sehnsucht nach dem Königspalast und auch nicht nach dem Vagabundenleben der Truppe Ramusio und ihren akrobatischen Tieren. Ihr Platz war in Cepaluna, ihr Nest das Haus der Gentileschi, und von hier würde sie nie wieder fortgehen.

Epilog

»Bestimmt kommt Lucrezia zu Ostern!« Ippolita war ganz sicher. In der Tat stellte sich in der ersten Aprilwoche ein fahrender Händler, der mit Kämmen und Haarbürsten handelte, im Hause Gentileschi vor, um sich die von Vieri Gentileschi ausgesetzte Belohnung zu verdienen. Er hatte wirklich viel zu berichten: Nicht nur war er der Truppe Ramusio in einem Dorf in der Nähe von Paludis begegnet und hatte dort ihre Aufführung gesehen; ja, er war sogar mit Lucrezia ins Gespräch gekommen und hatte ihr erzählt, daß ihre Freunde aus Cepaluna überall, in allen Ländern und auf allen Meeren, nach ihr suchten. Daraufhin hatte Lucrezia ihn beauftragt, ihnen mitzuteilen, daß sie nicht mehr lange auf sie zu warten bräuchten. Gerade habe sie ihre Frühlingsreise wieder aufgenommen und werde nach gewohntem Verlauf am Palmsonntag in Cepaluna eintreffen.

»Sagt ihnen, daß sie sich keine Sorgen zu machen brauchen, daß alles in Ordnung ist, auch wenn es eine kleine Neuigkeit gibt, und daß ich es kaum erwarten kann, meine Freundinnen in die Arme zu schließen.«

Sie hatte ihm auch einen Brief für Polissena mitgegeben. Einen sehr dicken Brief. »Auch das andere Mädchen, das die Trampolinnummer macht, hat ihn unterzeichnet«, schloß der Händler seinen Bericht und legte den großen Umschlag auf den Tisch.

»Ein anderes Mädchen?« Polissena horchte auf und fühlte einen kleinen Stich bei dem Gedanken, daß Lucrezia sie so schnell ersetzt hatte. Andererseits war das natürlich logisch. Sie hatte ihr das schließlich gleich am ersten Tag, als sie sich im Wald begegnet waren, erklärt. Sie konnte nicht allein mit den Tieren durch die Gegend ziehen. Sie brauchte Begleitung, möglichst die eines weiteren Künstlers, und zwar der menschlichen Gattung.

Während der Vater dem Händler die versprochene Belohnung auszahlte, setzte sich Polissena in eine Ecke unters Fenster und begann zu lesen, vor allem auf die angedeutete »kleine Neuigkeit« war sie sehr gespannt. Doch nicht einmal in ihren kühnsten Phantasien hätte sie sich ausmalen können, was sie nun zu lesen bekam.

Liebe Polissena,

wenn Du wüßtest, wieviel ich Dir zu erzählen habe! Zunächst, mein wahrer Name ist nicht Lucrezia Ramusio, sondern ein anderer, und wenn Du den erfährst, bleibt Dir die Spucke weg.

Ich bin kein Waisenkind, wie ich noch bis vor wenigen Monaten gedacht habe, und meine Eltern sind auch nicht die beiden armen Bauern, an deren Grab wir in Paludis gestanden haben.

Das habe ich durch Zufall zwei Tage nach meiner Flucht aus Cepaluna entdeckt. Verzeih mir, daß ich an jenem Abend einfach verschwunden bin, ohne mich von Dir zu verabschieden, und bitte, entschuldige mich dafür auch bei meiner Freundin Ippolita. Um Dich brauchte ich mich nicht mehr zu sorgen, schließlich hatte ich Dich gesund und heil in die Arme Deiner Lieben zurückgebracht. Auch wollte ich Euer Familienfest nicht durch meine Anwesenheit stören.

Wie Du weißt, hatte ich ja noch ein hübsches Sümmchen Goldmünzen von Isabella, und um die Tiere nicht zu sehr zu ermüden, leistete ich mir ein Fuhrwerk, das uns nach Roccabrumosa bringen sollte. Wie es so geht auf einer Reise, kamen der Kutscher und ich ins Gespräch. Als dieser erfuhr, daß ich Ramusio heiße und in Paludis geboren bin, rief er: »Na, hör sich das einer an! Du wirst doch nicht etwa die Adoptivtochter meines armen Vetters Egberto sein?«

»In der Tat hieß mein Vater Egberto«, sagte ich. »Und meine Mutter Teresa. Doch sie hatten mich nicht adoptiert. Ich bin ihre echte Tochter!«

»Das wird dir einer erzählt haben, der nicht weiß, wie sich die Dinge wirklich zugetragen haben«, widersprach der Kutscher. »Die einzige wahre Tochter des armen Egberto, eine Kleine, die auf den Namen Lucrezia Maria Eleonora Adalinda getauft war, erstickte mit sieben Monaten unterm Kissen in ihrer Wiege.«

»Nicht doch! Ihr irrt«, unterbrach ich ihn. »Ich bin es, die Lucrezia Maria Eleonora Adalinda heißt. Und wie Ihr seht, bin ich sehr lebendig. Ich bin sogar die einzige Überlebende aus dem Dorf. So hat es auch der Pfarrer in sein Kirchenbuch geschrieben.«

»Der Pfarrer schrieb offensichtlich von dem zweiten Kind, einem Findelkind«, beharrte der Kutscher. »Die kleine Lucrezia Ramusio ist tot und begraben. Wenn du nach Paludis gehst, wirst du ihr Grab neben dem ihrer Eltern finden.«

Polissena, erinnerst Du Dich an das Grab, das meinen Namen trug, von dem wir glaubten, es sei das meiner Großmutter? Wir haben das Datum nicht richtig gelesen. Es reichte gar nicht so weit zurück. Nur drei Jahre, bevor Egberto und Teresa Ramusio starben. Und einen Monat vor meiner Ankunft.

Ich wollte es kaum glauben, doch der Kutscher brachte mich nach Paludis, damit ich es mit eigenen Augen nachprüfen konnte. (Natürlich sind wir nach diesem Gespräch nicht nach Roccabrumosa gefahren, sondern haben uns umgehend auf die Suche nach meiner wahren Herkunft begeben.) Er machte mich auch darauf aufmerksam, daß im Kirchenbuch des Pfarrers nicht »die Tochter«, sondern nur »das Mädchen« der Ramusios steht. Die Ramusios hatten mich zwar in ihrer Obhut, doch bin ich nie rechtmäßig von ihnen adoptiert worden.

Es ist ihnen ähnlich ergangen wie Deinen Eltern. Einen Monat nach dem Tod ihrer einzigen Tochter wurde ihnen ein Findelkind anvertraut, dem sie den Namen ihrer toten Kleinen gaben.

Natürlich habe ich mich sofort gefragt, ob es sich bei mir womöglich genauso zugetragen haben könnte wie bei Dir. Doch die erste Lucrezia war ja nicht spurlos verschwunden wie die erste Polissena. Sie war tatsächlich in ihrer Wiege unter den Augen ihrer Mutter gestorben. Daran gab es keinen Zweifel. Ich habe das Kirchenbuch des Pfarrers noch einmal sorgfältig durchgeblättert, wir hatten damals nur flüchtig hineingeschaut, und so fand ich die Eintragung ihres Todes. Damit nicht genug, konnte ich sogar einen Zeugen aufspüren: den Totengräber Eugenio Balzòc, der sie begraben und ihren Grabstein aufgestellt hatte, der zudem ein entfernter Verwandter der Eltern Ramusio war und die Pest überlebt hatte.

Niemand wird mich besser verstehen als du. Sofort kamen mir die wildesten Phantasien, wer meine wahren Eltern sein könnten, kaum daß ich erfahren hatte, ich sei ein Findelkind.

»Hatte ich denn gar kein Erkennungszeichen an mir«, fragte ich den Kutscher und dachte dabei an Deinen kleinen Kasten, an das Fischlein und all die anderen Dinge.

»Ich habe keine Ahnung«, erwiderte er. »Ich weiß nicht einmal, wo sie dich gefunden haben, ob an einer Straße oder im Findeldrehbrett eines Klosters. Das muß man denjenigen fragen, der dich zu den Ramusios gebracht hat.«

Ich hatte Angst, daß diese Person wie alle Bewohner von Paludis längst tot sei. Doch rat mal, wer es war! Eugenio Balzòc, der einzige Überlebende, der Totengräber, der die kleine Lucrezia Nummer eins begraben hatte.

Ich gab natürlich keine Ruhe, bis der Kutscher mich zum Haus dieses Eugenio führte, in einem Dorf zwischen Paludis und Osùbez.

Eugenio ist ein komischer alter Kauz. Er lebt allein und spricht mit niemandem. Wenn er aus dem Haus geht, schaut er sich jedesmal ängstlich um, als hätte er vor irgend etwas oder irgendwem Angst. Dabei mögen ihn alle in seinem Dorf gern, auch wenn sie ihn für ein bißchen seltsam halten.

Als der Kutscher ihm erzählte, wer ich sei, fing Eugenio zu weinen und zu zittern an. Dann stotterte er: »Unmöglich. Das kann ich nicht glauben. Zeigt mir einen Beweis!« Und das, obwohl doch ich diejenige war, die von ihm Beweise wollte.

Zum Glück kam mir in dem Moment das Medaillon in den Sinn. Ich war immer davon ausgegangen, daß die Portraits Teresa und Egberto Ramusio darstellen würden. Aber vielleicht war dem gar nicht so. Zum Glück hing es noch mit den anderen Anhängern an meiner Halskette. Ich zog das Medaillon hervor und zeigte es Eugenio. Er erkannte es sofort wieder.

»Das Gehäuse war aus Gold und Rubinen!« rief er. »Jemand hat es ausgewechselt. Doch die Miniaturen sind dieselben, die du am Hals trugst, als ich dich weinen hörte und den kleinen, weißen Sarg aufmachte ...«

Ahnst Du es, Polissena? Kommt Dir jetzt ein Verdacht?

»Ich arbeitete damals in Mirenài«, fuhr Eugenio fort. »Als die Epidemie am Hofe ausbrach, ließ sich als Totengräber gutes Geld verdienen. Jeden Tag fielen sechs oder sieben Begräbnisse an, und wir Totengräber hatten alle Hände voll zu tun. Eines Tages rief mich der königliche Kinderarzt zu sich und übergab mir einen kleinen, weißen Sarg, der schon zugenagelt war. ›Ich habe erfahren, daß du aus der Gegend von Paludis kommst‹, sagte er. ›Dieser kleine Tote ist der Waisenjunge einer Garderobiere, die aus Paludis stammt und vor einer Woche gestorben ist. Ihr letzter Wunsch war es, sollte auch der Kleine sterben, daß er in ihrem Heimatort bei ihrer Familie begraben würde.‹

Er gab mir Geld und beauftragte mich, den kleinen Sarg auf dem Friedhof von Paludis beizusetzen. Vielleicht denkt Ihr, dieser merkwürdige Auftrag hätte mir verdächtig vorkommen müssen, schon weil der Arzt mir den Namen der Garderobiere nicht mitgeteilt hatte und ich von keiner Frau aus meinem Dorf wußte, die am Königshof gearbeitet hätte. Doch in jenen Tagen herrschte ein schreckliches Chaos am Hofe, und die ungewöhnlichsten Dinge erschienen einem völlig normal.

Ich stieg aufs Pferd, band den Sarg an den Sattel und ritt los. Ich war weit von der Stadt entfernt, es begann schon zu dunkeln, als mir plötzlich ein Geräusch das Blut in den Adern gefrieren ließ: Aus dem winzigen Holzsarg drang das Weinen des toten Kindes. Das schwache Wimmern eines Gespenstes.

Ich stieg sofort ab und öffnete den Sarg mit meinem Dolch. Gerade rechtzeitig, bevor der kleine Gast darin erstickt wäre. Er lebte nämlich tatsächlich. Ich nahm ihn heraus, drückte ihn fest in meine Arme, klopfte ihm kräftig auf den Rücken, um ihn zum Schreien zu bringen, damit sich seine Lungen wieder mit frischem Sauerstoff füllten. Dann massierte ich ihm die eiskalten Füßchen und gab ihm aus meiner Wasserflasche zu trinken.

Das Kind war viel zu fein angezogen, um das Baby eines Dienstmädchens zu sein. Es trug ein mit kleinen Perlen besticktes Kleidchen aus rosa Brokat. Und am Hals hing ein Medaillon aus Gold, das mit Rubinen eingefaßt war.«

Du wirst Dir vorstellen können, Polissena, wie mich diese Worte verwirrten. Schon als Eugenio von dem seltsamen Auftrag des königlichen Kinderarztes erzählte, begann es in mir zu dämmern. Es hätte sich noch um bloßen Zufall handeln können. Doch das mit Perlen bestickte Kleidchen... Erinnerst Du Dich? Ich habe es stets dabei gehabt, Casilda trug es in der Salon-Nummer... Giraldi hatte die Perlen abgetrennt, als ich noch klein war, und eine nach der anderen verkauft, so wie er auch das goldene Medaillon gegen eines aus Messing ausgetauscht hatte. Wer weiß, welch ungewöhnlicher Anfall von Großzügigkeit ihn dazu veranlaßt haben mag, mir die Portraits zu lassen, die wirklich meine Eltern in jungen Jahren darstellen. Nur daß es sich nicht um die Ramusios handelt, sondern um den König und die Königin.

Jetzt hatte ich keine Zweifel mehr. Ja, Polissena, es ist kaum zu glauben. Deine Freundin Lucrezia ist nicht das Waisenkind zweier armer Bauersleute und auch nicht irgendein Findelkind. Ich bin die königliche Prinzessin, die Thronerbin, die echte Isabella, die einzige wahre Tochter des verstorbenen Königs Medardo und der Königin!

Außerdem bin ich gar nicht jünger als Du und Isabella, wie wir immer gedacht haben. Ich bin genauso alt wie Ihr. Als Giraldi im Kirchenbuch des Pfarrers von Paludis die Eintragung gelesen hatte, war da dieser Fleck, der das Datum unleserlich machte, und weil er sich nicht auf kleine Kinder verstand, dachte er, ich sei zwei Jahre alt, dabei war ich schon vier.

Auch hat er mir immer so wenig zu essen gegeben, daß ich nicht sehr rasch gewachsen bin. Deshalb reiche ich Dir nur bis ans Ohr, auch wenn ich zwölf Jahre alt bin wie Du.

Aber zurück zu meinem »Tod« in Mirenài, als ich noch ein Wickelkind war.

Offenbar hatte der Doktor in seiner Angst meinen Zustand falsch eingeschätzt. Wahrscheinlich war ich ohnmächtig geworden oder hatte einen Kollaps erlitten. Doch er glaubte, ich sei gestorben, und sah sich schon von meinem Vater hingerichtet. So hat er meine »Leiche« verschwinden lassen, um Dich an meiner Statt in die Schwanenwiege zu legen.

Zum Glück gelangte ein wenig Sauerstoff durch den Dekkel in den Sarg. So bin ich nicht erstickt, und der gute Eugenio Balzòc konnte meine Schreie hören.

Eugenio wußte natürlich nicht, daß er der königlichen Prinzessin das Leben gerettet hatte. (Daß ich ein Mädchen war, erfuhr er auch erst, nachdem er mich Teresa Ramusio übergegeben hatte.) Doch er begriff, daß hinter der Lüge des Kinderarztes eine Intrige stecken mußte, die ihm gefährlich werden konnte. Er wollte nichts mit alldem zu tun haben, und so brachte er mich nicht zum Königspalast zurück, sondern nach Paludis. Dem Doktor sagte er, daß er den kleinen Sarg dort begraben hätte, was auch keine Lüge war. Er vergrub ihn wirklich, nur war er leer. Ich kam zu den Ramusios, die mich pflegten, denn ich war sehr krank. Die liebevolle Fürsorge meiner Adoptivmutter vermochte, was dem Doktor nicht gelungen war. Ich wurde wieder gesund, und die Ramusios zogen mich wie ihr Kind auf. Sie nannten mich Lucrezia, wie ihr verstorbenes Töchterchen geheißen hatte. Übrigens hänge ich an diesem Namen und werde ihn auch nicht ablegen, obschon es in der Dynastie der Pischilloni nie eine Lucrezia gegeben hat.

Teresa Ramusio ließ das Medaillon an meinem Hals, und unter ihrer Wäsche bewahrte sie das Kleidchen mit den Perlen auf.

Den Rest der Geschichte kennst Du. Ich war gerade vier Jahre alt, als die Pest ausbrach und meine Adoptiveltern starben, ohne mir irgend etwas über meine Vergangenheit mitgeteilt zu haben. Giraldi nahm mich zu sich und beraubte mich der wenigen Kostbarkeiten, die ich besaß. Doch ich bin sicher, daß er glaubte, ich sei Tochter dieser Bauersleute, denn wäre ihm nur der geringste Verdacht gekommen, hätte er, habgierig wie er war, sicher versucht, daraus einen Vorteil für sich zu schlagen.

Dann starb Giraldi, und ich traf Dich. Auf den Spuren der Suche nach DEINER Herkunft bin ich nach Mirenài und an den Königshof gelangt, wo ich meine Mutter sah, wenn auch nur von weitem und für wenige Minuten. Erinnerst Du Dich, daß wir beide das Gefühl hatten, ihr Gesicht zu kennen? Und Du wolltest die einzige sein, die sich erinnerte, auf mich warst Du deswegen richtig wütend.

Du hattest insofern recht, daß ich keine Erinnerung an das Gesicht der Königin haben konnte. Ich hatte meiner Mutter ja nie ins Antlitz geschaut, außer im Moment meiner Geburt. Das Gefühl, sie zu kennen, rührte für uns beide daher, daß wir die Miniaturen im Medaillon gesehen hatten. Nachdem dann meine Mutter den Hof verließ, hatten wir keine Gelegenheit mehr, über dieses Erkennen näher nachzudenken.

Ich weiß, Polissena, Du brennst wahrscheinlich darauf zu erfahren, wie es nun weitergeht, und wirst Dich fragen: »Wenn Lucrezia wirklich die königliche Prinzessin ist, warum gibt sie sich dann nicht zu erkennen? Warum führt sie weiter ihre akrobatischen Kunststücke auf den Dorfplätzen vor? Und wo hat sie den Winter verbracht?«

Noch ein klein wenig Geduld, meine Freundin, und Du wirst auch auf diese Fragen Antworten bekommen.

Als Eugenio Balzòc seinen Bericht beendet hatte, dankte ich ihm und erklärte ihm, daß seine Hinweise sehr nützlich für mich seien. Doch sagte ich ihm nicht, daß ich den Teil der Geschichte, der seiner Erzählung vorausging, schon vom königlichen Kinderarzt persönlich gehört hatte. Und noch weniger ließ ich ihn wissen, was ich selbst über mich herausgefunden hatte. Ich verabschiedete mich und ließ mich vom Fuhrmann bis nach Pratale kutschieren. Die Tiere brachte ich bei einem Stallmeister in der Stadt unter und reiste, um keinen Verdacht zu wecken, mit der Postkutsche allein weiter nach Mirenài. Dazu hatte ich mich wie ein Mädchen aus gutem Hause angezogen und herausgeputzt. Ich war so elegant und ordentlich, daß mich niemand, der mich vorher gesehen hatte, wiedererkennen würde.

Die Königin war wieder in die Stadt zurückgekehrt. (Es fällt mir immer noch sehr schwer, von ihr als von meiner Mutter zu sprechen, auch wenn ich natürlich froh bin, kein Waisenkind zu sein. Ich bin anders als Du und kann mich nicht mit dem Schrei »Papa!« oder »Mama!« einem Unbekannten um den Hals werfen. Aber mit ein wenig Gewöhnung werde ich sie gern haben, auch weil sie sich, wie Du sehen wirst, mir gegenüber sehr großzügig verhalten hat und meine ganze Wertschätzung genießt.)

Um es kurz zu machen, mir gelang es, zu ihren Gemächern vorgelassen zu werden. Dort wartete ich, bis sie allein war. Ich zeigte ihr das Medaillon, sagte, wer ich sei, und erzählte von den abenteuerlichen Verwicklungen, die mich von ihr entfernt hatten.

Es mag Dir vielleicht seltsam erscheinen, und Dich an meiner Stelle hätte es bestimmt sehr verletzt, doch die Königin sprang keineswegs vor Freude in die Luft oder schrie: »Meine Tochter! Endlich habe ich Dich wiedergefunden!«

Aber ich finde das nur logisch. In all diesen Jahren war ihr nie der geringste Verdacht gekommen, mich verloren zu haben oder daß Isabella nicht ihre Tochter sei. Sie liebt Isabella sehr, und sie sorgte sich sofort, daß mein Auftauchen ihr schaden könnte. Erst als ich ihr versicherte, daß auch ich Isabella sehr lieb habe und ihr auf keinen Fall weh tun wolle, hat sie mich umarmt und geweint.

Dann hat sie sich mindestens drei- oder viermal die Geschichte vom Tausch der Säuglinge erzählen lassen. Es erschien ihr alles sehr kompliziert. Sie konnte nicht begreifen, wieso auch noch von einem dritten Säugling die Rede war, der von irgendwoher aufgetaucht war und nichts mit der Dynastie der Pischilloni zu tun hatte.

»Der arme Medardo! Mein armer Mann!« seufzte sie. »Gott sei Dank, hatte er nichts bemerkt. Auch er mochte Isabella sehr ... Zum Glück ist er gestorben, ohne je erfahren zu müssen, was für ein mieser Halunke sein Bruder Uggeri ist.«

Hierüber waren wir uns sofort einig: Auch wenn Isabella keine Schuld an dieser Intrige hatte, die sie an meiner Statt auf den Thron gebracht hatte, der Regent hatte sich sehr wohl des Hochverrats schuldig gemacht. Dazu kamen versuchter Mord und vielleicht auch Majestätsbeleidigung. Und dafür mußte er bestraft werden. Sonst würde das Land den Glauben an die Gerechtigkeit verlieren.

Doch haben wir es vorgezogen, ihn nicht beim Gerichtshof anzuzeigen, auch nicht beim Rat der Minister und der Adligen. Meine Mutter, die Königin, rief ihn zu sich und enthüllte ihm, daß sein Verrat aufgedeckt worden war.

»Das ist nicht wahr«, leugnete dieses Aas. »Ihr habt keinerlei Beweise gegen mich.«

Da löste die Königin ihre Frisur, wusch sich Puder und Schminke vom Gesicht und stellte sich neben mich. Abgesehen vom Alter sehen wir fast gleich aus.

(Du wirst Dich jetzt fragen, warum keinem diese Ähnlichkeit während unserer Zeit am Hof aufgefallen ist. Zum einen zeigt sich eine Königin nie ungeschminkt und mit offenen Haaren, zum anderen ist ein Page so unwichtig, daß ihn keiner genau anschaut. Vielleicht hätte der alte Doktor mich erkennen können. Doch man darf nicht vergessen, daß wir uns in der düsteren Zelle begegnet sind, und später draußen auf der Straße war es schon Nacht.)

Der unübersehbare Beweis unserer Ähnlichkeit sowie die Tatsache, daß der alte Doktor noch am Leben und frei war, wir wußten, wo er zu finden war und ihn jederzeit als Zeugen herbeiholen konnten, jagten dem Regenten einen gehörigen Schrecken ein. Er fiel auf die Knie und begann zu betteln und um Mitleid zu flehen, weniger für sich als für Isabella, die es nicht verdiente, für etwas zu büßen, was sie nicht verschuldet hatte.

»Nun gut«, sagte meine Mutter. »Wenn Lucrezia einverstanden ist, werden wir Euer Verbrechen geheimhalten. Auch Eurer Tochter gegenüber, damit sie nicht in Schande und vor allem mit dem Schmerz aufwächst, den eigenen Vater verabscheuen zu müssen. Wir werden sagen, daß die Ammen damals die Babys vertauscht hätten. Es trifft sich doppelt günstig, daß beide Ammen während der Pest gestorben sind, weil sie uns nicht mehr widersprechen können und auch, weil sich die Leute leicht vorstellen können, daß eine arme Frau im Fieberwahn ihren Schützling in eine falsche Wiege legt, und daß die andere, die ebenfalls von der Krankheit gezeichnet war, das nicht merkte.

So kann Lucrezia ihren angestammten Platz einnehmen, ohne daß das Isabella schadet. Im Gegenteil, als erste Kusine der Thronerbin wird sie mit uns am Hof leben und alle Privilegien und Ehren einer Prinzessin der Dynastie Pischilloni genießen. Ihre Gesellschaft wird zudem meiner Tochter sehr nützlich sein, denn Lucrezia ist, keineswegs aus eigenem Verschulden, ein bißchen verwildert, und sie braucht jemanden, der ihr die Hofetikette beibringt. Ich kenne meine Tochter noch sehr wenig, habe aber schon Zweifel daran, daß sie Ratschläge von der Erzherzogin Teodora annehmen würde. Das Beispiel einer sanftmütigen Gleichaltrigen wie Isabella wird viel wertvoller für sie sein.

Was Euch anbetrifft, Graf Uggeri, so glaubt nicht, daß Ihr ungeschoren davonkommt. Noch heute abend werdet Ihr den Rat der Minister und der Adligen zusammenrufen und die Rückkehr der echten königlichen Thronfolgerin bekanntgeben. Dann werdet Ihr erklären, daß dieses Ereignis in Euch eine plötzliche und bedingungslose religiöse Berufung ausgelöst hat, die Euch dazu drängt, die Herrschaft an mich abzutreten und Euch umgehend in Klausur ins Kloster der Dornenkrone zurückzuziehen.«

Der Regent war nicht gerade begeistert von dieser Lösung, denn das von meiner Mutter gewählte Kloster lag sehr weit von der Hauptstadt entfernt in einer einsamen, rauhen Gegend, und die Mönche dieses Ordens haben sich einem harten Leben in Gebet und Buße verschrieben, ähnlich wie Arrigo Filipucci, erinnerst Du Dich? Zwar leben diese Mönche in der Gemeinschaft, doch dürfen sie kein Wort miteinander wechseln, nur einen Satz zum Gruß: Bruder, denk daran, daß du sterben mußt. Denk nur, welch Frohsinn! Doch denk auch an das Leben, das der Regent die Gefangenen in den schrecklichen Verliesen führen ließ. Das erste, um das ich meine Mutter gebeten habe, war die Freilassung aller Gefangenen.

»Darunter sind aber auch Mörder, gefährliche Verbrecher«, protestierte sie.

»Einverstanden«, sagte ich. »Dann werden wir sie auf einen Bauernhof zur Feldarbeit schicken, wo sie auch den Himmel sehen können. So tragen sie nicht nur ihre Schuld ab, sondern sind auch sich und anderen nützlich.«

Manchmal denke ich, daß es auch Vorteile hat, Prinzessin zu sein, zum Beispiel, daß deine Befehle ausgeführt werden, auch wenn du merkst, daß die anderen sie völlig absurd finden. Meine Mutter machte dem Regenten also klar, daß er keine Wahl hatte: entweder klösterliche Klausur oder Prozeß und Kerker, mit all den unangenehmen Folgen für Isabella.

Trotz seiner Wut hat er, der in all den Jahren daran gewöhnt war zu kommandieren, alles akzeptiert und jeden Befehl genauestens befolgt.

Du wirst Dir vorstellen können, daß Isabella völlig durcheinander war angesichts der Enthüllungen, die meine Mutter ihr persönlich nahebrachte. Die Ärmste! Auf einen Schlag mußte sie entdecken, daß ihre Mutter in Wirklichkeit ihre Tante war und ihr Onkel ihr Vater. Und damit nicht genug, würde dieser eben erst identifizierte Vater am nächsten Tag den Hof verlassen, um Mönch zu werden. Sie erfuhr, daß sie eigentlich Glinda hieß. (Doch haben wir beschlossen, daß, so wie ich mich weiterhin Lucrezia nennen werde, sie sich weiterhin Isabella nennt.) Und sie mußte entdecken, daß sie all die Jahre fälschlicherweise als königliche Prinzessin gelebt hat.

Daß die königliche Prinzessin vielmehr ich bin, die »verlauste Lumpengöre«, wie mich Erzherzogin Teodora genannt hatte, ich, die ich durch einen Feuerreif einen Doppelsalto springen kann und dabei die Beine zeige, doch vor Bischöfen und Botschaftern keinen Knicks und keine Verbeugung zu machen weiß.

Isabella hat sich sehr gut verhalten. Du weißt ja, daß ich sie von Anfang an für ein intelligentes und gutherziges Mädchen gehalten habe. Und auch meine Mutter hat sich sehr gut verhalten. Sie hat ihr gesagt: »Du wirst immer mein Mädchen bleiben. Und ich bitte dich, daß du mich weiterhin als deine Mutter ansiehst. Natürlich werde ich von nun an auch Lucrezia lieben, doch das heißt nicht, daß ich dich weniger lieb haben werde.«

Und sie hat sie fest in die Arme genommen. »Was deinen Vater betrifft«, hat sie ihr dann gesagt, »kannst du ihn so oft besuchen, wie du willst. Falls du willst.«

Isabella stieß einen tiefen Seufzer der Erleichterung aus. »Ich bin so froh!« rief sie. »Jetzt brauche ich mich nicht mehr mit einem dieser gräßlichen Kerle zu verloben, nur weil er eine Krone auf dem Kopf hat. Und nun muß ich auch nicht mehr den Hinrichtungen beiwohnen oder mit der Erzherzogin Teodora zu Mittag essen. Arme Lucrezia! Jetzt mußt du all diese unangenehmen Dinge tun, die von einer Prinzessin verlangt werden.«

Da schaute mich die Königin skeptisch an. Offenbar befand sie mich trotz meiner Aufmachung als Bürgermädchen für nicht fein genug, um mich öffentlich als ihre Tochter vorzuführen.

»Rasch, wir rufen die Zimmermädchen, damit sie dir ein heißes Bad bereiten! Und den Friseur, er soll dich frisieren. Isabella, bis der Schneider ihr eine geeignete Ausstattung geschneidert hat, kannst du ihr ein paar von deinen Kleidern vermachen. Sie müssen nur ein bißchen enger und kürzer gemacht werden.«

Ich war allerdings mit diesem Plan überhaupt nicht einverstanden. »Frau Mutter«, habe ich so respektvoll wie möglich gesagt. »Ich bin sehr glücklich darüber, Euch wiedergefunden zu haben, und ich will mich nicht der Verantwortung entziehen, die meine Geburt mir auferlegt. Doch werde ich mich nicht von der Hofetikette in einen Käfig sperren lassen. Ich bin erst zwölf Jahre alt, und bis zu meinem zwanzigsten Lebensjahr werdet Ihr an meiner Statt das Land regieren. Ich glaube, daß es in der Zwischenzeit sehr nützlich für mich sein wird, weiterhin unerkannt durchs Land zu reisen. Auf diese Weise erfahre ich, was die Bewohner meines Landes wirklich brauchen, was für Probleme und Wünsche sie haben. Ich glaube, daß das viel wichtiger für eine Königin ist, die Gesetze machen, für Gerechtigkeit sorgen und die Wirtschaft eines Landes fördern muß, als zu wissen, wie man richtig mit Silberbesteck ißt oder elegant knickst. Ganz abgesehen davon, versichere ich Euch, daß ich nicht länger als eine

Woche brauchen werde, um das höfische Katzbuckeln zu erlernen. Vergeßt nicht, daß ich es als Künstlerin gewöhnt bin, schnell etwas aus dem Stegreif zu erfassen und in jede Rolle zu schlüpfen.«

»Du bist doch aber die Thronfolgerin!« erwiderte meine Mutter bestürzt. »Du darfst nicht bei den offiziellen Feierlichkeiten fehlen! Das Volk wird dich sehen, die Adligen und Botschafter werden dir ihre Aufwartung machen wollen ...«

»Sie werden sich mit Ihnen zufrieden geben müssen, Mutter«, habe ich geantwortet. »Oder aber ... mit Isabella, die sich doch in der Etikette gut auskennt. Ihr setzt ihr eine blonde Perücke auf und behauptet, sie sei die neue Prinzessin.«

Doch damit war Isabella überhaupt nicht einverstanden. »Ich habe diese Komödie zwölf Jahre lang gespielt«, begehrte sie auf, »und ich bin sogar vor Langeweile krank geworden. Jetzt ist es genug. Ich möchte etwas von der Welt sehen. Warum nimmst du mich nicht mit, Lucrezia? Warum stellst du mich nicht bei deiner Truppe ein? Ich bin sicher, daß ich schnell eine komische Nummer einstudieren kann.«

»Das ist ja ein regelrechter Palastaufstand!« rief die Königin verzweifelt.

Am Ende hat sie aber nachgegeben. Ich habe Dir ja schon gesagt, daß sie eine kluge und großzügige Frau ist. Dafür habe ich akzeptiert, daß man mich für ein paar Tage zurechtmachte, ich in die Kleider meiner Kusine schlüpfte und vom Regenten den Adligen, den Ministern, den Höflingen und der Bevölkerung von Mirenài vorgestellt wurde. Isabella wich mir nicht von der Seite, um mir jeweils zuzuflüstern, wie ich mich zu verhalten und was ich zu sagen hatte.

Der Regent hat sein Amt offiziell an meine Mutter abgegeben, um sich anschließend in übelster Laune auf den Weg ins Kloster zu machen. Meine Mutter berief die Ratsversammlung ein und unterrichtete alle davon, daß ich, wie es auch für männliche Thronanwärter üblich sei, in Begleitung meiner Kusine auf Bildungsreise gehen würde.

Natürlich hat sie nicht genau erklärt, um was für eine Reise es sich handelt, und den Hof in dem Glauben gelassen, wir zögen mit einem Troß von Gouvernanten und Lehrern los. Die Erzherzogin Teodora war tödlich beleidigt, als sie erfuhr, daß sie nicht mit von der Partie sei.

Damit sie meine Mutter nicht länger damit quälen würde, habe ich ihr nahegelegt, die Herzogin doch zu einem Meditationsaufenthalt ins Kloster der Barfüßigen Karmeliterinnen zu schicken.

Vor Verlassen des Königspalastes habe ich mir noch die Genugtuung verschafft, Frau Aspra zu bestrafen. Ihr wurde der Prozeß gemacht, und man brachte sie in ein Gefängnis, wo sie die Schlafsäle fegen und bei Sonnenaufgang aufstehen muß, um die Kühe zu melken. Die »Grüne Eule« habe ich in eine Schule umwandeln lassen, in der die Serviererinnen und Küchenmädchen mit Hilfe der besten Lehrer des Landes lernen können, wozu sie Lust haben.

Den dreizehn Piraten von Roccabrumosa habe ich eine große Kiste mit Brillen und Hörrohren in den verschiedensten Stärken geschickt.

Meinen anderen Freunden aber, denen, die mir jederzeit geholfen haben, schicke ich überhaupt nichts! Zunächst, um keinen Verdacht zu wecken, denn sie sollen ja weiterhin glauben, daß ich eine arme kleine Gauklerin bin. Vor allem aber, weil ich davon überzeugt bin, daß man sich die Sympathie der anderen mit Freundlichkeit, Heiterkeit und Ehrlichkeit erobert und nicht mit Geschenken.

Isabella und ich haben meiner Mutter versprochen, ihr jede Woche zu schreiben und wenigstens alle vier Monate auf einen Besuch vorbeizukommen. Dann haben wir uns verabschiedet, die Tiere in Pratale abgeholt und unsere Reise begonnen. Du wirst Dich vielleicht fragen, warum ich nicht die Tiere aus dem königlichen Zwinger in unsere Truppe aufgenommen habe – erinnerst Du Dich? –, die Pinguine, Giraffen, Riesenschildkröten und alle anderen, die ja nun mir gehören.

Natürlich hätte ich mit ihnen ein großartiges Schauspiel einstudieren können. Ich habe mir das wohl überlegt. Doch was meinst Du, wären diese exotischen Tiere dabei glücklich geworden? Du bist doch schon nach wenigen Stunden Kerker vor Wut und Schmerz fast verrückt geworden.

Ich bin nicht so empfindlich, aber ich wollte keine Tiere in Käfigen mit mir führen. So habe ich den Befehl erteilt, man möge jedes Tier in sein Ursprungsland zurückbringen und dort freilassen.

Mit meinen akrobatischen Tieren ist das etwas anderes. Die Affen und der Bär sind schon in Gefangenschaft geboren und würden allein gar nicht überleben können. Und der Hund und die Gans sind Haustiere. Auch haben wir uns alle so lieb, daß es uns das Herz brechen würde, wenn wir uns trennen müßten. Was würdest Du tun, wenn man Dir Dein Schweinchen wegnehmen würde?

So hat sich die Truppe Ramusio nicht verändert, einmal abgesehen davon, daß Isabella nun Deinen Platz eingenommen hat. Mit Künstlernamen heißt sie »Riesin Clorinda«, und sie hat eine sehr lustige Nummer auf dem Trampolin einstudiert. Sie übt auch schon, Purzelbäume und den doppelten Salto Mortale zu schlagen, und ich bin überzeugt, daß sie bald besser sein wird als ich. Die Truppe Ramusio wäre perfekt, wenn auch die Spinne Ludovico dabei wäre. Ich weiß, Du hast Dich nicht wirklich zum Künstlertum berufen gefühlt, für Dich war das Umherziehen eine Ausnahmesituation. Aber das macht nichts. Jeder soll tun, was für ihn das Beste ist.

Biancofiore fehlt mir sehr, und ich kann es kaum erwarten, Dich in die Arme zu nehmen. Wir werden am Palmsonntag in Cepaluna eintreffen, und wenn es Deinem Vater recht ist, würden wir gern im Warenlager Quartier beziehen. Ich bitte Dich sehr, verrate niemanden den Inhalt dieses Briefes. Nicht einmal Deinen Eltern. Nur meiner Freundin Ippolita darfst Du es erzählen, doch auch für sie gilt absolutes Stillschweigen.

Ich hoffe, daß, wenn wir erwachsen sind, Ihr mich hin und wieder am Hofe besuchen werdet.

Einen sehr lieben Gruß, auch von Isabella.

Deine treue Freundin

Lucrezia

»Wenn Lucrezia keine Prinzessin wäre, müßte sie Schriftstellerin werden«, dachte Polissena, als sie den Brief zu Ende gelesen hatte.

Da fiel aus dem Umschlag ein Pergamentblatt mit dem Siegelwappen der Pischilloni, auf dem geschrieben stand:

Liebe Polissena,

ich weiß, daß Du Dein Zuhause und Deine Eltern wiedergefunden hast, und ich freue mich darauf, Dich in ein paar Tagen in die Arme schließen zu können. Hast Du Deinen Eltern erzählt, daß Du auf Deiner Reise zur Gräfin ernannt worden bist? Dein Titel ist hundertprozentig gültig, da kannst Du ganz beruhigt sein. Das hat uns die Erzherzgin Teodora bestätigt, die hinsichtlich Titeln und Ehrungen die größte Expertin ist. Er ist vor allem gültig, weil meine Tante ihn in Ihrem Aufruf versprochen hatte, und sie ist die wahre Königin und kann adeln, wen sie will. Aber auch königliche Kusinen wie ich dürfen Adelstitel verleihen.

Damit keiner auf die Idee kommt, ihn Dir streitig zu machen, bestätigen Lucrezia und ich Dir mit diesem Pergamentschreiben auch offiziell Deinen Adelstitel. Von nun ab bist Du Gräfin Polissena mit dem Schweinchen.

Einen liebevollen Gruß und bis bald

Glinda, königliche Kusine (Ex-Isabella)
gegengezeichnet von
Isabella, königliche Prinzessin (Ex-Lucrezia)

»Na, was für schöne Neuigkeiten schreibt dir deine Freundin?« erkundigte sich die Mutter.

»Daß ich Gräfin bin ...«, wollte Polissena gerade voller Stolz herausplatzen, doch im letzten Moment konnte sie an sich halten. Isabella war wirklich total unlogisch. Sie konnte doch nicht die Pergamenturkunde zeigen, ohne das Geheimnis der beiden Freundinnen zu verraten! Erst wenn sie zwanzig Jahre alt und Lucrezia Königin geworden wäre, würde sie damit herausrücken können.

In der Zwischenzeit konnte sie den Titel »Polissena Gentileschi, Gräfin mit dem Schweinchen« nur im geheimen und für sich genießen. Allenfalls zusammen mit Ippolita.

So tat sie, als gäbe es nichts Besonderes, und antwortete beiläufig: »Sie schreibt, daß sie bald hier sein wird und daß sie wie immer gerne im Warenlager übernachten würde. Und daß sie eine neue Akrobatin dabei hat, die Clorinda heißt. Kein Tier, sondern ein Mädchen.«

»Meinst du, daß wir ihr anbieten sollten, auch diese Clorinda zu adoptieren?« fragte ihr Vater.

»Ich glaube, Lucrezia könnte es nie ein ganzes Jahr unter ein und demselben Dach aushalten«, antwortete Polissena. »Deshalb ist es nutzlos, ihr dergleichen vorzuschlagen.«

»Man darf einen Vogel unter freiem Himmel nicht in einen Käfig sperren wollen«, sagte ihre Mutter. »Doch muß Lucrezia wissen, daß unser Haus auch das ihre ist und daß wir sie jederzeit willkommen heißen. Wir werden sie nicht im Warenlager unterbringen, sondern oben im besten Stockwerk, egal was Agnese darüber denkt.«

»Mama, es gibt da einen Jungen ... Bernardo, der Sohn des Fischers von Tempestàl ...«, sagte Polissena zaghaft. »Die Familie ist schrecklich arm, und er ist so klug ... Könnten wir ihn nicht nach Cepaluna holen, damit er hier auf die Schule geht? Für kurze Zeit habe ich gedacht, er sei mein Bruder ...«

Das war zwar kein Ministerposten ... Doch später könnte sie ihn Lucrezia empfehlen, vielleicht hatte sie eine Aufgabe am Hofe für ihn. Vielleicht konnte Bernardo Isabella heiraten ...

Polissena lehnte sich ans Fenster, drückte Biancofiore fest an sich und schaute auf die Straße, auf der bald die beiden Gaukler-Prinzessinnen mit ihren akrobatischen Tieren auftauchen würden.

Sie guckte, doch sah sie nichts, denn sie war längst in ihre Träume versunken.